2018

宁夏社会发展报告

《宁夏社会发展报告（2018）》

执行主编　李保平　杨永芳

宁夏蓝皮书
BLUE BOOK OF NINGXIA

宁夏社会发展报告

ANNUAL REPORT ON SOCIAL DEVELOPMENT OF NINGXIA

(2018)

宁夏社会科学院 编

黄河出版传媒集团
宁夏人民出版社

图书在版编目(CIP)数据

宁夏社会发展报告.2018 / 宁夏社会科学院编. —银川：宁夏人民出版社，2018.1
（宁夏蓝皮书）
ISBN 978-7-227-06872-3

Ⅰ.①宁… Ⅱ.①宁… Ⅲ.①社会发展—研究报告—宁夏—2018 Ⅳ.①D674.3

中国版本图书馆 CIP 数据核字(2018)第 018744 号

宁夏蓝皮书
宁夏社会发展报告(2018) 宁夏社会科学院 编

责任编辑 陈 浪
责任校对 王 艳
封面设计 张 宁
责任印制 肖 艳

黄河出版传媒集团
宁夏人民出版社 出版发行

出 版 人 王杨宝
地 址 宁夏银川市北京东路 139 号出版大厦(750001)
网 址 http://www.nxpph.com http://www.yrpubm.com
网上书店 http://shop126547358.taobao.com http://www.hh-book.com
电子信箱 nxrmcbs@126.com renminshe@yrpubm.com
邮购电话 0951-5019391 5052104
经 销 全国新华书店
印刷装订 宁夏精捷彩色印务有限公司
印刷委托书号 (宁)0007831

开本 720 mm × 980 mm 1/16
印张 18 字数 262 千字
版次 2018 年 1 月第 1 版
印次 2018 年 1 月第 1 次印刷
书号 ISBN 978-7-227-06872-3
定价 52.00 元

目　录

总　报　告

领　域　篇

脱贫富民篇

专　题　篇

调　研　篇

总报告

ZONGBAOGAO

2017年宁夏社会形势分析与2018年发展预测

杨永芳　陈通明

2017年，宁夏各族干部群众在自治区党委、政府的坚强领导下，深入学习贯彻十九大精神和习近平总书记系列重要讲话精神，主动适应经济发展新常态，直面我国社会主要矛盾新变化，坚持用新时代中国特色社会主义思想指引宁夏发展，实干兴宁，全区经济稳中向好，民生建设持续推进，人民生活不断改善，回汉各民族团结奋斗，关系融洽，社会大局和谐稳定。

一、2017年宁夏社会发展总体态势

社会发展作为中国特色社会主义事业总体布局的一个不可或缺的部分，是“五位一体”总体结构的基础，与老百姓的日常生活和个体的生存发展关系最为密切。社会建设与社会发展，是实现社会主义现代化建设目标的主要领域，重视社会建设和社会发展，是党和政府一以贯之的战略和思路。审视宁夏近年来的发展态势，社会建设取得长足的进步，民生事业成绩斐然。

（一）提升公共服务水平，持续推进民生建设

2017年，宁夏坚持在发展中保障和改善民生。截至2017年10月，宁

作者简介　杨永芳，宁夏社会科学院社会学法学研究所副所长，副研究员；陈通明，宁夏社会科学院研究员，宁夏社会学会会长。

夏民生财政支出达 869 亿元，占全区一般公共预算支出的 70%以上，全区人民在共建共享发展中有了更多获得感。

1.千方百计保障就业创业，城乡居民收入稳定增长

2017 年，随着经济进一步回暖，产业结构调整显现成效，新兴产业和第三产业比重持续上升，吸纳就业能力显著增强。政府实施积极的就业政策，全区就业总量稳步增长，就业局势总体平稳。截至 2017 年 9 月，全区实现城镇新增就业 7.53 万人，同比增长 2.94%；城镇登记失业率 3.87%，同比下降 0.15 个百分点；全区农村劳动力转移就业 75.01 万人，同比增加 4.2%；全区应届毕业生 33854 人，已就业 29593 人，就业率为 87.41%，较 2016 年同期上升 6 个百分点；居民收入平稳增长。具体来看，一是企业吸纳就业能力增强。2017 年宁夏人力资源市场供求活跃，仅上半年全区有 25 家公共就业与人才服务机构举办现场招聘会 234 场，参会单位 3820 家，提供岗位数 156548 个，进场参聘 286060 人次，达成招聘意向 55457 人，占招聘岗位数的 35%。新兴产业用工稳中有增，传统产业用工趋稳。二是全民创业带动就业效果显著。全区各类电商创业园、电商物流园蓬勃兴起，新经济业态发展势头良好，已累计建设创业园区（基地）223 个，13343 家企业入园创业，入园企业和创业人员增幅明显。发放创业担保贷款 2.32 亿元，创业带动就业 3.7 万人。 三是劳动关系稳定。自治区将治理拖欠农民工工资问题专项整治纳入自治区经济发展重点考核指标和平安宁夏建设重点工作；成立协调劳动关系三方委员会，形成了纵向到底、横向到边的联动治欠保支工作合力。截至 2017 年 9 月，全区各级劳动保障监察机构共受理农民工工资拖欠案件 1598 件，为 1.96 万农民工清欠工资 2.64 亿元。全区各级劳动人事争议仲裁机构受理案件 3885 件，同比下降 17.87%。全区拖欠工资问题举报投诉案件数、拖欠金额和涉及人数实现了“三个大幅下降”。四是 2017 年 1—9 月，宁夏城镇常住居民人均可支配收入 20981 元，同比增长 8.5%；农村常住居民人均可支配收入 6844 元，同比增长 8.9%。

2.加快教育现代化，办好人民满意的教育

2017 年，宁夏把教育事业放在优先位置，以提高教育质量为抓手，全面抓好各级各类教育，全区教育事业迈上新台阶。一是学前教育提质扩面。

加大政府购买学前教育服务力度，下达购买服务资金2000余万元，惠及93所幼儿园、2.5万名幼儿，进一步规范幼儿园保教行为。二是推动义务教育均衡发展。完成了2个县区大班额和13个县（市、区）超大班额消除任务，全区义务教育向着更加公平更加均衡的目标发展。三是推进高中阶段教育。制定了《宁夏普及高中阶段教育实施方案（2017—2020年）》和《关于进一步推进高中阶段学校考试招生制度改革的实施方案（试行）》，完成10所普通高中办学条件改善任务。四是加快发展职业教育。建成搬迁盐池和彭阳2个县职业学校新校区，开工建设同心和红寺堡2个县级职教中心。推动"双师型"职业教师队伍建设，承办了国家"大国工匠进校园"活动。五是推动高等教育内涵发展。编制了《西部一流大学建设实施方案》和《自治区一流学科建设管理实施办法》，遴选确定18个学科，组织实施"一流学科对口支援计划"，宁夏大学进入国家"双一流"建设高校行列。六是加强特殊教育。印发了《自治区特殊教育提升计划（2017—2020年）》，对全区未入学残疾儿童信息逐一进行了摸底排查。下达特殊教育专项资金1220万元，建成4所医教结合学校，改善4所特殊学校办学条件，为残疾学生创造良好教育环境。

3.推进综合医疗卫生改革，提升医疗卫生服务能力

2017年，以"健康宁夏"建设统揽医改全局，坚持问题导向，突破关键环节，全区综合医改试点工作呈现诸多亮点。一是深化综合医改成效显著。创新体制机制，强化医院管理。制定了13+1医改配套政策，成立公立医院管理委员会，现代医院管理制度逐步健全，以药补医机制全面破除。2017年1—9月公立医院医疗费用同比增长幅度降至5.5%，远低于国家10%的要求。全民医保体系全面建立，城镇职工、城乡居民基本医疗保险政策范围内住院报销比例分别达到76%、72.72%。促进资源下沉，分级诊疗制度巩固完善，全区100%的三级医院和二级医院、90%的三级专科医院、63.54%的社区卫生服务机构、35%的乡镇卫生院已纳入医联体范围。加快"卫生云"应用系统建设，探索"互联网+医疗"新型服务体系。二是稳步推进健康宁夏建设。自治区制定《健康宁夏建设实施方案（2017—2020年）》，成立健康宁夏建设专家委员会，推动各地实施健康宁夏规划。

三是提升基层医疗服务能力。投资2.38亿元，安排新改扩建6个县级医疗机构、2个县级疾病预防控制中心。推进全区农村标准化村卫生室全覆盖，267所村标准化卫生室全部开工建设。开展“千名医师下基层”活动，2017年上半年，全区三级医院住院人数首次出现下降，乡镇卫生院门诊诊疗人次较去年同期上涨11.5%，县域内就诊率达到84%。

4.推进住房建设转型升级，保障城乡居民住有所居

2017年，全区住房城乡建设加快转型发展，通过实施“四大工程”，转型发展迈出新步伐。一是规划引领工程。自治区通过宁夏城镇体系、村庄布局等规划编制，指导各市县衔接空间规划修编城市总体规划，全面推行城市设计制度，编制全区特色风貌规划。银川市成功申报为全国首批城市设计工作试点，涌现一批特色精品建筑，如中卫市高庙特色街区改造、隆德县城整体风貌的营造等。二是提质扩容工程。以推进银川都市圈同城化建设为重点，开工实施城镇化项目400多个，完成投资近300亿元，提升各地的城镇化水平。三是城乡安居工程。推动城镇棚户区和老旧住宅小区改造，2017年棚改补助资金户均达到5.2万元，为历年最高。截至2017年10月，共开工棚户区改造4.6674万套，实施老旧住宅小区改造564万平方米。提高危窑危房改造补助标准，对极度贫困户由原来的山区每户补助2.2万元、川区补助2万元，调整为每户补助3.9万元；对低保户由原来的山区每户补助1.55万元、川区补助1.35万元，调整为统一每户补助3万元，最大限度减轻了贫困群众危房改造的经济负担。截至2017年10月，已开工建设3.0969万户，完成计划任务的140.23%。四是美丽乡村工程。2017年确定的20个美丽小城镇、100个美丽村庄全部开工建设，建设质量效益明显提升。

5.健全社会保障体系，不断提高保障水平，社会保险基本实现全覆盖

一是加速推进社会保险制度改革。截至2017年11月，宁夏机关事业单位参保登记3991家，已参保登记29.5万人，完成年度目标任务的102.4%，机关事业单位退休人员养老金社会化发放率达100%。加快实施医保支付制度改革，各市、县（区）医保支付全部由“后付制”转变为“预付制”，减缓了医疗费用不合理增长的势头。二是稳步推进社会保险扩面。

截至2017年11月，全区职工“五险”参保人数达585.23万人次（其中参加企业职工养老、机关事业单位养老、职工医疗、工伤、失业、生育保险人数分别达174.45万人、29.5万人、121.75万人、90.43万人、88.26万人、80.84万人），完成全年目标任务的104.3%；城乡居民养老、医疗保险参保人数分别达183.15万人、492.66万人。各项社保参保总规模达到1260.89万人次。三是稳步提高社保待遇水平。58.02万企业和机关事业单位退休人员月人均调增养老金167元，城乡居民基础养老金水平达到月人均120元，高于国家标准50元，全国排名第9位，西北排名第2位。四是实施惠民利民的社会保险政策。出台建档立卡贫困人口大病保险优惠政策，截至2017年11月底，全区建档立卡贫困人员参加城乡居民养老、医疗保险分别达到33.46万人、82.21万人，参保率分别为92.15%，99.74%。继续做好社保费率调整落实工作，减轻困难企业和职工缴费压力。截至2017年11月，全区累计为企业和参保职工减轻缴费负担9.05亿元。打通异地就医结算通道，区内异地就医实现了2089家协议零售药店和所有协议医疗机构（含私人诊所）职工个人账户刷卡直接结算，与全国31个省份和新疆生产建设兵团7688家跨省就医定点医疗机构实现联网结算，最大程度方便了群众异地看病就医。五是发挥社会救助“兜底”作用。宁夏社会救助工作围绕脱贫攻坚大局，有效发挥“兜底”保障作用，截至2017年6月，全区共保障城市低保对象12.8万人，农村低保对象40.2万人，特困供养人员1.23万人。

（二）立足精准扶贫，确保精准脱贫

2017年，宁夏以深度贫困地区为重点，精准扶贫脱贫取得显著成效。截至2016年底，全区建档立卡贫困村由2013年的1100个减少到551个，贫困人口从2011年的101.5万人下降到41.8万人，贫困发生率由25.5%下降到11.1%，降幅高于全国8.1个百分点，贫困地区农民人均可支配收入由4193元增长到7505元，增幅达到79%，年均增幅高于全区平均水平近2个百分点，贫困群众生活水平明显提高，贫困地区面貌发生巨大变化。

1. 注重顶层设计，完善政策措施

一是制订脱贫攻坚规划。自治区制订了《宁夏回族自治区“十三五”

脱贫攻坚规划》，着力解决区域性整体贫困和深度贫困问题。自治区第十二次党代会提出，大力实施脱贫富民战略。2017 年 11 月，自治区出台《关于推进脱贫富民战略的实施意见》，提出到 2020 年稳定实现农村贫困人口“两不愁，三保障”，确保现行标准下农村贫困人口全部脱贫，贫困县全部摘帽，解决区域性整体贫困，从 7 个方面制定了 36 条具体措施。二是完善脱贫攻坚政策。自治区先后出台脱贫攻坚政策文件 22 个，各部门也出台一系列配套文件或实施方案，建立起“1+N”脱贫攻坚政策体系。

2.强化部门联动，夯实脱贫基础

一是推进产业扶贫。培育形成盐池滩羊、西吉马铃薯、泾源苗木、海原肉牛、隆德中药材、彭阳辣椒、原州区冷凉蔬菜、红寺堡葡萄、同心红枣、中宁枸杞等“一县一业”特色品牌。二是推动就业脱贫。截至 2017 年 9 月，全区农村劳动力转移就业 75.01 万人，同比增加 4.2%，实现工资收入 72.14 亿元，同比增长 16.3%。农村贫困劳动力转移就业 10.9 万人，实现人均工资收入 10565 元。三是推动教育扶贫。逐步实现贫困家庭学生从学前教育到高等教育全程资助。2016—2017 年，自治区共投入近 9 亿元在西海固地区新建、改扩建 7 所职业学校，将初中毕业未被高中录取、高中毕业未被大学录取的学生全部纳入职业教育和技能培训，在西部地区率先免除中职在校生学费，在区内就读高职的建档立卡贫困学生全部给予资助，资助学生 40 万人次。四是健康扶贫和金融扶贫起到了积极作用。

3. 凝聚社会力量，深化扶贫协作

福建、宁夏两省区不断完善“联席推进，结对帮扶，产业带动，互学互助，社会参与”对口扶贫协作机制，使闽宁对口协作成为宁夏脱贫攻坚的一大亮点。福建省 30 多个县（市区）轮流帮扶宁夏中南部 9 个贫困县（区），4000 多户福建企业（商会）、4 万多闽籍人员在宁创业从业，累计投资 800 多亿元，带动就业 5 万多人，无偿援助各类资金 13.43 亿元，建成了西吉、隆德、盐池、红寺堡等 4 个闽宁产业园和吴忠市太阳山镇沙泉村千亩设施农业示范基地。中央单位定点扶贫和区内定点帮扶有序开展，成效显著。

（三）以能力提升为抓手，加强和创新基层社会治理

1.社会治安形势总体平稳

一是构筑“平安宁夏”。截至2017年10月，公安机关刑事案件立案数、治安案件受理数同比分别下降15.9%、3.2%，其中八类主要刑事案件、电信诈骗案件立案数分别下降16.4%、33.3%，全区社会治安形势持续好转。二是禁毒工作示范引领。以“大收戒”为抓手，出台《宁夏回族自治区禁毒条例》，努力破解 “推不动，收戒难，复吸率高”的难题，毒情形势得到根本扭转，特别是社区戒毒康复、吸毒人员管理、毒品预防教育等单项工作创出了推广全国禁毒工作的“宁夏经验”。三是涉及民生案件战果显著。针对近年来涉众型经济犯罪持续高发的严峻态势，建立防范打击涉众型经济犯罪协作机制。2017年，先后侦破经济犯罪案件464起，挽回经济损失4000万元，劝返、缉捕逃往国外犯罪嫌疑人3名。针对量大面广、高发难破的电信网络诈骗案件以及群众反映强烈的“两抢一盗”等违法犯罪，建成区市两级反电信诈骗犯罪中心，2017年以来电信诈骗案件破案数同比上升112%，有效回应了群众期待。四是社区警务全面铺开。全面实施“一村（社区）一警”社区警务战略，建成社区警务室599个，配备专职社区民警851人，统筹禁毒专干、司法调解员、网格员、村干部等社会力量3.1万人，创出了 “村警联建” “民意通APP”等社区警务工作法，在全区推广侯金知 “互联网+社区警务”工作法，建立社区警务微信群2067个、微信公众号84个，参与群众31万余人，社区警务在夯实防控基础和创新社会治理方面发挥了关键作用。

2.积极推进基层社会治理

一是加强城乡社区建设。深化星级和谐社区建设，2017年共创建五星级和谐社区38个。开展社区减负增效“回头看”，对突出问题和薄弱环节整改，巩固成果，防止反弹，激发社区自治活力。按照自治区党委、政府的统一部署，2017年6月，完成了全区第十届村委会换届选举工作，共选出村委会主任2187人，村委会副主任、委员7307人，全区235.75万农村群众参加了选举。全面落实农村基层群众自治，开展治理“村霸”专项行动，提高农村社会治理水平。二是防治基层“微腐败”。针对近年来反映强

烈的农村基层村干部侵害群众利益问题，2017 年，自治区纪委与检察、民政、财政等 13 个部门建立联席会议制度，开展了查处涉农扶贫领域腐败问题专项行动。截至 2017 年 7 月，共查处侵害群众利益的腐败问题 524 起，处理 640 人，给予党政纪处分 581 人，移送司法机关 70 人。三是开展“人情风”整治行动。通过建章立制，落实八项规定，针对婚丧喜庆“人情风”加大整治行动，婚丧喜庆办事逐渐从简，宴请范围缩小。

3. 推进户籍制度改革

突破政策壁垒，在全区范围内取消农业户口与非农业户口性质区分，统一登记为居民户口（家庭户和集体户），在全区实施城乡统一户口登记制度。制定印发《宁夏回族自治区居住证管理办法》《宁夏自治区贯彻〈国务院推进 1 亿非户籍人口在城市落户方案〉的实施意见》，解决农业人口进城落户的后顾之忧。

4.社会组织健康发展

截至 2016 年底，宁夏登记社会组织共有 6013 家，其中，社会团体 3817 家，民办非企业单位 2122 家，基金会 74 家，农村专业经济协会 1474 家。专职工作人员 12000 多人，兼职工作人员 3 万多人，会员 30 万人。据统计，宁夏还有 8700 多家备案的社会组织在活动，从业人员超过 10 万人。2017 年，宁夏实施社会组织管理改革，全面推进行业协会、商会与行政机关脱钩工作。争取财政专项资金 800 万元，用于支持社会组织开展公益创投，最终确定 57 家社会组织申报的项目予以立项。社会组织助力精准扶贫攻坚，提出扶贫项目意向 121 项。

二、2017 年宁夏社会发展中存在的突出问题

党的十九大的召开，标志着中国特色社会主义进入新时代。习近平总书记在十九大报告中对中国特色社会主义进入新时代后的主要矛盾做了精辟的概括：我国社会主要矛盾已经转化为人民日益增长的美好生活需要和不平衡不充分的发展之间的矛盾。这种矛盾突出表现在还有部分贫困人口生活条件比较差，同时部分低收入群体尽管可以温饱，但与比较殷实宽裕的生活还有差距。宁夏作为西部欠发达地区，在社会发展和建设方面还面

临着一些矛盾、问题和困难，在社会治理的具体实践中仍存在形式主义、急功近利、搞政绩工程等问题。为此，需要我们高度重视，要强化问题意识，淡化政绩观念；而正视问题，正是我们推进社会建设和发展的动力源泉。

（一）民生建设有短板，与群众的期盼还有距离

1. 就业压力依然较大

一是就业结构性矛盾突出。当前宁夏招工难和就业难并存，就业岗位与就业能力不匹配的问题依然突出。第三产业吸纳就业的能力有限，在技术和职业教育方面，重点领域、重点行业、重点企业的紧缺专业和岗位设置不足，岗位与专业不对口，难以满足企业需求。急需紧缺人才总量不足、结构不合理、创新能力不强的问题依然突出。二是部分企业用工需求下降。受经济下行压力影响，部分企业生产经营困难，用工需求下降。商品批发零售业受电商影响，许多个体工商实体店销售额大幅下降，部分中小微企业处境艰难，经营始终处于微盈利状态。三是高校毕业生就业形势严峻。2017 年全区应届高校毕业生 57589 人（区内 33916 人，区外宁夏籍 23673 人），高校毕业生供给数量持续增加，创历史新高。适合高校毕业生有效岗位相对不足，毕业生教育结构、就业观念与市场需求脱节的矛盾仍然比较突出，加上历年累积的未就业毕业生，就业形势依然严峻。四是农村劳动力转移就业压力较大。作为吸纳农村劳动力主要行业的建筑业和制造业，由于受经济下行压力影响，建筑项目开工不足。部分高耗能产业产能过剩，企业效益下滑，纷纷“瘦身”减员增效，使得用工岗位明显减少，造成部分农村劳动力外出务工困难，就业稳定性较差。五是创业带动就业活力不足。创业扶持政策力度不够大，创业主体缺乏活力，创业组织发展较为缓慢；生存型创业项目较多，高端、就业容量大的创业项目不多，创业层次较低；容错试错机制不健全，使多数有创业意愿的青年学生对创业信心不足；创业服务机制不完善，各级公共就业服务机构更多地注重对创业初期的扶持，而后续扶持服务能力相对较弱，难以适应新常态下的大众创业需求。

2. 教育发展不平衡的问题依然突出

一是优质教育资源短缺。各级各类教育普遍存在好学校少、好教师少问题，优质教育资源仍显不足。二是教育发展不平衡。山区与川区、偏远农村与中心城市之间存在较大差距。三是教师队伍建设亟待加强。农村学校音体美教师普遍短缺，教师队伍整体能力素质有待提高。四是高校高层次人才比较匮乏，对地方经济社会发展的引领作用不强。

3.综合医改任重道远

一是综合医改还有需要破解的难题。公立医院负担仍然较重，补偿政策落实不到位，逐利机制尚未消除，大处方、过度检查等问题仍然存在。医疗保障水平总体不高，群众看病负担依然较重，特别是大病保险覆盖面窄，商业保险发展慢，城乡居民医保、大病保险、民政救助等保障制度的衔接不够紧密。综合医改政策联动性、协同性不足，工作进程与政策落实不均衡。药品下沉、分级诊疗、家庭医生签约服务等环节衔接不畅，政策落实“最后一公里”的问题还很突出。二是医疗卫生供给能力仍然不足。医疗卫生供给服务质量偏低，资源总量不足，资源配置不合理，结构不平衡，具体表现为基层医疗卫生服务能力薄弱，高层次和基层医疗卫生人才相对短缺，儿科、产科、精神科等专业人才缺乏，难以满足群众医疗卫生服务需求，基层难以承接分级诊疗任务。“三医”（医保、医药、医疗）联动不够，医保支付方式改革对医联体建设、家庭医生签约服务的支撑作用还不够。

4.社会保障“兜底线，织密网”的作用还需加强

一是社会保险支出压力与日俱增。参保扩面空间收窄。受经济下行因素影响，宁夏企业相当一部分生产经营困难，高耗能企业处于停产或半停产状态，缴费能力较弱。人口老龄化加剧，在职人员增长率逐年下降，部分群众参保意愿不强，参保面收窄。宁夏社会保险基金支出压力增大。受多重因素影响，加上历史欠账、人口老龄化、阶段性降费、全面放开二胎等因素叠加，社保基金当期收支缺口不断加大，基金稳增长与保发放的矛盾突出。基金投资运营渠道单一，保值增值比较困难。二是社会救助力量和水平层次较低。由于基层救助力量薄弱，受各种因素影响，造成在救助对象认定上出现“错保漏保”现象。由于救助资金投入不足，在住房救助方面，部分新建公租房因缺乏资金，配套建设还不完善；教育救助方面，宁夏资助范围仅涵盖学前两年，不能满足家庭经济困难儿童的需求，做不

到学前教育阶段家庭经济困难儿童全覆盖；医疗救助方面，宁夏医疗救助范围仅限合规费用，非药品目录范围的花费既不能通过医疗保险报销，也不能通过医疗救助进行兜底，影响了医疗救助效果。

5. 未富先老，养老服务业发展还有短板

目前，宁夏已进入了一个中度人口老龄化的阶段，受经济社会发展水平限制，应对人口老龄化的社会氛围不够浓厚。在养老服务体系建设方面，居家、社区、机构三大板块设施分离，功能割裂问题突出，而且区域之间、城乡之间发展不平衡。社区养老服务设施使用效率低，流于形式或成为不可持续的样板项目的不在少数。市场运作机制尚未形成，为老服务市场还不够成熟。医疗卫生与养老服务融合发展能力不强，促进养老服务业发展的政策体系不够完善。居家养老服务支持政策、老年人长期照护保险制度、老年人监护制度等还是空白。养老服务供给不足与床位过剩的现象并存，突出表现在已建成的民办养老服务机构入住率相对较低，服务能力和队伍建设还有待加强。

（二）脱贫攻坚进入关键期，时间紧，任务重，难度大

为确保到2020年我国现行标准下农村贫困人口实现脱贫、贫困县全部摘帽目标，宁夏当前脱贫攻坚的难度越来越大。宁夏目前尚有41.8万贫困人口，其中，有2.06万患病人口，2.98万残疾人，60岁以上单老双老户2.15万人，是重点保障兜底群体。宁夏中南部六盘山集中连片特困地区贫困发生率都在18%以上，饮水、住房、道路等基础设施薄弱，170个深度贫困村贫困发生率大多在20%以上，涵盖贫困人口12.4万人，脱贫攻坚任务非常繁重。

1.扶贫对象不够精准

由于基层对中央精准扶贫的精神以及之后的政策实践缺乏深入理解，且中央精准扶贫政策也在不断变化，有些地方政府为了获得扶贫资源争当贫困县，有意提高当地贫困发生率。将建档立卡贫困户指标分到村，由村委会确定建档立卡贫困户，人为因素干扰过多，造成识别建档立卡户中出现“漏评”和“误评”的现象。

2. 形式主义问题仍然存在

基层干部为了应对考核检查评估，花费时间精力搞扶贫档案，既要补充过去没有的记录和报告，也因政策变化，重新制作材料，或者本来没有做工作，搞假材料。有的地方组织召开扶贫档案资料观摩会，导致基层干部忙于应对各种图表材料的上报检查；县级派驻贫困村第一书记人数多，脱产驻村后，既不在单位上班，平时也不驻村，有检查时来村上应付了事，存在“挂名”“走读”现象。特别是机关干部结对帮扶管理制度不健全，帮扶成效不明显。有的地方不从实际出发、不尊重群众意愿，盲目发展产业，一些地区在缺乏充分市场考察的基础上推进种植或养殖项目，造成脱离市场、销路不畅，即使农户丰产，也不能增收，大量扶贫资金下发后，只能被动维持产业现状，没有起到增收的效果；有的集中资金“垒大户”“堆盆景”，难以实现帮扶贫困群众致富增收的目标。

3. 贫困人口的奋斗精神不足

在当前扶贫过程中，存在一个为数不少有劳动能力但缺少脱贫动力的群体，这些贫困人口争当贫困户，在贫困地区滋生出不以“贫”为耻，反以“贫”为荣的“贫困文化”现象。主要表现为：一是不思进取，“等、靠、要”意识浓厚；二是胆小谨慎，扶而不起，帮而不富，助而不强，缺乏风险意识；三是不能脚踏实地，梦想做大事；四是不知反思爱抱怨，抱怨政府的政策做法。“贫困文化”是贫困人口精神贫困的具体表现。

（三）基层社会问题多发，是社会治理的难点所在

1. 公共安全隐患依然存在

宁夏作为民族地区，社会治理和公共安全的压力依然较大。近年来，宁夏禁毒工作虽然取得了显著成效，但全区登记在册吸毒人员近 3 万人，占总人口比例超过云南、四川等毒品问题严重省区，排全国第 4 位，22 个县区全部涉毒，吸毒人员基数大、比例高、增速快、复吸率居高不下，仍是影响宁夏社会治安的一大隐患。同时，宁夏治安、交通、消防等公共安全方面各类风险隐患仍然存在，较大以上事故时有发生，对群众生命财产安全构成了潜在危害。

2. 基层社会治理仍然问题较多

一是干部工作作风问题。乡镇是最基层的党政部门，也是最接地气的国家机关，而乡镇干部则是党和政府方针政策的直接传播者。因此，乡镇干部在“上传下达”中起着最关键的作用。然而，正是由于处于“基层”，就难免 “山高皇帝远”，上级的监管往往鞭长莫及，群众的监督往往乏力，形成了监管的“真空”，容易滋生“微权力”不作为、慢作为、乱作为等泛滥的现象。二是基层组织监管不到位，侵害群众利益的基层腐败问题频发。村级组织由于制度建设滞后，监管“空心化”，导致出现村集体收入使用不当、手续不规范或不入账、体外循环、私设“小金库”等现象。村级管理制度虚化和“空转”问题，使得基层出现许多“小官大贪”的违法违纪问题。涉农扶贫领域的问题是滋生腐败的多发地带，部分村级干部法纪意识淡薄，在扶贫过程中针对扶贫资金存在着侵吞挪用、克扣强占，吃拿卡要、雁过拔毛、优亲厚友等现象。由于责任追究不严不及时，群众往往怨声载道，削弱了群众对基层党组织的信任。

3. 专业社会工作与现实需求差距较大

由于缺乏政策支持和激励措施，专业社工地位和待遇较低，社会工作人才队伍建设尚不能满足社会需求。开展社会工作服务的财政保障机制尚不完善，投入不足，使得教育培训经费短缺，专项发展基金少，政府购买服务不能满足社会工作的社会需求。现有的专业社工和服务机构都面临服务能力不足的困境，

4. 妇女儿童权益保障问题依然突出

一是妇女维权亟待加强。妇女维权工作平台还没有完全发挥作用。个别县（区）还未开通或无人接听 12338 妇女维权热线，家庭暴力案件投诉站等运行不畅，家暴告诫制度在基层派出所实施力度不大。妇女维权工作队伍和能力还不能适应新时期维权工作需要。维权长效机制不健全，基层妇联维权干部多为兼职。针对妇女个体差异和维权需求开展的维权服务还比较薄弱，社会力量参与维权工作的广度深度不够。二是儿童权益保障有盲点。

困境儿童保障落实不到位，福利机构中的大龄儿童成年后在住房、就

业等方面得不到有效保障。留守儿童帮扶机制不健全，留守儿童的动态信息监测缺少平台支持，监护人整体状况不容乐观，对儿童的教育方式、行为约束、关爱疏导都不同程度地存在能力不足和方法不当的问题。三是幼儿监管亟待法治保障。近年来，国内许多地方幼儿教师虐童事件引起全社会的广泛关注，保护幼儿的人生安全需要从立法、政策和制度方面共同发力，在这方面宁夏还存在许多短板。

三、2018 年宁夏社会形势展望及发展对策建议

党的十九大确立了中国特色社会主义进入新时代的历史方位，指出了我国当前社会主要矛盾的新变化，这些变化意味着广大人民群众不仅对物质文化生活提出了更高要求，而且在民主、法治、公平、正义、安全、环境等方面的要求日益增长。当前，我们只有顺应民生需求新变化，增进人民福祉，才能不断提升人民群众的获得感、幸福感和安全感。

（一）坚持公平公正理念，在补短板中提高保障和改善民生水平

1. 优先发展教育事业

把教育事业放在优先位置，办好人民满意的教育。一是深化教育体制改革，全面贯彻落实《中共中央办公厅国务院办公厅印发〈关于深化教育体制机制改革的意见〉的通知》精神，制定下发自治区关于深化教育体制机制改革的意见和相关配套政策。二是办好各类各级教育。要继续新建改扩建一批普惠性幼儿园，提高全区学前教育三年毛入园率。普及高中教育，推动普通高中多样化特色化发展。紧紧围绕脱贫富民战略工程，推动职业教育更快发展。加快“双一流”建设，推动高校内涵式发展。

2. 提高就业质量

就业是最大的民生，要坚持积极就业政策，实现更高质量和更充分就业。一是促进重点群体就业。重点促进高校毕业生、城镇“4050”人员、农村转移劳动力及特殊人群等困难群体的就业。鼓励高校毕业生到基层就业，健全毕业生到基层工作的服务保障机制。健全面向所有困难群体的就业援助制度，规范公益性岗位开发和管理，建构及时有效帮助城镇就业困难人员和零就业家庭实现稳定就业的长效机制。二是推进大众创业万众创

新。重点支持各类市场主体建设大学生创业园、返乡农民工创业园、电子商务创业园和创意创业街区等创业孵化平台，提高就业创业承载能力。以扶持产业发展为抓手，大力实施创新驱动和产业升级。积极探索“互联网+产业”经营模式，推动实体产业与互联网深度融合，促进新经济与传统产业融合发展。三是加快人力资源市场建设。建立全区统一规范灵活的人力资源市场，创新人力资源市场服务内容和方式，提升服务能力和水平，消除制度障碍和就业歧视，形成公平就业的制度环境。

3. 建立更加公平更可持续的社会保障制度

按照兜底线、织密网、建机制的要求，建成覆盖全民、城乡统筹、权责清晰、保障适度、可持续的多层次社会保障体系。

一是健全多层次社会保险体系。进一步扩大社会保险覆盖面。全面转化全民参保登记成果，深度挖掘参保扩面资源，促进应保尽保、应征尽征，逐步实现社会保险人群全覆盖。完善社会保险制度体系。进一步完善养老保险制度体系，让老有所养基础更加扎实。加快实施企业年金、职业年金，探索建立个人补充养老保险，形成多层次、相互补充的养老保障体系。进一步完善城乡居民医疗保险、大病保险和重特大疾病保障机制，深化“三医联动”和医保支付方式改革，适时推进医疗保险和生育保险合并实施改革，为老百姓病有所医提供更加有效的医疗保险支持。建立社会保险政府财政补贴机制，政府财政要承担养老保险的历史债务和各类扶持资金，建立财政补助社保基金的长效机制，探索划转部分国有资本补充社会保险基金，弥补社保基金缺口，确保社保基金可持续运行。实施阶段性降费和降基数的“双降”措施。应根据全区经济发展现状，实施阶段性社会保险缴费降费及动态调整政策，同时，把作为缴费基数的岗平工资降到合理的真实水准，适时降低缴费基数，使阶段性降费和降基数成为宁夏社会保险缴费的新常态。建立商业保险与社会保险协同发展机制。政府可在保基本的前提下，将部分社会保障责任交由商业保险公司承担，通过减免个人所得税等方式，鼓励有条件的人们购买商业保险，在产品、渠道和经营模式等方面的跨界发展上，给商业保险公司提供更多的政策支持，为参保人员提供更高水平的保障。通过委托商业保险公司代办社会保险业务，建构商业保险与社会保险共赢的协同发展局面。

二是社会救助重在兜底。做好农村低保与扶贫开发制度衔接，将所有符合条件的贫困家庭纳入低保和建档立卡范围。加大医疗救助力度，将贫困患者全部纳入医疗救助范围，年度最高救助金额由现行的 8 万元提高到 16 万元，并在现行报销政策的基础上提高 10 个百分点。推进民政云社会救助信息系统的应用，搭建多部门协调配合的核对信息系统共享平台，推动社会救助工作规范化管理。提高灾害救助标准，进一步保障受灾群众基本生活。健全和完善流浪乞讨人员救助管理制度，提升流浪乞讨人员救助管理水平。

4. 大力推进健康宁夏建设

把健康放在优先位置，推进“十大”工程，建立完善健康宁夏建设的工作机制和考核评估机制。

一是全面深化医药卫生体制改革。健全现代医院管理制度，巩固破除“以药补医”成果，医疗费用增幅控制在 10%以内，药占比控制在 30%左右。提高医院经营管理水平，加快推进薪酬制度改革试点和人员总量管理，加大医疗费用监测力度。通过公立医院管理委员会有效制约公立医院院长权力过大的问题，清理整顿大处方、大检查等过渡医疗问题。建立完善分级诊疗制度，优化完善家庭医生签约服务机制。 二是加强卫生计生人才队伍建设。实施“全科医生特设岗位计划”，抓好住院医师规范化培训和基地建设。组织开展国家中医重点专科建设，培养中回医技术骨干。全力开展高层次人才柔性引进工作。 三是推进健康扶贫工程。健全完善健康扶贫工作的管理机制，推进健康扶贫对象识别精准化、救治规范化、保障制度化、防病科学化，构建更加完善、更高层次的群众因病致贫返贫保障网。继续加大贫困地区卫生投入和基础设施建设，为 9 个贫困县建设一批标准化基层医疗卫生机构。进一步深化省际医疗卫生精准帮扶与合作，健全健康扶贫 1+X 帮扶机制和“一对一”对口支援。实现贫困县、乡医疗机构远程医疗系统全覆盖，提高优质医疗资源共享度和可及性。四是全面优化生育服务。开展全面两孩政策实施效果评估研究，研判人口发展形势，梳理生育政策与相关经济社会政策配套衔接状况。加强出生人口监测，扩大流动人口服务均等化工作覆盖面。加大出生人口性别比综合治理力度。

5. 增强住房保障能力

一是打好危窑危房改造脱贫攻坚战。截至2017年10月，全区农村危窑危房存量还有5.6万户，其中建档立卡贫困户2.4万户，按照自治区党委、政府决策部署，要在2018年基本完成改造。为此，要精准识别改造对象，坚持优先解决经济最贫困、住房最危险“两最”农户住房问题。要积极争取加大投入，统筹整合贫困县扶贫整村推进、美丽乡村建设等涉农项目资金，支持提高重点对象特别是建档立卡贫困户改造补助标准，利用政策性银行等金融机构资金，采取贷款贴息等方式，拓宽危房改造融资渠道。房地产市场要坚持去库存与防风险并重。要加快供给侧结构调整，采取措施有效抑制各地过度依赖土地财政而引发的投资冲动，加快“存量”土地转型开发。做好需求侧挖潜工作，发挥好政策调控支持作用去库存，扩大棚改货币化安置去库存，政策支持农民进城购房居住去库存，引导房地产企业提高住房供给质量去库存，鼓励发展住房租赁市场去库存。

（二）坚持共同富裕目标，打赢脱贫攻坚战

十九大报告提出，当前，要动员全党全国全社会力量，坚持精准扶贫、精准脱贫，重点攻克深度贫困地区脱贫任务，确保到2020年我国现行标准下农村贫困人口实现脱贫，贫困县全部摘帽。宁夏实现与全国同步建成全面小康社会的任务重、时间紧、难度大，必须按照自治区第十二次党代会做出的战略部署，精准发力，攻坚克难，坚决打赢脱贫攻坚战。

1. 加大对深度贫困地区资金扶持力度

按照国家提出的贫困户实现“两不愁三保障”、贫困村实现“五通八有”的要求，统筹整合财政涉农资金和教育、卫生等社会事业资金向深度贫困地区倾斜，加大资金投入力度，着力解决深度贫困地区贫困群众住房保障、医疗、教育等难题，对贫困村重点解决“空壳村”问题。

2. 激发贫困群众脱贫的内生动力

如何激发贫困人口的奋斗精神，培育贫困群众的内生动力，扭转“等靠要”现象，关键是建立精准激励机制，重视改造 “贫困文化”。首先，要激发贫困人口的内在动力。如果对扶贫对象不加区分地盲目“输血”，相当于变相鼓励“等靠要”的心理状态，客观上削弱贫困群众主动脱贫的内在动力。另外，要厘清政府帮扶责任和贫困户主动脱贫的责任，否则，脱贫攻坚责权不清，容易使部分有依赖性的贫困群众将脱贫责任完全归结于政府或干部，弱化自我发展的意识，也会影响贫困地区其他群众的积极性和扶贫干部的工作积极性。其次，实施精准激励政策。精准扶贫要“精准激励”，必须加强对“造血”政策的研究和推行，让“我要脱贫”的人获得更多的利益，让有主动性、有思路的贫困户获得更多的资源以扩大产业规模。对于产业发展典型、致富典型要给予物质和发展机会奖励，发挥他们对贫困群体的模范带头作用，用创新手段激发群众“我要脱贫”的动力。

3. 调动扶贫干部的积极性

在精准扶贫过程中，要给予基层扶贫的干部灵活机动的政策权限，建立责权相当的考核机制和容错机制，鼓励扶贫干部根据当地具体情况，大胆地创新更加有效的扶贫激励机制和扶贫措施，充分保护和发挥扶贫干部在扶贫工作中的积极性主动性。

4. 妥善解决移民遗留问题

要采取盘活存量、分类补贴、划拨用地等措施，加快解决“十二五”生态移民“多代多人”家庭住房困难问题。及时将生态移民迁出区适宜造林的土地调整为林业用地。扎实推进“十三五”易地扶贫搬迁。稳妥解决好农村自主迁徙人口管理问题。要通过建设移民搬迁特色小镇、打造特色产业和加强社区组织建设等手段，增强搬迁群众的后续发展能力。

5. 关注城镇低收入群体

城镇低收入群体往往也是城镇的贫困人口，是脱贫攻坚中不如忽视的一个群体。2016 年宁夏城镇 10%的低收入家庭可支配收入为 5879 元，为全区城镇居民人均可支配收入 27153 元的 21.7%，不足全区平均水平的 1/4。从城镇居民不同收入群体比较，2016 年 10%高收入家庭与 10%低收入家庭的人均可支配收入比为 11.8:1，高低收入家庭的收入差距有进一步扩大的趋势。低收入家庭往往收入来源单一，工资性收入是家庭收入的主要来源，教育支出占比较大，住房条件差，就业能力差。针对城镇低收入家庭，应加大就业培训力度，提高财政对低收入家庭在社会保障领域内的支付水平，重点向低收入家庭的医疗、教育、住房等生活开支倾斜，建立教育帮扶制度，防止贫困代际传递。

（三）提高治理水平，努力打造共建共治共享的社会治理格局

创新社会治理是全面建成小康社会的必然要求。必须不断提高社会治理社会化、法治化、智能化、专业化水平，努力打造共建共治共享的社会治理格局。

1. 完善社会治安防控体系

一是推动风险防控化解。维护社会和谐稳定，要提升预测预警预防预控能力，探索建立集风险评估、常态排查、多元疏导、联动管控、应急处置为一体的矛盾纠纷排查化解工作“宁夏模式”，把好矛盾纠纷排查化解的第一道和最后一道防线。二是加强治安环境整治。重点通过推动毒品治理行动、突出刑事犯罪攻坚行动、涉众型经济犯罪综合治理行动、治安乱点整治行动和公共安全监管行动“五大行动”，打造具有宁夏特色的治安防控体系“升级版”，满足人民群众安全需求。三是以“互联网+”模式深化警务机制改革。坚持不懈推进社区警务战略，全面推行交巡警合一机制改革，着力优化警力配置，夯实工作基础，密切警民关系，延伸防控触角。

2. 加强社区治理体系建设，推动社会治理重心向基层下移

一是提升城乡社区治理水平。城乡社区是人民群众安居乐业的家园，是党和国家政策措施落实的“最后一公里”。要深入推进以民主选举、民主决策、民主管理、民主监督为主要内容的村（居）民自治实践，不断加强基层民主政治建设。全面深化社区治理体制改革，推进街道（镇）和社区转变职能，加强基层群众自治组织建设，推动社区减负增效，激发社区自治活力。积极开展农村社区建设和村民小组（或自然村）自治试点工作。积极推进城乡社区民主协商工作，最大限度解决居民利益诉求。深化村（居）务公开，切实保障基层群众的知情权、参与权、表达权和监督权。二是强化社会组织培育监管服务。加快行业协会商会和行政主管部门脱钩进程，推进出台新的社会组织登记管理办法，为促进宁夏社会组织健康发展提供理论遵循和政策支撑。建立公共财政对社会组织提供公共服务的支持、资助和奖励机制，支持政府购买社会组织参与社会服务。健全社会组织内

部治理机制，提高社会组织公信力。加快健全政府向社会组织购买服务机制，明确政府购买服务和承接购买服务的主体，编制购买内容与目录。三是加强社工人才队伍建设和志愿服务。积极推进社工人才继续教育、岗位开发、使用、评价、激励和志愿者招募、注册登记、培训等工作，不断提升社会工作的服务水平和成效。

3. 以强有力的举措防治基层“微腐败”

治理基层“微腐败”问题，要坚持既不放大也不缩小的原则。一是加强基层廉政思想建设。二是畅通信息渠道，政策信息宣传要到位，项目或资金落实通报渠道要畅通，监督制度要管用得力。三是基层常态化监督。针对基层扶贫领域存在的贪污挪用、截留私分，优亲厚友、虚报冒领，雁过拔毛、克扣侵占等问题，要持续加大监督执纪问责力度，通过定期督查、现场质询、问题线索等方式，开展专项整治。防范一些惠民政策出现“灯下黑”现象，确保扶贫惠民政策落到实处。

治理微腐败，宁夏也有一些好的做法，如银川市兴庆区新水桥村阳光村务公开模式，在规范村务行为，打造廉洁村务方面值得推广。针对农村财务管理不规范、制度缺失、监管机制不健全、基层腐败问题，中宁县部分乡镇开展村级财务管理“村廉通”试点。实现“村级账目乡镇管，村级资金银行管”，村级财务管理更加规范，收支更透明，监管更具体，党群关系更融洽。

4. 推进城市综合治理

一是加快城管执法改革。全面完成各地城管综合执法机构设置、人员整合和身份过渡，依法确定城市管理权力和责任清单，划定职责边界，理顺执法体制，规范执法流程，提升城市依法治理水平。重视城管队伍建设和人员素质提升，推行城管执法过程全记录制度，努力建设一支管理精细化、执法规范化、服务人性化的城管队伍。二是加强“城市病”治理。要按照“密路网，窄马路”要求建设改造城市道路，积极实施自行车、步行道等慢行系统建设项目，有效落实停车设施配建标准，进一步增加停车场、停车泊位等设施，有效缓解交通拥堵、停车困难等现实难题。三是建设智慧化城市。推广银川市经验做法，有效引入云计算、大数据、互联网+等先进技术，以完善城市基础空间数据库、人口基础数据库、宏观经济数据库、建筑物基础数据库等公共数据库为重点，建设涵盖规划设计、公共交通、园林绿化、市容环境、房产管理、应急保障等城市功能，以及供水、供气、供热和医疗、卫生、就业、养老、金融等基本服务事项为内容的综合管理平台，实现跨部门、跨行业信息共建共联共享，推动城市运行与信息时代全面接轨。

5. 重视引导新社会阶层

“新的社会阶层人士”主要包括四大群体：私营企业和外资企业的管理人员和技术人员、社会组织从业人员、自由职业人员、新媒体从业人员。新的社会阶层有四个基本特征：一是新社会阶层是时代变化的产物，是改革开放以后新生的社会群体、社会力量，新的社会阶层在第三产业就业人员中占据重要地位；二是新的社会阶层是传统体制所不能涵括的人；三是新社会阶层有较高的社会职业声望，占据了职业结构甚至产业结构中比较重要的位置；四是新的社会阶层在引导社会舆论方面发挥巨大作用，特别是“意见领袖”往往有较大的话语权。新的社会阶层是伴随着改革开放以来中国社会结构的巨大变迁而产生的，这些人是改革开放以来的受益群体，是经济社会发展的重要生力军，高度重视新社会阶层，为他们在社会主义现代化建设中更好地发挥作用创造良好的环境氛围，对社会发展具有举足轻重的意义。

（四）推进更加注重质量效益的新型城镇化

城镇化演进必须与经济社会发展阶段相适应，要与城镇产业支撑能力和综合承载能力相适应，如果超越了发展阶段和资源环境等要素的容量，就会出现各种各样的“城市病”。当前，正确把握城镇化发展的整体态势，更加注重提升质量效益，对宁夏新型城镇化建设具有重大意义。

1. 提升城乡规划

针对城镇发展不定位、定位不准、定位落实不到位等问题，一是要以空间规划为统领，落实“多规合一”要求，提升规划定位，完善宁夏城镇体系规划、村庄布局规划及市、县（区）城市总体规划等。二是推行城市设计，根据宁夏自然生态、历史文化等本真特色，结合全域旅游等产业发展，系统制定以延续发展脉络、完善空间结构、控制建筑型体、塑造城市景观、提倡永续发展为内容的城市设计标准规范，推广使用具有宁夏民族地域文化特点的建筑元素符号系统，着力打造望得见贺兰山、看得见黄河水、记得住塞上江南风情的独特城镇品牌。三是强化规划执行落实，切实维护规划定位的严肃性、权威性。

2. 优化城镇布局

针对产城融合度不高，城区、园区、小区“割裂”发展，城市同质化竞争等问题，贯彻自治区十二届党代会报告“坚持山川统筹、城乡一体，优化生产力布局，在协调发展中形成发展优势、增强发展后劲”的要求，适应城镇建设发展和城乡生产要素流动变化新趋势、新特点，进一步优化调整城镇布局，开创产城融合发展、互动发展新局面。一是加快推进以人为核心的新型城镇化，有序推进农业转移人口市民化。二是着力推动银川都市圈宁东能源化工基地与银川、石嘴山、吴忠三城市产城互动发展，全面提升银川都市圈核心竞争力。三是大力推进大中小城市和小城镇协调发展，全面提升城镇发展效益。

3. 建设特色村镇

根据农村建设和发展短板，针对乡村特色不足、用城市的方法建设农村等问题，贯彻党代会报告“深入推进城乡一体化”发展要求，以党的十九大报告提出的“乡村振兴战略”为指导，以一镇一业、一村一品为导向，加快特色村镇培育建设。一是推进美丽乡村建设，坚持“用农村的理念和方式建设农村”，深化美丽乡村建设，加快补齐农村建设发展欠账和短板，确保到2020年全区所有乡镇和90%规划村庄达到美丽乡村标准。二是抓好特色小镇和特色产业示范村建设，把农村危窑危房改造与发展乡村旅游、特色种养等产业项目结合起来，推动“产镇”“产村”“产房”深度融合，着力打造一批以特色产业为支撑，具有明确发展定位、特定文化内涵、独特景观风貌和较强聚集辐射功能的特色村镇。特色小镇建设中，应采取有效措施，更加科学地保护传统村落历史文化价值，留住这些村落中蕴含的乡愁。在村落保护和开发过程中，应充分尊重村民意愿、努力回应村民诉求，调动他们的积极性，使其成为保护和开发的主力。

领域篇

LINGYUPIAN

2017年宁夏教育事业发展报告

卢光辉

2017年，宁夏教育事业发展继续保持良好发展态势，以提高教育质量为核心，以深化综合改革为根本动力，以促进教育公平为基本要求，各级各类教育发展取得了新进展，从学前教育到高等教育的普及水平全面超过全国平均水平。

一、宁夏教育事业发展现状

（一）各级各类教育发展水平显著提升，教育资源保障能力不断提升

1. 普惠性学前教育资源覆盖面快速扩大

2017年，先后投入幼儿园建设资金1.9亿元，新建、改扩建幼儿园74所，新增幼儿学位1.3万个，办园条件得到极大改善。现有幼儿园889所，在园幼儿20.62万人，专任教师0.95万人，[1]"入园难"问题得到有效缓解，学前教育毛入园率为77.94%，比2012年提高20.13个百分点，比上年提高6.5个百分点，高出全国平均水平0.54个百分点，首次超过全国平均水平。[2]

2. 义务教育均衡发展扎实推进

2017年，宁夏以县为单位全部通过了自治区义务教育均衡发展评估验收，隆德县、泾源县、彭阳县、海原县等四县顺利通过了国家督导检查组

作者简介 卢光辉，宁夏教育科学研究所高级教师。

义务教育均衡发展评估验收。现有学校 1781 所（初中 245 所，小学 1536 所），在校生 85.76 万人（初中 27.47 万人，小学 58.29 万），专任教师 5.39 万人（初中 1.98 万人，小学 3.41 万人）。[3] 义务教育普及成果得到有效巩固：小学六年巩固率 94.5%，比 2012 年提高 11.56 个百分点。初中三年巩固率 93.2%，比 2012 年提高 2.75 个百分点。小学学龄儿童净入学率达到 99.98%，初中阶段毛入学率达到 104.53%。[4]

3. 高中阶段教育普及水平不断提升

2017 年，宁夏高中阶段毛入学率达到 91.35%，比 2012 年提高 3.08 个百分点，高于全国平均水平 3.85 个百分点。[5] 中考招生指标到校比例由 2012 年的 30%提高到 2016 年的 60%，初中毕业生升学率达到 95%以上。现有学校 91 所（普通高中 62 所；中等职业学校 29 所，其中，普通中专 14 所，成人中专 2 所，职业高中 13 所），在校生 23.07 万人（普通高中 15.20 万人，中等职业学校 7.87 万人），专任教师 1.33 万人（普通高中 1.06 万人，中等职业学校 0.27 万人）。[6]

4. 打造西部职业教育高地迈出坚实步伐

2017 年，宁夏继续加大投入，支持盐池县、彭阳县新建完成县级职教中心，同时支持同心县、红寺堡区开工建设县级职教中心。至此，宁夏所有的县都建成本县的县级职教中心。[7] 2017 年，宁夏职教园区公共实训中心共享机制成效初显：完成共享实训任务 1.13 万人次，共享实训总课时达 0.54 万课时，教师资源共享课时达 2.11 万课时，涉及区内外学校 50 余所。由全国高职高专校长联席会议委托，上海市教育科学研究院和麦可思研究院共同编制的《2017 中国高等职业教育质量年度报告》中，宁夏高等职业教育年度质量水平位列全国前十，居西部省区首位，院校质量报告水平位列全国第 11 位，走在西部省区前列。

5. 高等教育内涵式发展取得新突破

2017 年，宁夏高等教育毛入学率达到 43.15%，高于全国平均水平 0.45 个百分点。[8] 现有普通高等学校 18 所，成人高等学校 1 所，在校生 14.89 万人，专任教师 0.85 万人。[9] 以“双一流”建设为契机，重点建设两类 16 个与自治区经济社会发展紧密对接的一流学科，重点支持宁夏大学建设西部一流大学。遴选建设自治区优势、重点学科专业（群）80个，建设覆盖农业、水利、能源化工等方向的职教集团和专业联盟10个。[10] 高校共申报新增1个博士授予单位、1个硕士授予单位、13个一级学科博士点和30个一级学科硕士点。据近期发布的2017中国最好学科排名，宁夏高校有1个学科进入ESI世界前1%、3个学科进入全国前25%、10个学科进入全国前50%，宁夏大学入选国家“双一流”建设高校。

（二）积极坚持政策倾斜，大力促进教育公平

1. 不断完善宁夏教育精准扶贫工作机制

以《宁夏教育精准扶贫“十三五”行动方案》为引领，紧紧抓住学前教育和义务教育两个重点，打好政策“组合拳”，先后制订下发了《关于职业教育助推精准脱贫工作实施方案》和《闽宁职业教育协作助力脱贫攻坚工作实施方案》等，构建了“3318”教育精准扶贫工作机制，实施“学前教育普及提高行动”“职业教育技能富民行动”等10个专项行动，形成了横向上从学前教育到高等教育“全口径”，纵向上从各级教育行政部门、各学校到贫困村、贫困户、贫困学生“全方位”的教育精准扶贫工作格局。[11]

2. 稳步实施农村义务教育学生营养改善计划

提请自治区党委、人民政府同意将农村义务教育学生营养改善计划实施范围扩大到小学附设学前班幼儿。2017年下达膳食资金和教师陪餐资金2.42亿元，惠及学生26万人，连续六年实现食品安全和资金安全“零事故”。[12] 财政部对宁夏营养改善计划实施情况进行了绩效评价，宁夏被评定为优秀等次。教育部组织的中央主流媒体采访团高度关注宁夏的营养改善计划实施情况，予以大量报道宣传，社会反响巨大。宁夏营养改善计划工作走在了全国前列，实施效益得到认可和显现。

3. 实现家庭经济困难学生资助全覆盖

继续完善从学前教育到研究生教育各阶段全覆盖、无缝隙对接的学生资助政策链，2017年宁夏各学段资助学生48.84万人次，各级财政累计安排学生资助资金6.75亿元（不含国家生源地信用助学贷款，义务教育阶段只含寄宿生生活补助），从制度上保证了每一个孩子应学尽学、应助尽助，有力保障了家庭经济困难学生的学习和生活。对宁夏幼儿园建档立卡家庭适龄儿童实行“一免一补”政策，惠及农村儿童1万多名。[13]

4. 着力提升特殊教育办学条件

2017年，宁夏投入特殊教育专项资金1220万元，建成了4所医教结合项目学校，改善了4所特殊教育学校的办学条件。安排随班就读资源教室建设资金100万元。投入900万元，依托自治区特殊教育学校挂牌成立自治区首所残疾人职业教育中心，切实为残疾学生提供良好的教育环境，弱势群体受教育权利得到有效保障。

5. 努力提高贫困地区和贫困人口入学机会

积极争取教育部支持，实施免费师范生、免费医学生、国家专项、高校专项等高校招生计划，持续增加农村和贫困地区学生接受高等教育的入学机会。坚持“优质资源足额落实和不断增加”的原则，2017年安排专项计划（国家专家和地方专项）共计402人，其中，地方专项计划比2016年增长了10.9%。在高职分类考试面向中职考生招生、录取中首次对建档立卡家庭经济困难未录取的考生单列计划、单独投档录取，2017年618名建档立卡贫困家庭学生全部予以录取，占高职院校录取中职生的13.6%。

6. 坚持资源配置向山区各贫困县，义务教育均衡验收县贫困地区倾斜

持续实施六盘山连片特困区义务教育均衡发展攻坚计划，2017年接受国家、自治区评估验收的七县（区）均属于国家级贫困县，为帮助各县（区）解决义务教育经费投入“三个增长”资金缺口问题，采取提升转移支付的解决办法，对义务教育经费投入“三个增长”资金缺口2.31亿元进行填平补齐。全力抓好改善农村义务教育薄弱学校办学条件建设项目，积极争取教育部资金7000万，较往年增幅达到14%，解决了该项目历年资金不足问题，共投入资金12.57亿元。“全面改薄”项目在国务院教育督导委员会专项督导和网络测评中，综合满意度达到81.77%，位居全国第三。

7. 优化稳定农村教师队伍

继续实施“特岗计划”，2017年共招聘特岗教师1086人（其中，国家特岗招聘993人，地方特岗教师招聘93人）。特岗计划自2006年实施以来，已累计为宁夏24个县（市、区）、1200所农村中小学招聘教师近2.6万名，占宁夏义务教育阶段学校专任教师的30.63%，其中农村特岗教师的

比例占到了61.24%，有效改善农村义务教育阶段学校教师结构，为农村教育发展起到了积极促进作用。[14]持续推进宁夏“乡村教师支持计划”，按照艰苦边远程度实行差别化补贴，乡村教师补贴累加、乡镇工作者补贴标准人均达到800元，惠及包括特岗教师在内的3万多名乡村教师，有力促进了农村教师特别是优秀教师“下得去，留得住，教得好”的运作机制。同时，城市优秀教师到农村任教的意愿明显增强，为提升农村学校教育教学质量起到了积极促进作用。

（三）教育综合改革不断深化，教育治理能力不断提升

1. 全面提升学前教育普惠性

为进一步扩大普惠幼儿园覆盖面，积极开展政府购买学前教育服务工作，2017年下达资金2000万元，审核购买93所民办幼儿园，补助幼儿保教费25000名，真正使广大幼儿家庭得到实惠。对各县（市、区）申报的100多所民办幼儿园进行普惠性认定，使得普惠性幼儿园达到710所，占宁夏幼儿园总数的80%以上。

2. 深化基础教育教学改革

全面推进县域内城乡义务教育一体化改革发展工作，在2017年完成县域内实现义务教育基本均衡发展的基础上，开始全面启动“基础教育质量先进县”创建工作。全面组织开展中小学创新素养试点工作，在宁夏范围内遴选了12个县（市、区）的85所中小学（幼儿园）开展创新素养教育实验试点工作。及时针对群众关切，积极加强义务教育阶段作业管理，探索每周一天无作业日，不得要求家长对书面作业检查并签字等，以确保深化课程改革及培养中小学创新素养教育各项措施落到实处。

3. 着力推进高等院校创新创业教育改革

重点推进30个大学生校外实践基地建设，立项建设了500项大学生创新创业训练计划项目和30项教师创新创业教育改革研究项目，遴选建设8个创新创业教育试点学院（系），选聘130名以社会导师为主的创新创业指导教师队伍。组织开展了宁夏第三届“互联网+”大学生创新创业大赛暨全国选拔赛等15项大学生学科竞赛，17所高校2256个项目，9307人次报名参赛，覆盖宁夏高校近8%的学生，参赛比例位于全国前列。

4. 持续推进考试招生制度改革

深入实施高校招生“阳光工程”，连续五年实现了高校招生录取“零点招”“零补录”、连续九年“零投诉”，高考录取率达到84.77%。以问题为导向，首次调整艺术类专业统考办法，艺术专业招生实行平行志愿投档录取模式改革效果明显，计划完成率122.46%。继续实施了区属高职院校分类考试招生改革试点工作，2017年职业技能试点院校专业从2016年3个院校5个专业增加到9个院校17个专业，涵盖18个专业大类中的医药卫生类、政法类、建筑类等，报名人数5292人，比上年增长31.8%，录取4329人，比上年增长26.9%。通过计划引导，有力推进了中等职业教育与高等职业教育衔接，加快现代职业教育体系建设。

5. 积极推进民办教育改革发展

民办教育不断发展壮大，2016年宁夏共有各级各类民办学历教育学校及幼儿园590所，比2012年增加192所，增长48.2%，在校学生达18.88万人，比2012年增加5.12万人，增长37.2%。民办学校及幼儿园在校生占宁夏在校生总数的比例为13.1%，较2012年提高了3.7个百分点。[15] 为进一步支持、规范民办教育，实施民办教育分类改革，先后广泛开展了民办教育改革专题调研，举办了三期民办教育专题培训班；先后对宁夏民办教育培训机构和语言类培训机构进行集中摸排清查整治活动，对无证民办教育培训机构进行严肃整治；委托第三方对宁夏25所民办中小学和中等职业学校开展财务审计，进一步规范民办学校的财务管理。

6. 改革完善教育信息化管理机制

2017年，宁夏中小学校“宽带网络校校通”工作稳步提升，各级各类学校的互联网络接入带宽得到明显提升。“优质资源班班通”取得新进展，83.52%的教学班配备了网络多媒体教学设备。“网络学习空间人人通”发展迅猛，100%的中小学校开通了学校空间。以活动促应用，在教育部2016–2017年度“一师一优课、一课一名师”活动中，宁夏在上一年度教师参与率及部级“优课”获奖率均居全国第二的基础上，部级“优课”节数增幅居全国第一，为70.7%。宁夏教师参与率97.61%、晒课率111.46%。宁夏教师数量是全国二百分之一，优课数是全国三十分之一。

[16] 随着活动的深入开展，宁夏广大中小学教师的参与率、晒课率、区级“优课”数、部级“优课”数等重要指标均大幅提升，连续3年居全国前列，教师应用信息技术手段和数字资源进行教学逐步成为常态，推进了信息化和教学的深度融合。

二、宁夏教育事业发展面临的问题与挑战

（一）学前教育地区发展不平衡，专任教师数量短缺

近年来，宁夏学前教育资源供给能力明显增强，“广覆盖、保基本”的格局已经形成：从川山区分布看，山区学前教育发展迅猛，从城乡分布看，农村学前三年普及程度大幅提升；从公民办分类看，民办幼儿园逐渐成为发展生力军。尤其是2017年，学前教育毛入园率首次超过全国平均水平。但与此同时，专任教师缺口数仍较大，目前学前教育专任教师9445人中，在编教师只有26.9%，仅占宁夏学前教育专任教师总规模比例的26.9%，专任教师数量在规模迅速扩大的同时亟待进行同步增补。

（二）城镇化对义务教育均衡发展带来的挑战日益加剧

近年来，宁夏义务教育阶段学龄人口明显减少，但随着宁夏城镇化步伐的加快，以及人民群众日益增长的多样化教育需求，办学规模总体呈下降趋势，但又呈现出义务教育阶段学生数量在“川区增、山区减，城镇增、农村减”的特征。区域内“两增两减”的发展特征不但在一定程度上影响了既有的学校布局规划调整及其资源配置效益的发挥，也随着城镇化进程在川区或县城带来了“大班额”等挑战，进而又深层次的影响到现有的教育资源，尤其是以教师的数量分布与存量结构为表征的矛盾化解，在川山区、城镇农村的统筹优化，以及由此必须考虑到的教育公平、资源投入等系列问题的解决。

（三）高等教育高水平教学团队匮乏，高层次人才数量偏少

根据相关教育统计数据，衡量普通高校教学水平的国家级教学团队、国家级精品课程在宁夏的数量过少，且主要集中在宁夏大学和宁夏医科大学两所本科院校，一方面说明宁夏高校优质教育资源较为集中，另一方面也说明宁夏高校尚未完全形成方向稳定、特色鲜明、教学水平较高的科研

团队。这既不利于吸纳和聚集区内外高水平优秀教师，也不利于高校自身高水平人才队伍的培育和发展。可以说，宁夏经济社会重大战略需求领域和学术前沿领域的高层次领军人才明显偏少，在全国有一定影响力的专家、学者数量少，缺乏学科带头人和领军人物。同时，在全国实施“双一流”建设的形势下，新一轮的“人才抢夺战”已经开始，宁夏高校现有人才的稳定也面临着“孔雀东南飞”的挑战。

三、对进一步促进宁夏教育事业发展的对策与建议

（一）创新学前教育普惠健康发展的体制机制，规范各级各类办园行为

进一步提高学前教育师资配置水平。继续优先增加学前教育教师编制计划，建议以每年度的特岗教师招聘为切入口，并整合中小学富余教师转岗、政府购买学前服务等多种途径，快速加大学前教育专任教师数量补充的力度，配备数量适宜的专任教师和保育员，迅速激活近年来宁夏学前教育资源配置效益。

进一步理顺学前教育管理体制和办园体制。以县域为单位制订幼儿园总体布局规划，新建、改扩建一批普惠性幼儿园，有效推进解决入园难、入园贵问题。鼓励多种形式办园，鼓励社会力量举办幼儿园，继续加大政府购买学前教育服务力度，支持民办幼儿园提供面向大众、收费合理、质量合格的普惠性服务。

加强幼儿园质量监管。随着 2017 年宁夏学前教育毛入园率达到 77.94%，一大批新建、改扩建幼儿园工程的完工，以及政府购买学前服务力度不断加大，各级教育行政部门要及时跟进对幼儿园质量的管理和监控，规范各级各类办园行为，加强科学保教，坚决纠正“小学化”倾向。

（二）激活义务教育阶段现有教师队伍潜力，培育义务教育均衡发展的新生长点

调整、优化、激活义务教育现有教师队伍的潜力。针对城镇化对义务教育均衡发展所带来日益加剧的挑战，尤其是“大班额”等带来的义务教育阶段教师的数量分布与存量结构之间矛盾的破解，要全面加强城乡教师双向交流力度，通过积极试行学区化管理，集团化办学，采取委托管理、

强校带弱校、学校联盟等灵活多样的办学模式和手段，达到城乡教育共享教师、校长优质资源。进一步创新特岗教师培养模式，继续扩大特岗教师“顶岗代培”试点工作范围，新招录的特岗教师先在城市（县城）学校学习实践，同时城市（县城）学校对口置换特岗教师岗位，既能加大城乡教师双向交流力度，又可加快特岗教师专业成长。

培育义务教育均衡优质发展的新生长点。2017年宁夏以县为单位全部通过了自治区义务教育均衡发展评估验收，开始全面启动“基础教育质量先进县”创建工作，这是宁夏义务教育从均衡发展迈向优质发展的转折点，充分用好、盘活义务教育基本均衡发展成果，需要在建立以学生发展为本的新型教学关系，改革学生评价方式，提高课程教学质量等维度上，探寻“基础教育质量先进县”创建工作，真正实现从均衡发展向优质发展的跨越。

建立基于数据驱动的义务教育均衡优质发展的政策过程反馈机制。“义务教育均衡优质发展”是2017年9月国家《关于深化教育体制机制改革意见》中对传统“义务教育均衡发展”顶层设计的新超越，这意味着义务教育均衡发展的维度从传统的资源配置、师资队伍建设等宏观层面转向了教学方式和学习方式的改进、教学形式的变革、学生评价方式等更多元化、更微观的层面。因此，建立义务教育均衡优质发展监测体系迫在眉睫。

（三）加强高等院校高层次人才的引进和培育，健全促进高等教育内涵发展的体制机制

深化高等院校人才发展体制机制改革。实施更加灵活的人才政策，坚持注重能力、实绩、贡献导向，改革人才评价机制和分配机制，重点在人事制度、科研体制机制改革等关键环节实现突破，加快构建科学规范、开放包容、运行高效的人才发展治理体系。加快构建更加有效的人才创新创业激励机制，最大限度激发和释放人才创新创造活力。

加强高等教育高层次人才的引进。以高水平师资建设为抓手，围绕宁夏高校“双一流”建设和重点学科专业（群）发展的主攻方向，坚持引进培养并举、刚性柔性并重、高端中端兼顾、企业事业结合，大力做好人才急需紧缺领域海内外引才工作，不唯地域引进人才，不求所有开发人才，不拘一格用好人才，为自治区实施创新驱动发展战略提供坚实的智力支持。

加快高等教育高层次人才本土化的培育水平。依托国家“长江学者”“国家万人计划”和宁夏“塞上英才”“院士后备计划”“领军人才计划”“青年拔尖人才”等重大人才工程，实施重点领域骨干人才培养、教学名师（技能大师）培育。重视和加强对现有高层次、高技能人才的政策支持，既要“引进来”，又要“用得好”，还要“稳得住”，促使高层次、高技能人才能全心全意的投入到教学和科研之中。

参考文献：

[1] [3] [6] [9]宁夏回族自治区教育厅.2016 年各级各类学校基本情况表[Z].宁夏回族自治区教育统计手册:2016 年度,2017,(4):2—5.

[2] [4] [5] [8] [15]宁夏回族自治区教育厅. 十八大以来宁夏教育发展情况[EB/OL].http://www.nxedu.gov.cn/sviewp/b40d70cc-8d07-47e5-9a59-31bd028f7fc3,2017-10-17/2017-11-23.

[7] [11] [12] [13]郭虎.把教育作为管长远的事业抓好[N].中国教育报,2017-10-08(003).

[10] 宁夏回族自治区教育厅.在自治区“实施人才强区工程助推创新驱动发展战略”座谈会上的发言[R].2017-07.

[14] 宁夏回族自治区教育厅.关于自治区政协十五届五次会议第 442 号提案办理答复的函[Z].2017-07.

[16]宁夏新闻网. 部级“优课”数宁夏增幅全国第一[EB/OL]. http://www.nxnews.net/ms/rdzz/201712/t20171208_4424883.html,2017-12-08/2017-12-08.

2017年宁夏卫生改革发展与健康宁夏建设报告

王维成

2017年，宁夏按照党的十九大提出的“实施健康中国战略”要求，对更好地满足人民群众的健康新期盼做出了制度性安排，十二次党代会明确提出：“推进健康宁夏建设，全面推进综合医改，加强医疗联合体建设，促进优质医疗资源下沉，加强基层医疗服务能力建设，努力为人民群众提供全方位、全周期的卫生和健康服务”。自治区政府加大投入，全面推动卫生改革发展，夯实健康宁夏建设基础，为宁夏的经济繁荣、民族团结、环境优美、人民富裕，与全国同步建成全面小康社会提供了健康保障。

一、卫生改革发展取得积极成效

（一）群众健康状况不断改善

2017年，全区居民健康水平不断提高，居民主要健康指标总体上优于全国平均水平，5岁以下儿童死亡率由2015年的10.18‰下降到9.24‰；婴儿死亡率由2015年的7.46‰下降到7.18‰；孕产妇死亡率由2015年的19.54/10万下降到19.12/10万。全区法定传染病共报告发病34264例，比2015年略有下降，无甲类传染病报告，传染病报告发病率513.03/10万，死亡率为0.40/10万。乙类传染病共报告16种18754例，报告发病率

作者简介 王维成，宁夏卫生和计划生育委员会信息中心主任，主任医师。

280.80/10万，死亡率为0.39/10万。全区丙类传染病共报告7种15510例，报告发病率232.23/10万，死亡率为0.02/10万。人均期望寿命达到74.53岁，比2015年增加0.22岁。

（二）城乡居民医疗服务利用持续增长，卫生机构服务效率有所提高

2017年，全区医疗机构总诊疗人次达3832.45万人次，比上年增加244.16万人次，增长6.8%。全区医疗机构入院人数达106.72万人，比上年增加8.76万人，增长8.94%。居民平均就诊由2015年的5.37次增加到5.68次，年住院率由2015年的14.67%增加到15.81%。全区医疗机构床位35372张，比2015年增加3519张。每千人口医疗机构床位数由2015年的4.77张增加到5.24张。全区医院病床使用率84.40%（其中公立医院89.92%，民营医院59.24%），比2015年增加1.16个百分点。医院出院者平均住院日为9.3日，比2015年下降0.13个百分点。

（三）医疗费用涨幅回落，药品费用下降

2017年，公立医院改革在控制医疗费用方面取得了积极进展，医疗费用涨幅明显下降。全区公立医院药品加成全面取消，以药补医机制彻底破除。药费下降带动了药占比下降。网络直报数据显示，2017年医院次均门诊费用215元，比上年涨幅下降4.72个百分点；人均住院费用7708.88元，比上年涨幅下降5.87个百分点。医院次均门诊药费108.64元（占比50.53%），比上年（50.93%）下降0.4个百分点；医院人均住院药费2799.63元（占36.32%），比上年（38.33%）下降2.1个百分点。

（四）卫生资源总量增加，资源配置进一步优化

全区卫生总费用261.85亿元，其中，政府卫生支出84.25亿元，社会卫生支出95.26亿元，个人卫生支出82.34亿元。人均卫生总费用3879.87元，卫生总费用占GDP百分比为8.31%。政府卫生支出占32.18%，社会卫生支出占36.38%，个人卫生支出占31.44%。截至2017年6月底，全区卫生人员总数达56274人，比上年增加7294人，增长14.89%。每千人口卫生技术人员6.63人、执业（助理）医师2.53人、注册护士2.68人，分别比上年增加0.42人、0.16人和0.26人。医护比由2015年的1:1.02提高到2017年的1:1.06。民营医疗机构减少100个，公立医疗机构增加67个。公立医院床位占比 81.81%，民营医院床位占比 18.19%。公立医院诊疗人次占比 87.58%，民营医院诊疗人次占比 12.42%。公立医院入院人数占比 86.42%，民营医院入院人数占比 13.58%。

（五）全面两孩政策效应逐步显现

2017 年 10 月底以前，全区出生人口数为 91913 人，比 2016 年同期增加 8027 人，办理全面二孩生育登记 13965 例，其中二孩出生 10077 例。计划生育家庭奖励和扶助“三项制度”共投入资金 7704.9 万元，农村计划生育家庭奖励扶助制度受益 6572 人，计划生育家庭特别扶助制度独生子女伤残死亡家庭受益 2559 户，西部地区“少生快富”工程受益 1260 户。全面两孩政策效应正在逐步释放，出生人口数量平稳增加，两孩政策实施满足了绝大多数群众的生育意愿。

（六）健康医疗精准扶贫工作取得显著成效

截至 2017 年 6 月底，全区实有患病人数（需救治）16953 人，已救治 10998 人，救治率 64.87%，其中，大病集中救治 5134 人（已救治 3349 人，救治进展 65.2%），慢病签约 7403 人（已救治 4228 人，救治进展 57.1%），重病兜底保障 560 人（已救治 372 人，救治进展 66.4%），其他救治人员 4618 人（已救治 3236 人，救治进展 70.1%）。救治人群实际报销医药费用占全部医药费用的 61.62%，被救治患者人均自付费用 3211.32 元，自付占比为 38.38%；建档立卡贫困患者县域内就诊 15147 人（总就诊 16953 人次），县域内就诊率 89.35%。

表 1　2017 年全区“因病致贫，因病返贫”人口医疗费用负担情况

行政区域	总计（万元）	人均自付费（元）	自付比例（%）	医疗保险报销比例（%）
全 区	9202	3211.32	38.38	61.62
银川市	96	1339.19	39.68	60.32
石嘴山市	29	2843.31	81.59	18.41
吴忠市	2097	3576.82	34.72	65.28
固原市	5511	3959.07	39.51	60.49
中卫市	1470	1823.60	38.41	61.59

二、健康宁夏建设基础性工作扎实开展

（一）分步实施全民健康教育促进工程，居民健康素养水平有所提高

2007 年，全区实施了农民健康教育与健康促进行动，开展了“八个一”健康教育传播活动。按照自治区人民政府《健康宁夏行动规划（2013—2020 年）》的要求，启动实施了城乡居民健康素质和健康观念提升工程、城乡环境卫生改善工程等。各市以实施“健康宁夏行动”“健康素养促进”“全民健康生活方式”三大活动为抓手，多措并举，推动健康促进常态化，全区城乡居民健康教育普及率由 2007 年的 70.15%提高到 95.63%，居民健康素养水平达到 8.9%。

（二）系统开展全人群健康状况监测

针对传染病发病情况、成人慢性非传染性疾病及相关危险因素、病媒生物密度、儿童青少年健康状况、地方病和寄生虫病发病情况等开展了人群健康状况监测。监测数据显示，手足口病、其他感染性腹泻病、病毒性肝炎、梅毒、布病、肺结核是当前宁夏的主要传染病病种。肺癌、胃癌、乳腺癌、肝癌、直肠癌是宁夏居民发病前五位的恶性肿瘤。宁夏居民的主要死亡原因为慢性非传染性疾病，前三位是心脏病、肿瘤、脑血管疾病，占全部死亡人数的 66.49%。全区 18 岁以上人群高血压患病率 21.8%，糖尿病患病率 5%。在影响健康的危险因素中，18 岁以上人群吸烟率 29.4%，家庭人均每日食盐摄入量 7.9 克。

（三）全面推进公共卫生综合干预措施

自治区多部门建立了重大传染病联防联控工作机制，口岸输入病例处置更加规范，常规疫苗接种率达到 95%以上，全面推动慢性病综合防控示范区建设，创建国家级示范区 4 个，自治区示范区 7 个，开展了“万步有约”职业人群健走激励大赛活动。强化重性精神障碍患者的管理，累计筛查疑似重性精神疾病患者 4.6 万例。实施上消化道癌、大肠癌、农村妇女乳腺癌和宫颈癌等癌症早诊早治、脑卒中高危人群筛查与防治新技术干预、儿童口腔疾病综合干预措施，为 5 万多对计划怀孕夫妇开展孕前优生健康检查，实施农村妇女增补叶酸预防神经管缺陷项目，共有 47 万名准备怀孕

的农村妇女服用叶酸，出生缺陷发生率由 2011 年的 119.53/万下降到了 104.68/万，其中神经管畸形发病率由出生缺陷发生的第 4 位下降到第 10 位。国家基本公共卫生服务项目增加，免费向居民提供健康教育、慢性病管理等十二大类 52 项服务。

（四）群众性爱国卫生运动深入开展

实施城乡环境卫生整洁行动、“优美环境，洁净城乡”综合整治行动、农村环境连片整治、美丽乡村建设等，并创造性地在我区建立了“爱国卫生日”制度。持续推进饮水安全及农村改厕工作，全区农村自来水普及率由 2004 年的 20%提高到了 80%，基本实现了农村饮水安全全覆盖；累计建设农村卫生厕所 69.48 万座，卫生厕所普及率达到 68.08%。全面开展卫生城镇创建活动，共创建国家卫生城市 2 个，国家卫生县城 3 个，自治区卫生城市 7 个，自治区卫生县城（区）14 个。

三、健康宁夏建设面临的主要挑战

（一）预防为主观念仍然淡薄

群众的健康意识和防病意识仍然淡薄，平时预防为主停留在口头上，一旦生病又悔之晚矣，尤其是一些慢性疾病和心脑血管疾病、癌症等疾病，既影响了个人身心健康甚至危及生命，又加重了社会负担，虽然各级政府不断加大卫生投入力度，但不得不把 95%的投入用于医疗，而且由于发病率较高，致使公立医院人满为患，资源紧缺，加之公立医院改革推进相对滞后，医院的趋利行为没有根本改变，基层卫生人力资源数量少，质量低，全科医生不足，患者仍然往大医院跑，而医疗保障制度设计主要针对住院报销，门诊在基层报销有人次限制，分级诊疗推进困难。

（二）健康危险因素依然严重

全区 18 岁以上居民中普遍存在着膳食结构不合理、锻炼不足、静坐过久、超重、肥胖等危险因素，吸烟、饮酒等危险因素在男性居民中处于较高水平，居民血脂异常患病率达 36.5%。PM10、PM2.5、SO_2、CO、NO_2 及 NO_3 仍是人群呼吸系统疾病、急性病发病的主要污染物。全区城市集中式供水水质合格率仅为 69.25%，农村饮用水出厂水和末梢水合格率分别为

68.17%、60.09%。土壤蛔虫卵检出率达到47%。孕早期发烧、孕早期服用抗生素、孕妇异常生育史、近亲结婚等出生缺陷危险因素干预工作相对滞后，出生缺陷发生率虽然出现明显下降趋势，低于全国平均水平15个百分点，但每年仍有近千名出生缺陷儿。

（三）医改进入攻坚期，体制机制有待突破

深化医改进入攻坚期，一些体制机制性的矛盾更加突出。办医职能分散在相关部门，公立医院办医的主体责任没能有效发挥；医保政出多门，制度碎片化，没有建立“三医”联动体制；公立医院改革的人事薪酬以及绩效考核等运行机制有待加快推进；重治疗、轻预防，重突发应急、轻平时防备现象仍未扭转；民营医疗机构规模小、水平低、管理难的局面仍然存在。健康与养老、旅游、休闲、健身等深度融合尚未形成，生物制药、互联网医疗的新业态尚处于起步阶段，缺乏品牌效益好、产业集群度高、带动作用强的健康产业集群。

（四）对健康影响因素错综复杂相互交织的认识不足

健康影响因素具有广泛性、社会性、整体性，而宁夏推动从“以治病为中心”向“以健康为中心”转变，为人民群众提供全方位、全周期、连续性的卫生与健康服务的氛围尚未形成。据世界卫生组织研究发现，健康影响因素当中，生物学因素占15%、环境影响占17%、行为和生活方式占60%、医疗服务仅占8%。因此，建设健康宁夏，既要重视医疗服务的“小处方”更要重视社会整体联动的“大处方”，树立 “大卫生，大健康”的新理念，从“以治病为中心”向“以健康为中心”转变，从注重“治已病”向注重“治未病”转变。

四、构建健康宁夏新战略

（一）以全民健康为中心，处理好政府与市场的关系

在基本医疗和公共卫生领域，要坚持卫生事业的公益性，政府主导落实领导责任、保障责任、管理责任、监督责任，满足人民群众的健康需求；在非基本医疗和健康服务业领域，鼓励社会力量举办医疗机构，增加医疗卫生资源供给，优化结构，满足群众多样化、差异化、个性化的健康需要。

（二）以健康宁夏为目标，重新构建卫生发展新战略

各级政府要将工作思路由治疗向预防转变，在慢病管理、公共卫生、公立医院改革等方面进一步完善制度、扩展服务、提高质量，建立以健康为中心的工作机制，把健康融入所有政策，将健康为中心的理念贯穿到各项工作中，大力开展健康促进和健康教育活动。建立脑卒中、心梗等重大疾病、重大危险因素的筛查机制和治疗中心。深化医改，尽快在医保管理体制、医院运行机制等方面有所突破。优化防治策略，重视健康管理，最大程度降低人群患病率。建立关注生命全周期、健康全过程的整合型医疗卫生服务体系，对影响宁夏健康的危险因素和重大疾病开展联合研究。充分运用信息化手段，发挥大数据对健康宁夏的支撑作用，形成合力，推动健康宁夏各项工作任务的落实。

（三）以大健康为工作格局，调动各方面的积极性

将自治区党委、政府规划的“健康设计蓝图”变为“百姓健康施工图”，构建党委领导、政府主导、部门协同、社会参与、全民共建共享的大健康工作格局，按照健康宁夏建设的具体任务，明确部门责任，强化部门协同和政策联动，建立重大项目和重大工程健康影响评估制度，守住健康“红线”，定期发布宁夏人群健康状况白皮书，指导健康宁夏建设工作。

五、健康宁夏建设对策措施

（一）全面推进综合医改

一是建立科学合理的分级诊疗制度。坚持居民自愿、基层首诊、政策引导、机制创新，以家庭医生签约服务和紧密型医联体建设为突破口，完善分级诊疗服务体系，鼓励各地结合实际探索建立分级诊疗模式。二是构建科学有效的公立医院管理运行体系。深化编制、人事、薪酬等体制机制改革，建立权责明晰、运行规范、管理科学、监督有效、维护公益性、调动积极性、保障可持续的现代公立医院管理运行新机制。三是构建高效运行的全民医疗保障体系。按照保基本、兜底线、可持续的原则，以医保支付方式改革为抓手，推动全民基本医保制度提质增效。建立较为完善的基本医保、大病保险、医疗救助、疾病应急救助、商业健康保险和慈善救助衔接互动互通的健康保障机制。四是构建规范有序的药品供应保障体系。实施药品生产、流通、使用全流程改革，推动各级各类医疗机构全面配备并优先使用基本药物，进一步完善基本药物供应保障体系，理顺药品价格，保证药品安全有效、价格合理、供应充分。五是构建统一规范的综合监管体系。健全医药卫生法律体系，完善与卫生事业发展相适应的监管模式，提高健康服务和综合监管的效率和水平，推进监管法制化和规范化进程。

（二）加强医疗联合体建设

一是在城市组建医疗集团，由三级公立医院或者业务能力较强的医院牵头，联合社区卫生服务机构、护理院、专业康复机构等，形成资源共享、分工协作的管理模式，以人才共享、技术支持、检查互认、处方流动、服务衔接等为纽带进行合作。二是在县域组建医疗共同体，以县级医院为龙头、乡镇卫生院为枢纽、村卫生室为基础的县乡一体化管理，与乡村一体化管理有效衔接，形成县乡村三级医疗卫生机构分工协作机制，构建三级联动的县域医疗服务体系。三是跨区域组建专科联盟，以区内医疗机构特色专科技术力量为支撑，以专科协作为纽带，组建若干特色专科联盟，形成补位发展模式，重点提升重大疾病救治能力。四是发展远程医疗协作网，充分发挥“卫生云”的作用，大力发展面向基层、边远地区的远程医疗，利用信息化手段促进资源纵向流动，提高优质医疗资源和医疗服务的整体利用效率。五是鼓励区内三级公立医院通过托管县级医院等多种形式组建医联体，支持区内大型公立医院跨区域与若干医联体建立合作关系，组建高层次、优势互补的医联体，辐射带动区域医疗服务能力提升。

（三）深入推进健康扶贫

在“准”和“实”上下功夫，扎实推动健康扶贫工程，聚焦脱贫攻坚，采取有效措施，提升农村贫困人口的医疗保障水平，建立综合医疗保障体系，精准识别，政策倾斜，对农村建档立卡“因病致（返）贫”贫困患者参加城乡居民基本医保个人费用由各级扶贫专项资金按缴费标准代缴，取消住院押金，先诊疗后付费；降低农村贫困患者基本医保门诊大病和住院、大病保险起付线；提高基本医保普通门诊和门诊大病统筹，提高大病保险人均筹资标准，提高医疗救助水平，提高“扶贫保”保障层次；对农村贫困患者年度内在区内个人自负合规费用超过规定比例的部分由政府兜底保障，对精准医疗救助对象按照不同病程分类分级给予精准救治。实行贫困患者医疗服务优惠证制度和县域内先诊疗后付费“一站式”结算。同时，加大贫困地区疾病防控力度，加强妇幼健康工作，加快医疗服务体系和新型医联体建设，强化人才队伍建设，深入开展环境卫生整治行动，提升基层中医药服务能力，推进贫困人口健康档案和信息化建设，推动1+X的对口帮扶模式。

（四）加强基层医疗服务机构标准化建设

一是继续以“强基层，固网底”为根本，积极争取国家项目，加大地方财政投入，加快改善基层医疗卫生服务条件。二是继续扎实推进“群众满意基层卫生服务机构”创建活动，实施基层中医药服务能力提升工程，为全区乡镇卫生院、村卫生室和城市社区卫生机构配备必要的诊疗设备，提升基层卫生服务机构能力建设。三是充分利用国家项目，加快全区基层卫生信息化建设进程，提高基层卫生信息化服务能力，使乡镇卫生院、村卫生室、社区卫生服务机构标准化建设覆盖率达到90%以上。

（五）促进优质医疗资源下沉

一是在农村地区推动建立医疗共同体，实行以“县级医疗机构为龙头、乡镇卫生院为枢纽、村卫生室为基础”的县乡村医疗卫生一体化管理，全面提升乡镇卫生院、村卫生室的医疗卫生服务能力；加快推进城市社区卫生服务综合改革，构建“综合医院—社区卫生服务中心—社区卫生服务站”管理一体化的医疗服务联合体，形成多元化城市社区卫生发展格局。二是加快建立统一规范的全科医生培养制度，通过转岗培训和定向等方式加快全科医生培养，使全区每万名城乡居民拥有2名合格的全科医生。三是实施“千名医师下基层”活动，鼓励引导城市综合医院医生到基层医疗卫生服务机构多点执业，兼职兼薪，鼓励社会到社区办全科诊所，提供个性化签约服务，多途径帮助基层提升医疗服务能力。四是全面实施家庭医生签约服务，组建家庭医生服务团队，合理设置签约服务项目包，支持家庭医生为居民提供约定的服务并根据签约人数获得签约服务费，实现全区每个城乡居民都能拥有1名家庭医生，构建城乡居民30分钟医疗卫生服务圈。

（六）坚持计划生育基本国策，促进人口长期均衡发展

一要健全鼓励群众按政策生育的制度体系。实施好全面两孩政策，推进计划生育工作转型，把工作着力点放在建立鼓励按政策生育的制度体系和社会环境方面，加强出生人口性别比治理，构建有利于计划生育的家庭发展支持体系。二要着力提高出生人口素质。加强妇幼健康和计划生育服务，推动生育全程基本医疗保健免费服务。三要改革完善计划生育服务管理。坚持和完善计划生育目标管理责任制，开展优质服务示范单位和星级乡镇创建活动，巩固和加强基层基础工作，实行生育登记服务制度，推进计划生育工作由控制人口数量增长转向促进人口长期均衡发展，发挥社会组织作用，推进流动人口基本公共卫生计生服务均等化。

（七）加快完善公共卫生服务管理和运行机制

预防是最经济最有效的健康策略。要坚定不移地贯彻预防为主的方针，实现防治结合，建立监测、预防、治疗“三位一体”的卫生服务体系，全面提升疾病防治能力。同时，推行患者在看病就医时同时获得药物和健康“双处方”，改善健康服务模式。特别是要将健康融入所有政策，实现人民共建共享，将预防为主的理念融合到卫生城市、健康城市等创建活动中，与学校卫生、全民健身运动、流动人口管理等深度融合。动员全社会参与，深入开展爱国卫生运动，全面实施环境卫生整治，实行最严格的生态环境保护制度，倡导健康文明的生活方式。

（八）广泛开展全民健身运动

坚持“配置均衡，规模适当，方便适用，安全合理”原则，着力构建县（市、区）、乡镇（街道）、行政村（社区）三级全民健身设施网络，着力提升全民健身设施供给能力和服务水平。以全民健身活动为载体，从普及日常健身、发展特色运动项目入手，继续组织开展国际环湖自行车赛、黄河金岸国际马拉松赛、全国铁人三项赛、全国大漠运动会、全民健身季（节）等品牌活动，积极构建政府引导、市场运作、社会组织、全民参与的“全民健身”工作新格局，不断提升体育运动的影响力和感染力，促使全区经常性参加体育锻炼的人数比例达到全国平均水平。

2017年宁夏社会保险事业发展报告

乔永平　刘　丰

2017年，宁夏社会保险工作坚持以人民为中心的发展思想，以推进社会保险全覆盖为目标，以深化社保改革、完善制度建设和经办体系为抓手，以实施社会保险“五项工程”（改革深化工程、托底保障工程、政策惠民工程、风险防控工程、基础管理工程）、打造“五个社保”（责任、法治、服务、效能、廉洁社保）为重点，破解改革难点，推进经办创新，社会保险待遇水平稳步提升，群众的获得感不断增强。工伤保险“同舟计划”、跨省就医直接结算、建档立卡贫困人口参保、“放管服”改革网上经办等工作走在全国前列。

一、2017年宁夏社会保险事业发展概况

（一）社会保险制度改革加速推进，取得新突破

1. 机关事业单位养老保险制度改革深入推进

推进政策出台和经办规范等工作，“1+6”配套政策已出台“1+5”，《职业年金基金管理办法》已完成初稿，正在征求意见。完成机关事业单位养老保险职业年金账管系统开发工作，创新建立机关事业养老保险“五统一”标准化经办服务模式，统一与代发银行签订发放协议、统一启用社保

作者简介　乔永平，宁夏社保局综合处处长；刘丰，宁夏社保局综合处主任科员。

卡发放养老金、统一实行业务办理四级审核、统一向退休人员发送养老金信息、统一核实养老金领取情况。截至2017年11月，宁夏机关事业单位参保登记3991家，已参保登记29.5万人（其中在职19.9万人、退休9.6万人），完成年度目标任务的102.4%，社会化发放率达100%。

2. 医保支付制度改革加快实施

积极推行分级诊疗制度，完善利益引导机制，推动下沉基层首诊、双向转诊、急慢分治、上下联动的分级诊疗模式。深化医保支付方式改革，各市、县（区）医保支付全部由“后付制”转变为“预付制”。银川市、石嘴山市实行了总额控制下的按病种分值付费，对不同病种按复杂程度赋予不同分值，对医院实施积分制管理，改变了以往社保经办机构为医院简单“分蛋糕”模式，提高了医院的积极性和医保基金的使用效率。推行按病种付费试点，指导吴忠市出台政策，将付费病种数扩展到122个。全区城镇职工、城乡居民住院费用政策范围内报销比例分别达到75%和70%左右，有效降低了参保患者费用负担。在吴忠市、中卫市、固原市实行了总额预付制，有效降低了基金支出的增速。通过开展不同人群、不同疾病、不同服务特点的多元化、复合式医保支付方式，有效引导医疗机构加强医疗质量内控，遏制了过度医疗服务、不合理用药行为，减缓了医疗费用不合理增长的势头。

（二）社会保险扩面稳步实施，取得新进展

1. 全民参保登记牵引社会保险覆盖面进一步扩大

自治区将扩面征缴任务细化分解至市县，签订目标责任书，积极转化全民参保登记成果，挖掘扩面资源。通过主流媒体发布温馨提示，或采取发放宣传品、设立咨询点等多元宣传方式，提醒职工群众及时缴费。优化经办服务，方便各类人群参保。

截至2017年11月底，全区职工“五险”参保人数达到585.23万人（其中参加企业职工养老、机关事业单位养老、职工医疗、工伤、失业、生育保险人数分别达到174.45万人、29.5万人、121.75万人、90.43万人、88.26万人、80.84万人），完成全年目标任务的104.3%，比2016年增长25.88万人，增长4.6%；城乡居民养老、医疗保险参保人数分别达到

183.15 万人、492.66 万人，与 2016 年相比，分别减少 3.2 万人、增加 16.08 万人。各项社保参保总规模达到 1260.89 万人次。

2. 工伤保险“同舟计划”“双百”成果领跑全国

宁夏建立“先参保、再开工”长效机制，人社部门联合住建、劳动监察等部门实施建筑业参加工伤保险“同舟计划”，深入企业、工地组织政策宣讲、播出公益广告，发送公益短信，营造良好氛围，进一步提高了广大职工依法维护自身合法权益的意识，增强了各类用人单位和劳动者知法守法的自觉性。同时，全区各级经办机构开辟了农民工参保登记、工伤认定、劳动能力鉴定、工伤待遇享受“绿色通道”，实现了农民工参加工伤保险随时登记申报、随时灵活受理。通过增加鉴定频次、安排上门鉴定等方式，方便工伤农民工享受待遇。截至 2017 年 11 月底，全区在建、新建项目分别为 587 个、2156 个，两个项目工伤保险参保率均持续保持 100%，得到了人社部的肯定和连续通报表扬。

3. 稳步提高社保待遇水平

宁夏积极跟进国家部署，及时高效完成了城乡居民基础养老金和企业、机关事业单位退休人员养老金同步调整落实工作，在第一时间将待遇发放到位。调整后，58.02 万企业和机关事业单位退休人员月均调增养老金 167 元；城乡居民基础养老金水平达到月人均 120 元，高于国家标准 50 元，全国排名第 9，西北排名第 2。

（三）社会保险惠民政策落地生根，取得新成效

1. 被征地农民参加养老保险加快落实

宁夏建立了“先保后征，政府补贴”机制，自治区每月通报被征地农民参保和政府补贴资金到位情况，推进政策落实落细。截至 2017 年 11 月底，全区被征地农民应参保 18.41 万人，已参保 15.84 万人，参保率达到 86.02%（其中 2012 年以来被征地农民已参保 9.28 万人，参保率 94%），参加企业职工和城乡居民养老保险的，月人均养老金分别达到 995.54 元和 554.42 元。

2. 医保政策体系逐步完善

全面实施职工基本医疗保险自治区级统筹工作，出台经办规程和调剂金管理办法，基金应对风险能力进一步增强。全区城乡居民医保财政补助标准由472元调整到502元，个人缴费一、二、三档分别由90元、250元、505元调整到130元、270元、545元。组织开展退休人员职工医保历史遗留问题和国有企业老工伤人员等纳入工伤保险统筹管理达标验收工作。建立工伤保险费率浮动核准备案制度，将工伤保险费率浮动核准事项下放到市县办理。印发《宁夏基本医疗工伤生育保险定点医药机构协议管理经办规程》《服务协议范本》，规范协议管理。完善城乡居民大病保险政策，将筹资标准提高到37元，起付标准固原市从8400元降低至8100元，其他四市维持2016年标准不变，报销比例平均提高了5个百分点。截至2017年11月底，全区共为3.53万人次支付大病保险费用15374.98万元。

3. 脱贫攻坚社保任务有力推进

宁夏将建档立卡贫困人口参保作为政治任务，纳入全区年度目标考核内容，加强督导检查，定期通报市县工作进度，协调财政、扶贫部门及时解决有关问题。报请自治区政府出台建档立卡贫困人口大病保险优惠政策，将建档立卡贫困人口大病保险起付线由现在的8100~9500元大幅度下调至3000元，对报销比例在普惠性调整的基础上再提高5个百分点，对20种特殊病种贫困患者在此基础上再提高2个百分点。人社部门、社保经办机构主动与扶贫部门对接沟通，准确掌握建档立卡贫困人员信息，督促市县进一步核实比对，推进精准参保。对居民医保缴费期结束仍未参保的贫困人口，通过系统后台批量处理，确保无缝参保。截至2017年11月底，全区建档立卡贫困人员参加城乡居民养老、医疗保险分别达到33.46万人、82.21万人，参保率分别为92.15%，99.74%。

4. 阶段性降费政策持续落实

继续做好社保费率调整落实工作，切实减轻困难企业和职工缴费压力。截至2017年11月底，全区累计为企业和参保职工减轻缴费负担9.05亿元，其中降低养老、失业、工伤、生育保险费率分别减负3.01亿元、5.19亿元、0.73亿元、0.2亿元。

（四）社会保险基金管理安全规范，取得新成果

1. 强化内控管理措施，确保基金运行安全

加强基金预决算管理，1—10月，自治区共为银川、石嘴山、吴忠等10个市县调剂拨付缺口养老金23.47亿元，确保了待遇按时足额发放。

2. 加强医保服务医师诚信管理和医生诊疗行为的监控，构建事前提示、事中监控预警和事后责任追溯的全程监控模式

推进医师诚信管理，医保前端结算系统启用1.4万名医保医师标识，覆盖全区所有协议医疗机构。

3. 人社部门采取约谈、督办和税务、社保、劳动监察部门联合执法等方式，严厉查处欺诈、骗保行为

1—10月，全区书面稽核10538户，稽核人数524686人，实地稽核2706户，稽核179675人，查出未参保人数3122人，未足额缴费3173人，少缴社保费416.42万元，追回少缴的社保费410.66万元、冒领待遇117.36万元；核查医疗机构261家，查实违规病案51575份，金额1414.68万元，对425名医保医师进行了诚信扣分，对其中违规情节较严重的23名医保医师暂停了医保服务资格。

（五）“五险合一”经办服务转型升级，取得新提升

1. 做实做细“五险合一”经办基础

2016年底，宁夏43个市、县（区）经办机构整合为25个，其中，19个市县经办机构由原来的社保、医保整合成新的社保局，6个市辖区经办中心有4个更名为社保局。14个市县区实现了机构升格（5个地级市和平罗县、同心县、盐池县、西吉县、隆德县、泾源县、彭阳县、海原县、原州区9个县区分别升为正处、正科级）。2017年，宁夏继续推进市县社保局全面整合经办资源，加快人员配备、岗位调整、业务融合、资产清查，规范经办流程，优化窗口服务功能，推进大厅作风建设和各项经办业务平稳有序运行。7月31日，宁夏首单网上缴纳社会保险费业务申报核定单在石嘴山市社保窗口成功通过确认，标志宁夏实现了网上“五险”公共业务统一办理。“五险合一”经办体制改革成效初步显现，人社部领导对宁夏“五险合一”经办体制改革给予充分肯定。

2. 社保信息化建设提速增效

2017年，宁夏积极推进实施社保信息系统“省集中”和“社保云”建设，人社部将宁夏列入全国社保经办可视化平台应用、医保基金风险防控大数据应用两个“首批试点”省份。以信息化为先导，大力推进落实“五险合一”“多证合一”“放管服”改革，不断完善经办服务体系，推行网上经办、掌上办事模式，推广使用“掌上12333”、手机APP、网上人社系统、自助服务一体机办理各项社保业务。推动社保业务下沉乡镇（街道）民生服务中心办理，9月份实现了将城乡居民参保登记、特殊人员申报、城乡居民社保缴费、参保待遇资格认证、领取养老待遇资格申报、领取死亡待遇申报等“6+1”项社保服务对接政务服务中心受理。自治区社保局会同政务服务中心联合印发《关于做好部分社会保险业务全区通办的通知》（宁社保发〔2017〕36号），将城乡居民社保参保登记、城乡居民特殊人员申报、城乡居民社保缴费、参保人员待遇资格认证、参加养老保险人员定期领取待遇资格申报、参保人员领取死亡待遇申报、申请人提供查询服务7项业务移交各级政务服务中心，并延伸到乡镇（街道）民生服务中心及村（社区）为民办事全程代办点，通过宁夏政务服务中心网统一申报和受理，逐步实现在全区范围内社保业务足不出村。

3. 打通异地就医结算通道

区内异地就医结算，实现了2089家协议零售药店和所有协议医疗机构（含私人诊所）职工个人账户刷卡直接结算，开通了职工医保普通门诊统筹46家协议医疗机构异地就医直接结算，最大程度方便了群众异地看病就医。截至2017年11月底，宁夏区内协议医疗机构和定点药店累计为224万人次结算医疗医药费用17.5亿元，其中医保支付11.01亿元。区外异地就医结算，出台《宁夏基本医疗保险跨省异地就医直接结算经办流程》，规范跨省异地就医备案登记、就医管理、预付金管理、费用结清算等。与人社部全国异地就医结算信息系统对接，改造异地就医结算平台端口，实现与全国跨省异地就医结算同步推进。宁夏通过国家异地就医结算平台已与全国31个省份和新疆生产建设兵团7688家跨省就医定点医疗机构实现联网结算。截至2017年11月30日，跨省异地直接结算2020笔4675万元，基金支付2757万元。其中作为参保地与北京、上海、广东等20个省份成功结算1319例，总费用3687万元，基金支付2069万元；作为就医地与内蒙古、江苏等15个省份结算701笔988万元，基金支付688万元。我区跨省异地就医直接结算工作实现了“七个一”：即全国首批22个与人社部签订的省份之一，全国按照国家要求在2月份完成10例结算任务的4个省份之一，全国提前实现基本医疗保险跨省异地就医参保人群全覆盖4个省份之一，率先完成已联通省份实卡测试和结算的3个省份之一，率先实现城乡居民基本医疗保险和城乡居民大病保险“一单式”结算的3个省份之一，全国第一个召开跨省异地就医新闻发布会的省份，受人社部表扬较多的省份之一。

4. 社保卡使用范围不断扩大

宁夏在全区推行即时制卡模式，实现当天受理、当天领取。截至2017年11月底，累计制发社保卡654.6万张，覆盖97%的户籍人口。人社部门与文化、旅游、卫生计生部门协作，拓展民生领域数据共享和社保卡应用功能，已实现城乡居民和大部分退休人员使用社保卡发放养老金，人社系统大部分使用社保卡发放职工工资。各联名银行采取切实有效措施积极推进社保卡金融惠民政策落实，金融账户激活率达到52.63%，社保卡金融账户激活率和群众持卡交易频次稳步提升，惠民效果显著。

二、宁夏社会保险事业发展面临的主要问题

（一）参保扩面空间收窄

受经济下行因素影响，宁夏企业生产经营困难，规模小，竞争优势不强，高耗能企业处于停产或半停产，缴费能力较弱。人口老龄化加剧，在职人员增长率逐年下降，参保面收窄。居民养老保险待遇水平比职工养老保险待遇低，政策缺乏吸引力，部分群众参保意愿不强。

（二）基金支出压力增大

受扩面空间收窄、征缴难度增大、企业欠费积重难返等多重因素影响，加上历史欠账、人口老龄化、阶段性降费、全面放开二胎等因素叠加，宁夏社保基金当期收支缺口不断加大，基金稳增长与保发放的矛盾突出。基

金投资运营渠道单一，保值增值比较困难。

（三）社会保险经办机构力量不足

社会保险经办服务对象日趋庞大，由原来主要面对一个个单位转变为既要面对单位还要面对个人，服务层次由原来区市县三级转变为现在的区市县乡村五级。此外，大规模的人口流动与就业的灵活性、流动性，加剧了社会保险费征缴及待遇发放的工作量，经办管理服务供给与社会实际需求的矛盾日益突出。宁夏社会保险经办机构人均服务比达1:7200人，高于国家规定1:6000人的标准。新的经办业务不断扩展，工作量逐年上升，社会保险经办人员力量不足与事业发展的矛盾十分突出。

三、推进宁夏社会保险事业发展的对策建议

进入新时代，宁夏将认真贯彻落实党的十九大精神，按照兜底线、织密网、建机制的要求，持续推动建立覆盖全民、城乡统筹、权责清晰、保障适度、可持续的多层次社会保障体系，健全与全面建成小康社会总体目标相契合、筹资保障水平与经济社会发展相适应、覆盖城乡居民和各类从业人员的社会保险制度，努力实现体制机制更加完备、适龄人员全面覆盖、基本保障稳固可靠、衔接转移顺畅有序、基金运行安全有效、管理服务高效便捷、更加公平更可持续的社会保险事业目标。

（一）进一步扩大社会保险覆盖面

一是全面转化全民参保登记成果，深度挖掘参保扩面资源，促进应保尽保、应征尽征，逐步实现社会保险人群全覆盖，基本养老、医疗保险，失业、工伤、生育保险参保人数有新的增长。二是做好建立建档立卡人员参保工作，推进建档立卡贫困人口大病保险优惠政策落实。三是继续推进工伤保险“同舟计划”，巩固“双百”目标。

（二）进一步完善社会保险制度体系

一是进一步完善城镇职工养老保险、机关事业单位养老保险、城乡居民养老保险制度体系，让老有所养基础更加扎实。加快实施企业年金、职业年金，探索建立个人补充养老保险，形成多层次、相互补充的养老保障体系。进一步完善职工与居民养老保险转移接续措施，实现全区养老保险

有序转移和有效衔接。积极跟进落实养老保险全国统筹工作。二是进一步完善城乡居民医疗保险、大病保险和重特大疾病保障机制，深化“三医联动”和医保支付方式改革，适时推进医疗保险和生育保险合并实施改革，创新医保参保个人诚信管理，不断提高医疗保险综合保障绩效，为老百姓病有所医提供更加有效的医疗保险支持。三是进一步完善工伤保险和失业保险工作措施。四是根据经济社会发展实际，适时合理稳步提高社会保险待遇水平，增强人民群众获得感。

（三）进一步推进经办服务体系转型发展

一是巩固“五险合一”改革成果，不断优化五险“统一经办”“一票征收”体系。线下，创新窗口单位“集约化”“复合式”“一站式”经办服务；线上，全面推广人社“掌上12333”网上经办服务，减轻实体窗口服务压力。二是统筹做好跨省就医直接结算、社保卡综合应用等工作。三是加强社保经办系统作风建设和社保标准化、业务档案电子化、一体化建设。提升经办服务质量，推进社保公共服务均等化，走在西部前列。

（四）进一步完善社保基金可持续运行和监管机制

一是探索划转国有资本补充社会保险基金。根据国家部署，自治区探索划转部分国有资本弥补社保基金缺口，通过划转国有股份充实社保基金、减持自治区国有资本金方式多方筹集资金。二是强化社会保险基金预决算管理。建立社会保险大数据精算分析团队，科学预测分析社会保险基金支撑能力，确保各项社会保险政策待遇得到落实。三是强化社保基金安全监管。全面落实基金定期批露和问责制度，定期开展基金安全评估，确保基金安全高效运行。出台医保参保个人诚信管理办法，规范社会保险监控业务，助推社会信用体系建设。

（五）进一步推进新时代社保信息化转型升级

一是推进社保大数据应用试点工作，拓展社保卡的应用范围，开发建设宁夏社会保险经办管理可视化平台。二是推进“多证合一”改革，落实社会保险“放管服”任务，方便群众参保缴费。逐步完善以12333呼叫中心、手机APP、网上人社系统、自助服务一体机、微信、微博六位一体的公共服务平台。三是落实“五证合一”登记制度，健全社会保险经办标准化服务体系，让全区 4 万个用人单位、600 多万参保群众“足不出户”即可办理就业失业登记、社会保险、劳动关系等业务。四是以“网络受理，自动审核”的服务方式取代原有的“柜台受理，人工审核”的服务方式，跨越式步入“人社服务 7×24 小时”新时代，实现“让数据多跑路，让群众少跑腿”目标。

2018年宁夏科技创新发展报告

牛国元　张庆霞　苗冠军　陈海洋

党的十九大报告把“加快建设创新型国家”纳入“建设现代化经济体系”的组成部分，并强调“创新是建设现代化经济体系的战略支撑”。自治区第十二次党代会提出“大力实施创新驱动战略，加快经济转型发展”，这既是对总书记要求的充分贯彻，也体现出了创新在宁夏未来发展全局中的核心地位，更标志着宁夏科技创新发展进入了新时代。

一、宁夏科技创新已经具备的新基础

（一）创新驱动成为自治区三大战略之首

自治区第十二次党代会把创新驱动战略作为“三大战略”之首，强调要把发展基点放在创新上。会议明确提出，要实施创新驱动战略，坚持走开放创新之路，加强与东部强省的创新联动，加强与国内外科研院所、科技型企业的创新合作，通过创新资源、创新成果合作共享，增加科技创新力量，提升创新发展水平；实施创新驱动战略，坚持走特色创新之路，围绕产业转型突出技术创新，重点在引进消化吸收再创新、实用技术创新、创新成果转化应用上下功夫，把科技创新摆在实施创新驱动战略的核心位

作者简介　牛国元，宁夏科技发展战略和信息研究所研究员；张庆霞、苗冠军，宁夏科技发展战略和信息研究所助理研究员；陈海洋，宁夏科技特派员创业指导服务中心经济师。

置。结合自治区第十二次党代会精神，由自治区人民政府办公厅牵头，制定关于推进创新驱动战略的实施意见。2017 年 9 月 27 日，自治区召开实施创新驱动战略推进会。自治区党委书记、人大常委会主任石泰峰明确强调，要深入学习贯彻习近平总书记系列重要讲话精神和治国理政新理念新思想新战略，牢固树立和践行新发展理念，把创新摆在经济社会发展全局的核心位置，走开放创新和特色创新之路，让创新成为宁夏最鲜明的时代特征，成为宁夏未来发展的核心竞争力。

（二）科技创新支撑体系逐步完善

坚持大力培育创新主体、搭建科技创新平台，使其成为开展研发活动、吸引培养人才、转化科技成果、支撑产业发展的主要载体。一是突出企业技术创新主体地位，大力培育科技型企业，目前，全区高新技术企业已达到 77 家，国家和自治区创新型（试点）企业达到 50 家，自治区科技型中小企业 401 家。科技型企业已成为全区技术创新的主要力量。二是大力建设各类科技园区（基地），获批建设了 2 家国家高新区、5 家国家农业科技园区和 2 家国家可持续发展实验区，宁夏是全国国家科技园区密度最大的省区。三是大力建设各类科技研发服务平台，培育了国家和自治区重点（工程）实验室 56 家、工程技术研究中心 44 家、企业技术中心 73 家，组建了 167 家自治区技术创新中心。

（三）科技创新改革取得了积极进展

全区以科技创新为核心，通过顶层设计，确立了建设宁夏沿黄科技创新改革试验区和现代农业科技创新示范区两大抓手，提出宁夏与东部省市全方位科技合作的战略思路，构建了宁夏创新驱动发展的“主体框架”。一是积极推动宁夏沿黄科技创新改革试验区建设。出台《宁夏沿黄科技创新改革试验区建设总体方案（2016—2020 年）》，以银川、石嘴山、吴忠、中卫的高新技术产业开发区和经济技术开发区、宁东的循环经济试验区等为主体，通过聚焦传统特色产业改造升级、战略新兴产业培育壮大、科技创新能力提升“三大计划”，推进科技型企业培育、创新人才聚集、创新平台建设、对外合作拓展“五大工程”，实施科技体制机制创新改革、科技金融融合创新改革、人才机制激励创新改革、财税金融制度创新改革、企业发展机制创新改革及园区与区域联动发展创新改革“六项改革”。二是积极推进现代农业科技创新示范区建设。重点依托国家农业科技园区和自治区农业科技园区，开展现代农业科技创新综合改革实验，创建了“技术领先，业态高端，模式先进，链条完整，循环高效，功能复合”的现代农业技术创新示范区。

（四）科技创新人才队伍不断壮大

一是依托重点产业、重大项目和研发实力较强的企业，开展了“313人才工程”“基层之光”等人才培养计划，组织实施领军人才培养、急需紧缺人才引进、青年拔尖人才培养等“三项人才工程”，培育了一批本土科技创新人才，遴选36名科技人员作为领军人才培养对象。二是探索“柔性引进”人才引进办法，推行“人才+项目+平台”的模式，鼓励高层次人才带项目、带技术、带团队到宁夏创新创业，全区建立了院士工作站46个、专家服务基地43个，共柔性引进国内外院士119人、国内知名专家338人、急需紧缺博士361人。三是大力培育科技创新团队，77个自治区科技创新团队凝聚了包括带头人、外聘专家和骨干技术人员在内的1500多名创新性科技人才，成为宁夏科技创新和成果转化的重要力量。

（五）大众创业万众创新行动稳步推进

近年来，围绕发挥科技园区、科研平台的作用，着力吸引集聚人才、资金、项目，催生了电子商务、互联网金融、科技服务等一批新产业和新业态。2016年成功举办了首届宁夏创新创业大赛，共有210家企业、团队参赛，有2家企业进入第五届中国创新创业总决赛12强。2017年，成功举办了宁夏创新创业大赛，共有219家企业、团队参赛，19家获奖，在区内形成了广泛影响，进一步激发了全区企业、科研人员创新创业热情。以科技特派员创业行动为抓手，鼓励高校、院所科技人员深入农村、深入基层创新创业，形成独具特色的科技特派员创新创业“宁夏模式”，打造了20多条特色产业链条，推广新技术新产品1650项，培训农民31万人次，有效带动了农民增收致富。

（六）开放型科技创新格局趋于形成

一是积极推进宁夏与东部省市科技合作。本着“协同创新，合作共赢”

的原则，争取科技部的大力支持，自治区政府和科技部联合下发了《关于推动宁夏与东部有关省（市）科技合作的通知》（国科发创〔2017〕113号），提出了宁夏与东部有关省（市）建立科技合作机制，形成东西部科技合作首批签约项目104项。加强与国内科技强省和科研院所的合作，与北京、陕西及中科院、工程院、农科院、浙江大学等签订科技合作协议并推动落实，合作建设了一批科研平台，组织实施科技合作项目200多个，有300多名专家和学科带头人来宁开展技术指导、合作研究、人才培养。二是加强与国外发达国家科技合作，与美国、俄罗斯、以色列等40多个国家和地区开展科技交流，近三年来引进和转化了国外先进技术60多项。三是加强与阿拉伯国家和穆斯林地区的科技合作，启动建设了中阿科技园，习近平总书记倡导的中阿技术转移中心成功落户宁夏，已向阿联酋成功转化了椰枣病虫害治理、节水灌溉、农业物联网等先进适用技术成果。2015年、2017年两年举办的中阿技术转移暨创新合作大会、中阿高新技术及装备展，推动我国北斗卫星、航空航天、核能利用、高速铁路等高新技术向阿拉伯国家转移推广，在国内和有关阿拉伯国家形成了广泛影响，建立了和有关阿拉伯国家交流合作的机制与平台。

二、宁夏科技创新需要强化的新认识

作为欠发达省区，从深层次看，宁夏发展的不足主要在于创新不足。在新一轮竞争中，宁夏传统的发展优势正在减弱，有的甚至已经丧失。如果不创新，就会被淘汰；创新慢了，就要落伍、掉队。只有把发展的基点放在创新上，让创新成为发展的核心竞争力和最鲜明的时代特征，才能构建以创新为引领的经济体系和发展方式，才能把握发展方向、赢得发展先机，在新的历史起点上奋力前行。只有紧紧牵住科技创新这个牛鼻子，把经济社会发展真正转到创新驱动的轨道上来，向创新要先进生产力、要核心竞争力，就一定能探索出一条具有宁夏特色的创新之路，为实现经济繁荣、民族团结、环境优美、人民富裕，与全国同步建成全面小康社会做出新的更大贡献。自治区第十二次党代会所提出的宏伟目标之一是要“打造西部地区转型发展先行区”，其核心目标的实现是要体现在产业结构更加优化，发展方式加快转变，发展质量效益明显提升，创新创业活力涌动等方面，而要实现这些目标必须以内涵发展和创新动力作为驱动，促使经济持续、平稳和快速发展，着力实现从要素驱动、投资驱动转向创新驱动，尽快启动创新驱动的“快进键”。

实施创新驱动发展战略的核心是科技创新，主要是要用科技创新带动经济发展，致力于打造最有活力的创业创新生态系统，使科技创新成为宁夏“实现经济繁荣，打造西部地区转型发展先行区”的关键支撑力量。重点任务是：必须尽快破解科技投入产出不匹配、产学研用结合不紧密、科技成果评价不科学、科技创新体制机制不适应等“四不”问题，努力实现科技同经济对接、创新成果同产业对接、创新项目同现实生产力对接、研发人员创新劳动同其利益收入对接等“四个对接”。全区各地要顺应创新驱动需要，以突破科技创新同经济发展不适应问题为主要目标，切实把科技创新摆在经济社会发展全局的核心位置，因地制宜地有所突破：银川市要通过创建自治区高层次人才集聚高地，围绕“产业链”打造“人才链”，倾力产生“引进一个高端人才，带来一个创新团队，催生一个新兴产业，培育一个经济增长点”的链式效应；石嘴山市要通过特色优势产业科技支撑计划、煤炭装备制造业智能化提升计划等重大创新任务的落实，使科技创新成为该市转型发展的重要动力；吴忠市要通过落实科技助推“工业优势再造”战略行动计划、打造吴忠国家农业科技园区生态农业“有机谷”等重大科技创新任务，为“开放、富裕、和谐、美丽、智慧”吴忠建设提供强有力科技支撑；固原市要集中实施一批涵盖特色产业培育、生态环境保护、生态城市建设等领域的重大科技项目，进而带动该市的生态种植业、生态养殖业、生态旅游业等多种生态产业的发展，使科技创新成为该市实施脱贫富民战略、生态立市战略的重要支撑力量；中卫市要通过发展云计算培育信息产业新业态，在宁夏率先形成安全保障有力，服务创新、技术创新和管理创新协同推进的云计算发展格局，并带动该市相关产业快速发展；宁东能源化工基地要通过构建科技支撑宁东基地循环经济体系，深化对外科技合作与交流水平和层次等创新驱动发展任务，使科技支撑宁东基地产业发展和环境保护的能力得到大幅度提升。

实施创新驱动战略重在行动和效果。要坚决避免“有想法、没办法，有办法、没做法，有做法、没成效，有成效但不明显或不持续”的现象发生。要以实施自治区第十三个五年经济社会发展规划和自治区“十三五”科技创新发展规划所部署的创新驱动重大工程项目和改革措施为抓手，科学谋划实施创新驱动战略的靶向性和落地性，做到知行合一，使创新行动能真正落实到夯基础、补短板、建机制、增活力上，使创新成果能真正变成实实在在的产业活动。

三、宁夏科技创新需要完成的新任务

（一）加强研发平台建设，提高科技研究开发能力

积极探索科技创新平台建设新模式，按照“企业主体，院校协作，多元投资，成果分享”的原则，建设一批发展方向明确、产权关系明晰的独立法人性质的产业技术研究院，探索股份制、会员制等多种建设模式，为新兴产业发展提供技术服务；创新现有科研平台考核评估机制，建立开放、竞争、流动的用人机制，实施薪酬激励引导，并对现有自治区级科研平台实行周期性评估；加快探索公益类科研机构“去行政化”发展模式，试行理事会管理模式，赋予院所运行和发展更大的自主权。引进并支持国内科研院所、高等院校在宁夏建立独立研发机构或设立分支机构。到2020年，各类科技创新平台由目前的250个发展到420个以上。

（二）建立监测与评估机制，推动科技成果转化

基于科研激励机制、科研投资机制和科技企业投资机制不完善等诸多有因，致使我国科技成果转移转化成为科技工作社会诟病之一。事实上，我国长期以来所存在的科技与经济脱节的问题、科技人才成长相关问题都与科技成果转移转化良性机制建立明显滞后有关。因此，以促进成果转移转化为着力点，完成从科学研究、实验开发、推广应用的三级跳，实现科技向产业的实质性转化具有紧迫性。2016年国家先后印发了《〈中华人民共和国促进科技成果转化法〉若干规定》和《促进科技成果转移转化行动方案》，各地也陆续出台了许多相关政策，重视程度可谓空前。但根据以往的经验和教训，我国许多科技政策的实施效果与预期目标之间都有一定的

差距，其中一个重要原因是缺乏合理的监督与评价机制。由于各地把主要精力大多放在科技成果转移转化具体政策内容的制定上，却对政策实施的系统性、一致性和匹配性关注不够，特别是对政策实施的环境预判、过程监督、实现程度和产生效果的评价不足，即使开展监督和评价也是方法过于传统、手段过于简单，难以做到法制化、程序化、制度化和信息化，从而使评价结果的客观性、公信力、时效性和权威性都受到了严重影响，致使科技成果与市场需求充分对接的好愿望很难成为好行动，好行动很难产生好效果。所以，对建立科技成果转移转化政策实施情况监测与评估机制重要性和复杂性的认识，不能仅仅停留在能为调整完善相关政策举措提供支撑的层面上，否则会事倍功半。

（三）加快构建众创空间，激发大众创业活力

一要大力发展各类科技企业孵化器，重点培育区域标杆示范孵化器，建立健全“创业苗圃+孵化器+加速器”链条，提升专业服务能力，实现全区孵化器“质”与“量”的协调增长。完善现有各类园区、孵化器、协同创新中心、科技金融服务中心等创新创业平台的服务功能，提升发展一批众创空间。鼓励有关机构盘活现有存量资产或利用传统孵化器的基础与条件，建设创业咖啡、创新工场、创业大街、创业特色社区、返乡创业园等新型创新创业孵化平台。加快建设一批创客空间，打造“互联网+”新经济形态下开放式创新的众创众包平台。二要建设宁夏科技资源统筹中心和科技大市场，大力培植技术经纪人队伍，为全社会提供“一站式”科技服务。探索“孵化+创投”“创业导师+持股孵化”“创业培训+天使投资”“天使投资+创新产品培育”等新型孵化模式，建设20家以上综合性科技企业孵化器。三要依托各级农业科技园区或科技示范基地，结合科技特派员等工作，打造农业“众创空间”，为广大农业农村的创业者提供一站式综合服务。通过科技项目等多种方式支持创新型企业，力争到2020年，科技型企业达到1000家。

（四）推动科技金融融合，促进创新驱动发展

要发展多层次的创业投资基金，重点引入天使投资、创业投资、融资担保等投融资机构为科技型企业提供投融资服务。支持企业利用资本市场融资，建立重点科技型企业上市储备库，支持科技型企业利用主板、中小板、创业板、新三板、OTC资本市场挂牌融资，对上市前的相关中介服务费用给予一定财政补贴。积极探索开展科技研发与成果转化互联网众筹融资试点，服务科技企业创新。建立科技融资担保风险补偿机制，加大对科技创新创业和科技型中小企业融资支持，建立科技融资担保风险补偿资金池，构建“自治区+市+区县”的“伞形”担保风险补偿机制，进一步破解科技型中小企业融资难题，争创全国科技和金融结合试点省份。

（五）创新人才机制，盘活各类智力资源

一要创新科技人才选拔认定机制。在自治区人才工作领导小组指导下，建立科技人才选拔联席会议制度，采取分批选拔、定期考核、动态管理的办法认定科技人才。二要创新科技人才考评机制。在人才评价上，改变以论文、项目、经费、专利与科技人员评价、晋升直接挂钩的做法，转为基础研究以同行评价为主，应用研究由用户和专家等相关第三方评价，产业化开发由市场和用户评价，并建立评价专家责任制度和信息公开制度。三要创新科技人才奖励机制。在现有“自治区有突出贡献专业技术创新人才奖”“自治区突出贡献技师（高级技师）奖”“六盘山友谊奖”“自治区科技杰出贡献奖”“自治区科技进步奖”等奖项的基础上，逐步加大在科学研究、技术创新、产品创新开发与应用、高新技术产业化等领域有突出贡献的科技人才的奖励力度。四要创新科技人才收入分配机制。完善各类人才薪酬制度，建立以职位评价为基础，以业绩考核和能力评估为奖励依据的薪酬激励体系，加强对收入分配的宏观管理，逐步形成秩序规范、激发活力、注重公平、监管有力的工资制度。加快对科技人才的收入分配机制改革步伐，坚持按劳分配和按生产要素分配相结合，将科技人才的收入与岗位职责、工作绩效、实际贡献及成果转化产生的效益直接挂钩。五要创新科技人才流动机制。改进科研人员薪酬和岗位管理制度，破除人才流动的体制机制障碍，促进科研人员在事业单位和企业间合理流动。符合条件的科研院所的科研人员经所在单位批准，可带着科研项目和成果、保留基本待遇到企业开展创新工作或创办企业。允许高等学校和科研院所设立一定比例流动岗位，吸引有创新实践经验的企业家和企业科技人才兼职。

（六）整合创新资源，构建结构合理的科技投入体系

一要加大各类财政科技投入的预算管理。整合创新资源，厘清自治区发改、财政、经信、环保等各部门科技管理职能的同时，归并整合各部门科技创新投入，统筹配置全区财政科技资金，确保财政科技投入的增幅高于当年经常性财政收入的增幅。二要改革财政科技创新投入方式。转变财政科技资金投入方向和方式，建立财政科技投入与社会资金搭配机制，科技专项资金重点保障公共创新资源建设，主要用于公共研发平台与孵化器建设、高端研发机构引进、中小企业创新能力提升和科技中介机构培育等，公共创新资源投入占科技专项资金比例为70%以上。切实加大对基础研究的财政投入，完善稳定支持和竞争性支持相协调的机制，加大稳定支持力度，支持研究机构自主布局科研项目，扩大高等学校、科研院所学术自主权和个人科研选题选择权。三要建立财政科技资金"以奖代补"制度。对技术开发类项目和成果转化类项目，为保证项目的正常、顺利实施，在立项时先期拨付一定比例的财政资金予以支持。待项目绩效评价或验收后，根据项目执行情况，将剩余经费按比例以奖励或后补助形式拨付。允许科技人员发放奖励性绩效。四要加快建立风险投资机制。鼓励试验区内的县级以上政府、高新技术产业开发区、经济技术开发区设立风险投资引导资金，通过参股等方式，扶持风险投资机构的设立。风险投资机构可以全额资产对外投资。积极引进国际资本和国际大财团到试验区四市设立分支机构，开展风险投资业务和融资担保业务。经认定的高新技术风险投资机构，可按规定享受高新技术企业的优惠政策和财政专项资金支持。五要强化金融创新的功能。发挥金融创新对技术创新的助推作用，培育壮大创业投资和资本市场，提高信贷支持创新的灵活性和便利性，形成各类金融工具协同支持创新发展的良好局面。壮大创业投资规模，强化资本市场对技术创新的支持，拓宽技术创新的间接融资渠道。

脱贫富民篇

TUOPINFUMINPIAN

宁夏精准扶贫、精准脱贫应注意的几个问题

李保平

精准扶贫工作是当前和今后一个相当长时期宁夏经济社会工作的重心，是全面进入小康社会和完成自治区十二次党代会确立的脱贫富民战略的重要保障。当前，全区扶贫工作进入攻坚阶段，取得了巨大的成绩，也暴露出了一些问题，其中一些问题应引起我们高度重视。

一、数字脱贫与脱贫数字的关系问题

数字脱贫是目前精准扶贫工作中暴露出来的突出问题，主要表现为用不实的数字反映脱贫成绩，没有真实反映群众的生活水平和收入状况。数字脱贫反映了干部作风和工作态度的不实，也反映了干部对党的事业的责任担当和对人民群众的感情，因此，必须严肃看待实际工作中出现的这种现象。产生数字脱贫现象的原因是复杂的，除统计难度大、成本高之外，基层政府为应付检查而形成的上下合谋是产生这种现象的重要原因，实际上也反映了国家治理中存在的一些深层次问题。但同时我们也应该看到，现代化发展的一个重要后果就是产生了海量的数据，数字已经成为解释、指导经济社会发展的重要依据，其本身已经发展为一项重要产业，拒绝数字不符合历史发展的方向。我们反对数字脱贫，但不能拒绝脱贫数字。实

作者简介　李保平，宁夏社会科学院社会学法学研究所研究员。

际上，脱贫绩效最终还是要靠数字来说明。我们反对数字脱贫，并不是说数字不重要，而是反对数据作假和形式主义。不能因为反对数字脱贫而忽视数字搜集整理和录入，而是要以更加准确的数字反映脱贫工作的过程与成果，反对数字脱贫不是说数字不重要了，而是更加反映了数字工作对精准扶贫的价值与意义，对此我们必须要有清醒的认识。

二、扶贫与扶志的关系问题

自古至今，关于人的本性的探讨可谓不少，性恶说、性善说、性不恶不善说等，都从不同的角度研究了人性，这些研究本身就充分说明了人性的复杂性。马克思第一次抛开抽象的人性论，从社会的视角认识人的本质，认为人就其本质而言是社会关系的总和，阐释了社会本身特别是社会实践对人的影响和对人性的塑造。人性虽然有动物性的一面，但成为一个什么样的人，主要还是受社会大的环境特别是制度、规范、文化等因素的约束。马克思主义的人性论，为我们正确认识贫困与道德的关系指明了方向。从人的行为与社会规范的关系看，人的行为一般受三种规范的影响，那就是宗教规范、道德规范和法律规范。越轨行为在不同的时代都会出现，但究其原因是多方面的，有政治的、经济的、文化的，还包括大量个人感情的因素，历史上涉及经济原因的大规模的越轨行为仅限于特殊的环境和时代。这就说明，当人们能够有条件满足基本生活需求时，是不愿意做出违反社会基本规范的行为。也就是说，当人们有了基本的生存条件后，经济因素不再是影响道德的决定性因素，经济因素对道德的影响呈递减态势。这就是为什么一些相对落后的地区社会道德风尚不低的原因所在。在现代化的过程中，特别是在资本大潮的侵袭下，随着贫富差距的拉大和商品拜物教的兴起，作为个体的人不同程度地存在马克思说所的异化现象。人具有无穷的欲望，而现实中又不可能完全满足，对物质利益的追求使得人与人的本质彻底决裂，在缺乏有约束力的规范体系、价值体系约束的情况下，社会的道德风尚下降是一个必然的趋势。当一个社会还处于相对封闭条件下，基本物质生活的满足是社会道德维系的必要条件，但当一个社会日益走向开放、走向现代化的过程中，利益成为人们关注的焦点，制度环境、社会政策、文化传统都有可能对个体的地位、价值、利益产生重大影响进而产生道德问题。在当代中国社会，经过改革开放几十年的发展，贫困不再是产生道德问题的主要因素，对道德问题的检视需要从现存的经济制度、社会政策和文化传统中去寻找。

福利国家面临的最大问题是高福利产生了一系列道德问题。扶贫与扶志的关系问题，实际上也蕴含着什么样的扶贫模式是最为有效的这样一个命题。扶贫投入越大，贫困户收益就越多，但也容易产生道德风险问题，虽然该问题在宁夏不是特别突出，但有些苗头性倾向应引起我们高度重视。据笔者调研，目前宁夏精准扶贫过程中的道德问题主要表现为：第一，等靠要思想进一步加剧；第二，大家争当建档立卡户，以贫困为荣；第三，在利益面前亲情关系、干群关系紧张；第四，诚信意识缺失，给金融扶贫、就业带来负面影响；第五，随着国家农村养老政策的完善，家庭养老功能弱化，传统孝道出现了一些新问题。勤劳诚信是中华民族的传统美德，也是经济社会发展的重要依托。社会制度的优势就是看谁能够积累经济社会发展所需的巨大社会资本。从这个意义上说，未来的国家和区域竞争，主要取决于社会资本而非其他。重视社会资本的保存与累积，不但是社会政策制定优先考量的方向，也是实现中华民族伟大复兴和发展宁夏经济的先决条件。社会资本存在于社会结构之中，是无形的，它通过人与人之间的合作进而提高社会的效率和社会整合度。实际上，对一个社会而言，诚信、法治、勤勉、友爱、包容等无疑构成一个社会最大的社会资本。社会资本看似与经济发展无关，但实际上是经济发展的基础，对一个社会的社会资本的考察，构成我们判断一个社会是否健康的重要面向。美国著名学者弗朗西斯·福山在《信任——社会美德与创造经济繁荣》一书中指出，“社会资本很低的国家不仅容易导致弱小且缺乏效率的公司，而且也将深受政府官员腐败横生和公共管理效率低下之苦”；社会资本“它更容易被政府行为所破坏，一旦消亡，很难通过政府把它重建起来”。制度的优势不再是纯理论的说教或暂时的经济、军事实力的比拼，而是看谁能够积累巨大的社会资本。从这个意义上说，未来的国际竞争，主要取决于社会资本而非其他。如果因为精准扶贫政策出现社会资本流失现象，不应该一味指责群众素质低下，而首先应该反思我们的社会政策和治理结构。建立政府主导下多元主体扶贫协作机制，统筹行政的、市场的、社会的资源和方式参与扶贫工作，对社会政策可能产生的道德风险进行评估、激发群众发展创业的内生动力，对防止此类道德问题尤为重要。

三、扶贫与帮富的关系问题

扶贫作为一项政治任务，帮助困难群众、提高困难群众生活水平是其必然要求。作为政治任务，在扶贫工作中要求识别精准、帮扶精准、资金投放精准、产业规划精准等。但精准扶贫的实施过程又遵循的是市场逻辑。从资金的效益、安全和可持续出发，大量的扶贫资金最终投向的不是建档立卡户，而是一些企业、专业合作社和致富带头人。政治逻辑要求精准扶贫，要求公平公正，市场逻辑却导致在“垒大户”。资本的逻辑是有钱者越有钱，所以，扶贫工作中最大的受益者往往有可能不是建档立卡贫困户，而是一些扶贫企业和乡村精英。我们不否认在市场化运作的过程中，建档立卡户也不同程度得到实惠，但同企业和精英的收益相比，建档立卡户的收益显得微不足道。国家的扶贫资金和贴息贷款是为了帮助有需要的贫困户，但实际的结果却出现了“精准帮富”的现象，一些企业和致富带头人成为精准扶贫的最大受益者，这一悖论可能是我们没有想到的，也是需要引起我们深入思考和高度关注的问题。从企业和经济组织参与扶贫工作看，他们的行为虽然也是一种市场行为，获利是必然要求，但在企业发展中，最大程度享受国家各种优惠政策，其性质也并非完全市场化，对其参与扶贫的动机和收益的分配进行一些规制也是必要的。相关部门应对参与扶贫的企业、专业合作社做出明确的约定和规范，减少纯市场化带来的风险与挑战。如果放任市场逻辑横行，只会扩大贫富差距，与精准扶贫的目标设计将会越来越远。

四、政府扶贫与社会帮扶的关系问题

长期以来，贫困问题被认为是一个道德问题，也就是说，政府并不负有解决贫困问题的责任。随着近代以来社会发展，导致贫困的制度因素被深刻地揭示了出来，政府的扶贫责任提上了议事日程。但西方国家在扶贫工作中，一般采用社会导向的扶贫模式，政府并不直接参与扶贫工作，而是将扶贫工作交给社会组织去实施。我国作为社会主义国家，让人民群众摆脱贫困是政府义不容辞的义务，是社会主义的本质要求，我国的扶贫模式采用政府主导型有其必然性。但政府主导并不等于政府垄断扶贫工作，积极吸纳社会组织、慈善组织参与扶贫工作，可以作为政府扶贫的有力补充。要实现扶贫方式由政府主导向社会主导的方向转变，强化扶贫工作的专业化，发挥专业组织在扶贫工作中的重要作用，推进国家治理体系和治理能力现代化。扶贫工作是政府的主要工作之一，但政府发挥作用的方式是直接参与还是提供服务，其结果有明显的不同。扶贫工作，看似简单，实际上是一项非常复杂的工作，在国外一般都是政府委托专业的机构和社会组织来实施。在我国，政府几乎包揽了扶贫工作，行政化操作、运动式推进、短期化行为构成政府扶贫工作的主要特征，这种治理模式，在解决贫困问题的同时，又在不断产生新的问题。参与性不足是精准扶贫工作面临的主要问题之一，农民看似全程参与，但基本上是被动参与，主动参与的积极性并不高，社会专业组织参与扶贫也没有提上议事日程。在我国，扶贫工作实现由政府主导向社会主导的转变，还有很长的路要走，但社会化、专业化的方向必须要坚持，有条件的地方，要开展试点，推进这项工作向前发展。社会组织扶贫的最大价值在于在现行体制下，探索一条扶贫的新路径，增强扶贫的绩效和贫困户可持续发展的能力。从我们了解的情况看，我国目前的精准扶贫工作，社会参与的力度普遍不大，总体来看，南方比北方要好一些。从我们在区内调研的情况看，社会组织参与度明显不足，政府单打独斗态势明显，说明宁夏社会组织发育水平还有待提高，也反映出各级政府思想观念还存在一些问题，对这方面的工作认识不足，措施不力。

除社会组织参与扶贫外，我国扶贫工作的制度优势还体现在单位帮扶上，它既是一种扶贫机制创新，也体现了社会主义的一方有难、八方支援的优越性，是政府扶贫的重要组成部分。由于不同单位掌握的资源禀赋有差异，在实际帮扶过程中就有可能产生较大的区别，从而使得弱势单位在帮扶中面临较大的压力，甚至被认为是帮扶不力。笔者在调研中发现，有些单位资源相对富集，动辄可以拿出几百万扶贫资金，而有些单位特别是一些事业单位，经费紧张且受财政制度的约束，不可能拿出较多的资金用于扶贫，也无能力协调相关单位给帮扶村庄解决一些实际问题，扶贫压力较大。调研中我们还发现，单位帮扶评价制度“物化”现象较为突出，以投入多少来衡量扶贫工作业绩成为基层政府的习惯认识。规范单位帮扶制度，明确单位帮扶的内容、范围、资金来源和用途，规制帮扶单位的帮扶行为，防止单位帮扶演化为另一种政绩工程，减少单位帮扶中因单位禀赋差异带来的消极影响，克服个别单位对扶贫工作不作为、慢作为、乱作为，是宁夏精准扶贫工作必须要关注和解决的重要问题。

五、扶贫资金市场化运作的法律风险问题

按照精准扶贫的要求，扶贫资金精准投放是其中的重要一环，扶贫资金精准投放到建档立卡户和困难家庭，作为一项政治任务而言应该说问题不大。但在资金使用环节，我们发现，各地的情况有所不同，从效率和安全出发，各市县基本都遵循一种市场化的路径，使资金向资本转变。目前宁夏建档立卡户拿到扶贫资金后（实际上村民只是履行了借贷手续，并没有实际见到现金），一般是通过两种形式进行资本运作的：一种是股权制的模式，群众将贷款作为股金投入企业或合作社，然后定期获得股金收益；一种是分贷统还模式，群众将各自的贷款交于村上的致富带头人，由致富带头人统一使用归还贷款，村民获取定额报酬。这两种模式对提高贷款使用效率，提高建档立卡户收入和保障扶贫资金安全有一定的作用。但这两种模式都存在一定的法律风险。银行将贷款发放到建档立卡户，建档立卡户又将资金作为资本入股企业或合作社或交给致富带头人。在股权制模式中，银行和建档立卡户是借贷合同关系，建档立卡户和企业、合作社是股东关系，银行和企业、合作社从法律上看没有关系。现实中一般约定贷款最终由企业和合作社偿还，但这种约定不能对抗第三人，建档立卡户要免除还款义务，需经过银行同意。但现实中基本没有签订相关的三方协议，建档立卡户的法律风险在于自己没有具体使用资金，但有可能承担相应的

法律责任；在分贷统还模式中，建档立卡户将资金交给致富带头人，实际上是建立了另一种借贷关系，借贷资金的灭失，建档立卡户对银行仍然要承担法律责任。而对企业、专业合作社和致富带头人而言，扶贫资金的财政性又让它们独自承担市场风险。所以，在当前的扶贫资金运作模式下，扶贫资金的财政专项性与市场化运作存在一定的张力。所以，规范扶贫资金的运营模式，完善扶贫贷款的协议文本，制定银行、建档立卡户、资金使用者三方协议，让资金实际使用者承担还款义务，对减轻建档立卡户的法律责任、维护社会公平正义和稳定和谐都有着重要的意义。

按照宁夏“十三五”脱贫攻坚规划要求，全区精准扶贫的阶段性任务即将完成，如何巩固扶贫成果，保持可持续发展的势头，是我们当前应高度关注的问题。笔者认为，激发困难群众发展的内生动力，扎实做好扶贫产业，应是下阶段扶贫工作的重心，两者互相支撑，相得益彰。困难群众内生动力的激活，是一项重要的社会系统工程，除物质激励外，也需要做好大量的社会工作，营造有利于发展、干事、创业、勤劳致富的良好社会氛围。由此，实现脱贫工作由收入导向经济、社会协同发展，更加重视社会建设，特别是社会资本积累的方向转变，将是下一阶段宁夏扶贫工作的发展方向。

宁夏打赢脱贫攻坚战研究报告

郜　贤

党的十九大报告提出，让贫困人口和贫困地区同全国一道进入全面小康社会是我们党的庄严承诺。宁夏是国家扶贫开发工作重点省区之一。近年来，自治区党委、政府始终坚持以习近平总书记扶贫开发战略思想为根本遵循，以脱贫攻坚统领经济社会发展全局，精心谋划，聚力打赢脱贫攻坚战，开辟了精准扶贫新局面，取得了精准脱贫新成效。

一、宁夏精准扶贫的主要做法及成效

党的十八大以来，自治区党委、政府始终坚持以人民为中心的发展思想，把打赢脱贫攻坚战作为全面建成小康社会的底线任务，以深度贫困地区为重点，在精准、稳定、可持续上下功夫，贫困程度大幅减轻。截至2016年底，全区建档立卡贫困村由2013年的1100个减少到551个，贫困人口从2011年的101.5万人下降到41.8万人，贫困发生率由25.5%下降到11.1%，降幅高于全国8.1个百分点，贫困地区农民人均可支配收入由4193元增长到7505元，增幅达到79%，年均增幅高于全区平均水平近2个百分点，贫困群众生活水平明显提高，贫困地区面貌发生巨大变化。

作者简介　郜贤，宁夏回族自治区党委政研室农村处副处长。

（一）注重顶层设计，完善政策措施

近年来，自治区党委、政府坚决贯彻党中央、国务院关于脱贫攻坚的决策部署，“十二五”时期，探索和建立了精准扶贫、精准脱贫的工作机制，形成了“闽宁协作、异地搬迁、整村推进、少生快富、雨露计划、金融扶贫”等六大品牌。进入“十三五”以来，为贯彻落实《中共中央国务院关于打赢脱贫攻坚战的决定》，自治区出台了一系列政策文件，对全区脱贫攻坚作出全面部署。一是制订脱贫攻坚规划。2017 年初，自治区制订了《宁夏回族自治区“十三五”脱贫攻坚规划》，确定脱贫攻坚实施范围，细化脱贫攻坚目标和主要指标，提出了产业发展、易地搬迁、生态补偿、教育发展和社会保障五条精准脱贫路径，突出金融扶贫、技能培训、闽宁协作重要抓手，强化干部联系机制、贫困识别与动态管理机制、到村到户扶持机制等，着力解决区域性整体贫困和深度贫困问题，增强贫困地区发展能力。自治区第十二次党代会提出，大力实施脱贫富民战略，坚持精准扶贫精准脱贫基本方略，坚决打赢脱贫攻坚战，确保到 2020 年贫困地区和贫困群众与全国同步进入全面小康社会。近期，自治区出台了《关于推进脱贫富民战略的实施意见》，提出到 2020 年稳定实现农村贫困人口实现“两不愁，三保障”，确保现行标准下农村贫困人口全部脱贫，贫困县全部摘帽，解决区域性整体贫困，从 7 个方面制定了 36 条具体措施。二是完善脱贫攻坚政策。围绕贯彻落实中央和自治区脱贫攻坚决策部署，大力实施脱贫富民战略，自治区先后出台了脱贫攻坚政策文件 22 个，各部门也出台了一系列配套文件或实施方案，建立起了在脱贫富民战略下的“1+N”脱贫攻坚政策体系。这些政策文件涵盖易地扶贫搬迁、基础设施、公共服务、产业发展、社会保障等重点领域，涉及资金、土地、人才等支撑保障。特别是为贯彻落实自治区第十二次党代会关于实施脱贫攻坚战略部署，自治区陆续出台了在农村基层党组织开展“三大三强”行动、实施“两个带头人”工程等四个文件和产业扶贫、健康扶贫、危窑危房改造、金融扶贫、劳务移民等 7 个政策文件，政策含金量高，实在管用，相互组合，协同发力，共同推进脱贫攻坚。三是健全脱贫攻坚机制。严格贯彻落实党中央、国务院《脱贫攻坚责任制实施办法》，自治区出台《脱贫攻坚责任制实施办法》，建立由自治区负总责、市县抓落实的脱贫攻坚工作责任机制，全区25个有脱贫攻坚任务的市、县（区）党政一把手向自治区签订脱贫攻坚责任书，自治区每年向25个市、县（区）和26个厅局下达年度脱贫攻坚任务清单，层层压实责任。2016年自治区出台《脱贫攻坚督查巡查工作办法》和《贫困县党委政府扶贫开发工作成效考核实施方案》，健全脱贫攻坚监督机制和考核评估体系，建立以脱贫攻坚成效选用干部的制度，将脱贫攻坚考核权重由原来的7%提高到45%，并取消对贫困县的GDP考核。

（二）创新扶贫方式，夯实脱贫基础

近年来，自治区党委、政府始终把脱贫攻坚作为头等大事和第一民生工程来抓，把贫困县摘帽、贫困村销号、贫困人口脱贫作为底线任务，创新扶贫方式，在产业扶贫、金融扶贫、生态移民、教育扶贫、闽宁对口扶贫协作等扶贫脱贫方式上形成了值得推广借鉴的有益经验和做法，夯实了贫困地区群众脱贫致富基础。一是大力推进产业扶贫。坚持把发展生产脱贫一批作为主要脱贫路径，立足于产业发展基础，坚持因村制宜、因户施策，根据贫困村和贫困户的资源禀赋、致贫原因、脱贫需求，发展壮大特色种养业，扶持培育新型经营主体，促进一二三产业融合发展，强化科技支撑，培育形成了盐池滩羊、西吉马铃薯、泾源苗木、海原肉牛、隆德中药材、彭阳辣椒、原州区冷凉蔬菜、红寺堡葡萄、同心红枣、中宁枸杞等“一县一业”特色品牌。在产业发展的带动下，山区九县区农民人均可支配收入由2011年的4193元提高到2016年7505元，增幅达到79%，高于全区1.7个百分点，贫困群众收入的40%来自产业。截至2016年底，全区农村合作组织达到5352家，参与农户增加到5.86万户，其中产业扶贫合作社125家，参与贫困户增加到1.36万户。二是积极开展就业创业扶贫。2016年、2017年连续两年制订下发了《全区精准脱贫能力培训实施方案》，按照市场需求和劳动力意愿，建立政府引导、社会参与、市场运作的培训新模式，以及“企业订单，培训机构列单，培训对象选单，政府买单”的新机制，实现了建档立卡贫困户劳动力职业技能培训全覆盖。开展了就业扶贫“百千万行动”，截至2017年10月，全区各地已创建就业扶贫基地146个，培训优秀就业扶贫劳务经纪人1312个，通过各种方式帮扶2万余名贫困劳动力实现了就业。2017 年，自治区政府购买 3500 个公益性岗位，用于农村特困劳动力托底就业帮扶安置。2016 年以来，全区共有 15 万人参加了职业技能培训和实用技术培训。三是持续做好异地扶贫搬迁。围绕打造全国易地扶贫搬迁样板省区的目标，扎实推进“十二五”生态移民、“十三五”易地扶贫搬迁移民重大工程，统筹基础设施建设，实现“七通八有”，健全完善移民户籍管理、工程建设、土地权属处置等一系列相关政策。截至 2017 年 10 月，“十三五”易地扶贫搬迁 3.3 万人。2016 年全区生态移民人均可支配收入 6187 元，同比增长 9.7%。其中，县外移民人均可支配收入 6316 元，同比增长 8.9%；县内移民人均可支配收入 6070 元，同比增长 10.4%。四是稳步推动教育扶贫。采取“奖、助、贷、免、补、减”等举措，不断提升贫困学生资助保障能力，逐步实现贫困家庭学生从学前教育到高等教育全程资助，从 2016 年开始对建档立卡贫困户家庭普通高中生免除学费，逐步实现对建档立卡贫困家庭普通高中学生免除学费、住宿费和教科书费。2017 年起对全区幼儿园在园建档立卡贫困家庭适龄儿童免除保教费并补助伙食费。近年来，自治区共投入近 9 亿元在西海固地区新建、改扩建 7 所职业学校，将初中毕业未被高中录取、高中毕业未被大学录取的学生全部纳入职业教育和技能培训，在西部地区率先免除中职在校生学费，在区内就读高职的建档立卡贫困学生全部给予资助。五是深入实施健康扶贫。2017 年，自治区出台《关于推进健康扶贫若干政策的意见》，明确县域内实行先诊后付费，免缴住院预付金；提高大病保障，筹资标准由人均 32 元提高到 37 元，起付钱由 8400 元下调到 3000 元，报销比例合计提高 12 个百分点；大病医疗救助上线由 8 万元提高到 16 万元，报销水平提高 10 个百分点，今年 10 月 1 日正式上线运行健康扶贫“一站式”结算信息平台，全区贫困患者医疗费用可在全区 74 家医疗机构实现即时结算。六是创新实施金融扶贫。开展全国首家以省为单位的金融扶贫示范区建设，探索形成了金融扶贫的“盐池模式”和“蔡川经验”。截至 2017 年 6 月底，扶贫小额信贷覆盖率达到 65%，年度新增贷款额 40 亿元。深化“扶贫保”工作，实现家庭成员意外伤害保险和大病补充医疗保险全覆盖。建立建档立卡贫困户信用评级、有贷款意愿贫困户扶贫小额信贷到户、“扶贫保”到户、金融服务到村、金融机构结对帮扶扶贫县五个全覆盖。

（三）加大投入力度，着力改善民生

以深度贫困地区为脱贫攻坚重点区域，强化基础设施和基本公共服务建设，从政策制定、资金安排和项目布局等方面给予大力扶持，开展交通、水利、电力、危窑危房改造、人居环境、生态保护等扶贫行动，着力解决贫困群众的民生问题。一是实施交通脱贫行动。争取国家支持9个贫困县铁路、民航、公路等重大交通项目建设，构建贫困地区“外联内通”的交通运输通道，贫困地区交通条件得到极大改善，国省道二级以上公路比重达到80%，实现“县县通高速公路”的目标，行政村通沥青水泥路的比重达到95.2%，行政村通客车率达98.8%。二是加大民生项目投入力度。在安全饮水方面，2016年10月，历时四年建设完成的宁夏中南部城乡饮水安全工程正式通水，工程覆盖范围内的110万城乡群众安全饮水问题得到全面解决。农村自来水普及率由2011年的47.4%提高到2016年底的83%。在危窑危房改造方面，自2009年以来，累计筹集资金52亿元，改造危窑危房40多万户，使129万贫困群众住上安全房。对特困户通过农村廉租房、“交钥匙”工程等途径进行保障，通过美丽乡村建设和整村推进项目实施，实现电、水、路、房、通信、优美环境、清洁能源七到户，群众居住条件和贫困村村容村貌得到了极大改善。在医疗卫生方面，先后投入资金3亿多元，完成9个贫困县区144个乡镇（社区）的医疗卫生机构扩建，乡镇卫生院和村卫生室基本实现标准化，实现“乡镇有卫生院，行政村有卫生室”目标。在文化信息方面，截至2017年9月，全区1100个贫困村实现了通光纤宽带、通移动4G全覆盖。贫困地区公共文化服务体系基本建成，全区贫困村都有综合文化服务中心。户户通广播电视率98.7%，村村通有线电视入户率52%，自然村通宽带率47.8%。三是加强社会保障兜底。将农村低保标准提高到3150元，高于同期扶贫标准，建立困难残疾人生活补贴和重度残疾人护理补贴动态调整机制，通过“护航春蕾”“留守妇女阳光帮带行动”“阳光助残小康计划”等，对农村“三留守”人员和残疾人开展针对性的关爱帮扶行动，将符合条件的贫困人口纳入低保范围。截至2017年6月，已有6000名贫困人口转为生态护林员，每人每年可获得

1万元的固定收入。

（四）凝聚社会力量，激发内生动力

广泛动员社会力量参与扶贫事业，积极搭建社会扶贫信息平台，开通“扶贫济困直通车”，畅通社会扶贫信息渠道，大力实施“两个带头人工程”，激发贫困群众自力更生、自强自立、脱贫光荣的内生动力。一是深化东西部扶贫协作。福建、宁夏两省区始终遵循中央扶贫攻坚的大政方针，不断完善“联席推进，结对帮扶，产业带动，互学互助，社会参与”对口扶贫协作机制，使闽宁对口协作成为宁夏脱贫攻坚的一大亮点。福建省30多个县（市区）轮流帮扶宁夏中南部9个贫困县（区），4000多户福建企业（商会）、4万多闽籍人员在宁创业从业，累计投资800多亿元，带动就业5万多人，无偿援助各类资金13.43亿元，参与援助宁夏贫困地区的各界人士超过10万人次。福建省帮扶宁夏修建高标准梯田22.5万亩、打井窖2万眼、修建山区公路385公里、改造危窑房2000多户、援建闽宁示范村140个、生态移民新村20个，建成了西吉、隆德、盐池、红寺堡等4个闽宁产业园和吴忠市太阳山镇沙泉村千亩设施农业示范基地。福建累计向宁夏派遣支教老师17批1000多人次，派出医疗专家311名、青年志愿者500多名，援建各类希望小学236所，救助贫困家庭学生13.5万人，2万多名辍学儿童重返校园。援建妇幼保健院和各类医疗卫生院（所）315个，为数万名山区群众开展了义诊和疑难病症治疗。二是加强中央单位定点扶贫。积极对接落实中央单位定点帮扶，拓宽帮扶渠道和领域，中国铁路总公司、国家烟草专卖局、中国航空油料集团公司、中国核工业集团、中国商用飞机有限公司、中国建材集团、厦门大学、宋庆龄基金会等中央单位，在园区建设、引资融资、干部交流、人才培养等方面定点帮扶工作取得了显著成效。华润集团在海原县筹建草畜一体化养殖基地，实施产业扶贫、就业扶贫、公益扶贫、人才扶贫、带动海原县75个重点贫困村3950户发展肉牛养殖，通过“华润基础母牛银行”模式，激发贫困群众内生动力，发展村级集体经济，带动村民养殖母牛实现脱贫。三是加强区内定点帮扶和行业扶贫。建立区、市、县三级部门（单位）定点帮扶机制，实行干部帮扶到户制度，对全区1100个贫困村选派第一书记，选准配强帮扶责任人，与贫困户“结对子”帮扶，实现第一书记和帮扶责任人全覆盖，不脱贫不脱钩。建立村企共建帮扶机制，引导各类企业与贫困村开展村企共建活动，通过产业兴村、项目带村、资金扶村、招工帮村等形式，带强一批产业，带动一批项目，带建一批设施。坚持“富口袋”与“富脑袋”同步推进，大力实施“两个带头人”工程、“三大三强”促脱贫致富行动，激发贫困群众聚力打赢脱贫攻坚战的信心。

二、宁夏脱贫攻坚存在的主要问题

随着脱贫攻坚进入决战时期，越往后脱贫攻坚成本越高、难度越大、见效越慢，问题和困难越突出，主要有以下几个方面。

（一）脱贫攻坚任务艰巨

深度贫困地区脱贫攻坚难度很大，“五县一片”贫困发生率都在 18%以上，饮水、住房、道路等基础设施薄弱，170 个深度贫困村贫困发生率大多在 20%以上，涵盖贫困人口 12.4 万人。全区 41.8 万贫困人口中，2.06 万患病人口、2.98 万残疾人、60 岁以上单老双老户 2.15 万人等三类特殊困难群体是难中之难。特别是贫困单老双老户中患大病和重度残疾的 0.28 万户 0.37 万人，是重点保障兜底群体。2017 年盐池县脱贫摘帽，2018 年要完成 3 个县脱贫摘帽。2019—2020 年还要完成 5 个县的脱贫摘帽。

（二）扶贫对象不够精准

2014 年开始识别建档立卡贫困户时，由于基层对中央精准扶贫的精神以及之后的政策实践缺乏深入理解，且中央精准扶贫政策也在不断变化，有些地方政府为了获得扶贫资源争当贫困县，有意提高当地贫困发生率，因此将建档立卡贫困户指标分到村，由村委会确定建档立卡贫困户。有的村干部误以为识别建档立卡户就是过去的“双到户”（2014 年以前双到户每年享受 3000 元双到资金），有搞均衡将过去享受过“双到”资金的双到户不纳入建档立卡户，有的将一户分成两户，变更户主姓名，确定为建档立卡户，这就造成识别建档立卡户中出现“漏评”和“误评”。虽然近三年均进行了“回头看”，但是国务院扶贫办和自治区扶贫办信息系统中难以修改，加之实行脱贫不脱扶贫政策，造成不符合建档立卡户的群众继续享受扶贫政策，而实际一些困难群众因受贫困发生率不得高于3%的影响，无法纳入建档立卡户。

（三）形式主义问题仍然存在

在图表材料方面，基层干部为了应对考核评估，花费时间精力搞扶贫档案，既补充过去没有的记录和报告，也因政策变化，重新制作材料，或者本来没有做工作，补个材料，以假乱真。有的地方组织召开扶贫档案资料观摩会，导致基层干部忙于应对各种图表材料；在干部驻村帮扶方面，自治区和市级好于县级派驻的第一书记，但县级派驻第一书记人数多，脱产驻村后，单位不上班，平时不驻村，有检查时来村上应付，存在“挂名”“走读”现象。特别是机关干部结对帮扶管理制度不健全，帮扶成效不明显。

（四）扶贫资金没有发挥最大效益

有的不从实际出发、不尊重群众意愿，盲目发展产业，一些地区在缺乏足够市场考察的基础上推进种植或养殖项目，在销路不畅的情况下，即使农户丰产，也不能增收，大量扶贫资金下发后，只能被动维持产业现状，没有起到增收的效果；有的集中资金“垒大户”“堆盆景”，难以实现帮扶贫困群众致富增收的目标。

（五）低保与建档立卡相隔离

由于历史原因，过去一些基层政府在评定低保中存在偏差，有的为了完成上级赋予的任务，完成一次劳务输出给一个低保；有的鼓励学生上学，考上大学给一个低保；有的少生快富给一个低保；有的为了征地拆迁给一个低保等等。导致吃低保的不符合低保要求，出现开着小车吃低保的现象。有的建档立卡贫困户不是低保户，低保与建档立卡相分离，难以发挥低保的作用。

（六）部分贫困群众内生动力不足

从帮扶工作来看，有的地方为图省事、赶进度，大包大揽，送钱送物，“干部干，群众看”，不注重提高贫困群众的自我发展能力。从贫困群众来看，有的安于现状，单纯依靠外界帮扶被动脱贫，习惯“等、靠、要”，依赖政府不愿脱贫；从农村民风来看，有的农村民风不纯，高价彩礼、相互攀比、人情消费高，赌博恶习不改，也在一定程度上制约了脱贫攻坚。

三、对宁夏打赢脱贫攻坚战的对策建议

党的十九大报告提出，当前，要动员全党全国全社会力量，坚持精准扶贫、精准脱贫，重点攻克深度贫困地区脱贫任务，确保到2020年我国现行标准下农村贫困人口实现脱贫，贫困县全部摘帽，解决区域性整体贫困，做到脱真贫、真脱贫。宁夏实现与全国同步建成全面小康社会的任务重、时间紧、难度大，必须按照自治区第十二次党代会做出的战略部署，认真贯彻落实自治区党委、人民政府《关于推进脱贫富民战略的实施意见》，精准发力，攻坚克难，坚决打赢脱贫攻坚战。

（一）扎实开展精准识别，确保扶贫对象精准

进一步完善建档立卡贫困户纳入退出机制，按照“九不准”的要求，对符合条件的贫困户应纳尽纳，对已经脱贫的建档立卡户及时退出，并不再享受相关特殊扶持政策，逐步减少扶贫对象，确保有限的资金用于最急需的贫困群众。对未脱贫的建档立卡户因户施策，明确帮扶责任人，着力解决发展中的实际困难和问题。

（二）突出深度贫困地区，加大资金扶持力度

对标国家提出的贫困户实现“两不愁三保障”、贫困村实现“五通八有”的要求，统筹整合的财政涉农资金和教育、卫生等社会事业资金向深度贫困地区倾斜，加大资金投入力度，着力解决深度贫困地区贫困群众住房保障难题，坚决消灭“土坯房”，对贫困村重点解决“空壳村”问题。

（三）坚决制止形式主义，纠正工作重心偏移

严格落实2016年10月国务院扶贫办针对扶贫工作中的形式主义问题发布的通知，以及2017年7月国务院扶贫办发布的《关于进一步克服形式主义减轻基层负担的通知》要求，严禁在基层组织开展扶贫档案观摩会、减少填表报数、减少发文数量，坚决制止挂作战图、制作展板，充分运用信息化手段加强对脱贫攻坚信息管理，扶贫检查和考核突出群众满意度测评。

（四）加强社会保障兜底，实现低保户与建档立卡户“两线合一”

对全区低保对象进行一次全面清理，凡是不符合低保标准的一律取消，提高社会救助兜底保障标准，将符合条件的贫困人口纳入低保范围，争取

实现低保与建档立卡“两线合一”。

（五）尊重贫困群众意愿，精准施策发展产业

坚持市场导向，根据贫困对象的致贫原因，采取“输血”与“造血”并举，尊重群众发展产业的意愿，因人因户施策，分类确定帮扶措施。对脱贫能力弱、残疾人等特殊困难人口，采取政府购买公益岗位的方式解决就业。注重发挥龙头企业、产业合作社、致富带头人的示范作用，提高产业组织化程度，增强产业带动脱贫能力。

（六）加强农村民风建设，激发群众脱贫内生动力

坚持扶贫同扶智、扶志相结合，发挥村民自治作用，大力开展移风易俗活动，教育引导村民摈弃陈规陋习，树立新型婚育观念，营造讲信用、守信用、用信用的良好社会氛围和诚信环境，扭转“等、靠、要”思想，抵制高额彩礼、铺张浪费、封建迷信等不良风气，重塑淳朴民风，引领良好村风，激发贫困群众依靠自力更生、艰苦奋斗、勤俭持家脱贫致富的动力。

宁夏六盘山区旅游扶贫战略研究

张铁军

一、问题的提出与研究文献综述

国家旅游局在《2017全域旅游发展报告》中指出，旅游扶贫既是“造血式”扶贫，又是物质和精神“双扶贫”，发展全域旅游扩大了对贫困人口的覆盖率和扶贫的有效性。宁夏六盘山区是国家连片特困地区，早在2011年国家颁布的《中国农村扶贫开发纲要（2011—2020)》，在其“产业扶贫”政策中明确强调“大力推进旅游扶贫”[1]。早在2000年，在国家旅游局和财政部专项扶贫资金的支持下，在宁夏固原地区设立了国内最早“依靠旅游拉动扶贫”的六盘山旅游扶贫试验区。截至2014年底，宁夏六盘山扶贫旅游试验区累计减少贫困69.4万人。目前，宁夏六盘山扶贫旅游试验区内建设主要以休闲旅游的农家乐为主，直接从业人员近万人，间接从业人员近5万人；试验区内平均每户农家乐，年纯收入在3万~5万元，收入高者可达到每年数十万元。[2] 如何进一步发挥好六盘山扶贫旅游试验区的带动作用，如何充分利用好当地丰富的文化旅游资源，如何借力宁夏全域旅游

基金项目 2013年国家软科学项目“国家连片特困地区生态移民社会融入问题研究”(2013GXS4D154)；2015年宁夏回族自治区哲学社会科学规划年度项目“宁夏六盘山区生态移民社会融入问题研究”(15NXBGL07)。

作者简介 张铁军，宁夏党校决策咨询部副主任，副教授。

带动整个六盘山区的经济社会发展，促使贫困人口脱贫致富，确保全面建成小康社会，成为当前宁夏区域发展的一个关注焦点。

20 世纪末期，国际上的一些知名学者与政府研究机构开始对贫困地区的旅游发展与减贫进行关注。如著名学者哈罗德·金通过对贫困地区可持续发展的研究，建立了旅游与扶贫之间的数学模型，提出旅游对减贫的积极作用。同期，英国国际发展局（DFID）在其 1999 年可持续发展报告中详细论述了 PPT（pro–poor tourism）的概念，并强调 PPT 是发展贫困地区旅游的一种方式和途径，是“有利于促进贫困人口发展的旅游”，其核心内容是使贫困人口获得更多的发展机会和净收益。[3] 在国内，PPT 模式通常被称之为“旅游扶贫”。20 世纪 90 年代，贵州省率先提出了“旅游扶贫”战略口号，并将旅游产业发展纳入本省的国民经济和社会发展计划；2000 年，国家旅游局在宁夏设立六盘山旅游扶贫试验区，成为国内首个以旅游扶贫为目标的扶贫旅游试验区；2003 年广东省以旅游扶贫专项资金启动为突破口，率先在全省范围内开展了立体化的旅游扶贫模式，取得了显著成效。此后，国内中西部地区都相继建立了扶贫旅游试验区，以推动当地的经济社会发展。

在国内，多数旅游资源富集区与贫困地区在地理空间分布上高度耦合。这样的耦合使“发展旅游产业”与“减贫”建立了有机联系。旅游扶贫主要是针对一些旅游资源丰富、区位条件优越的贫困地区。根据旅游资源的丰富程度和地区的区位条件，可以将其划分为 9 个区域（见图 1）。区域 7 具有丰富的旅游资源和明显的区位优势，是发展旅游产业最理想的地区。这样的地方实施旅游扶贫可以通过较少的投入取得良好的效果。区域 8 和区域 9 的区位优势虽不明显，但其具有良好的旅游资源条件，这样的地方

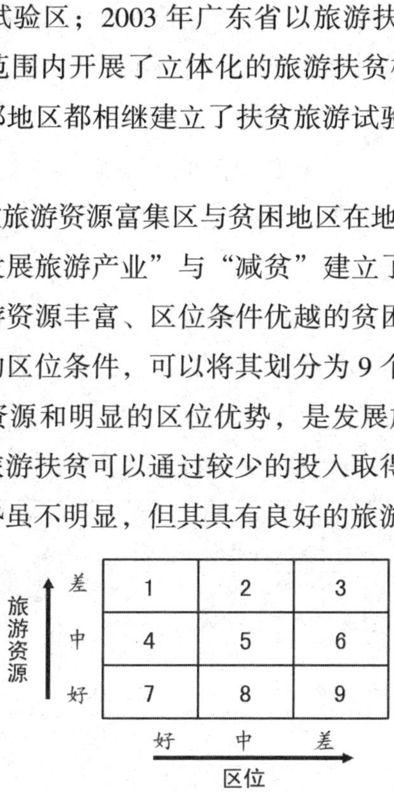

图 1　旅游扶贫的适用区域

在国家积极政策的支持下，通过完善旅游设施和旅游接待条件，加大宣传促进旅游产业发展，依靠旅游实现脱贫致富也是完全有可能的，例如国际上，南非在国际发展局企业挑战基金的资助下，积极探索旅游扶贫项目，建立了荒野丛林岩石湾（Wilderness Safari′s Rocktail Bay）、克·唐狩猎场（Ker & Downey hunting sites）、太阳城胜地（Sun International′s Sun City Resort）和斯匹尔休闲区（Spier Leisure）等旅游扶贫项目。这些项目通过豪华丛林旅馆、狩猎、博彩以及深海潜水等特色旅游项目，使当地人有效参加到旅游产业发展之中，促进了当地经济发展。在国内，江西婺源、云南腾冲、四川九寨沟都是旅游扶贫战略实施的成功典范。宁夏六盘山区大体处于区域 8 的位置，也可以通过发展特色旅游，实现旅游扶贫。

二、宁夏六盘山区实施旅游扶贫战略的可行性分析

宁夏中南部 7 个国定贫困县（区）地处六盘山区，生态环境恶劣，经济社会发展落后，就业压力大，素有“苦瘠甲天下”之称。但其辖区内旅游资源丰富且独具特色（如丝路原州、丹霞西吉、书画隆德、山水泾源、情韵彭阳、红色六盘等）。宁夏六盘山区的极端贫困与其丰富的旅游资源在地理空间上的高度耦合，使其实施旅游扶贫战略成为可能。

1.旅游资源丰富

旅游产业属于自然、人文旅游资源密集型产业。这里对宁夏六盘山地区的旅游资源进行了简要的梳理（见表 1、2、3），以说明其旅游资源的质量、规模等足以支撑旅游扶贫项目的开发。

表 1　宁夏六盘山区自然旅游资源类型与分布

自然旅游资源	地文景观类	六盘山白垩纪地层剖面；海原大地震遗迹；西吉火石寨、扫竹林及固原须弥山丹霞地貌；黄土梁卯沟壑地貌景观等
	水文景观类	清水河、泾河、葫芦河、祖历河及其支流溪水、瀑布、峡谷；荷花沟、老龙潭、海原盐湖等
	气候生物景观类	大漠落日；山间日出；避暑消夏气候；多彩云雾；山地森林、灌区、草甸；干草原、荒漠草原、沙质草原等植被景观

2.区位交通较为便利

宁夏六盘山区是古代丝绸之路在宁夏的必经之处，同时也是陕西、甘

表 2　宁夏六盘山区历史遗产类旅游资源类型与分布

历史遗产类旅游资源	人类文化遗址	西吉白城乡的三滴水遗址、海原南华山新石器遗址、海原西安乡新石器遗址、周家嘴新石器遗址等
	军事防御体系遗址	好水川古战场、瓦亭关故址，跨西吉、固原、彭阳三县的秦代古长城
	古城及古城遗址	固原古城垣、隆德笼竿城遗址、彭阳古城遗址、西吉县西安州古城、黄铎古城、七营北嘴古城等
	帝陵及普通陵墓	固原北周李贤墓、固原隋代彩绘壁画墓、任山河烈士陵园等
	革命纪念地	六盘山长征纪念馆、将台堡红军长征纪念馆等
	宗教/礼制建筑群	西吉南华山灵光寺，天都山石窟寺，固原拱北清真寺，海原金牛寺，隆德龙冈山石窟，固原须弥山石窟，西吉扫竹林石窟，石寺山石窟，延庆岭石窟，教陵园地，单家集清真寺、同心清真大寺等
	楼阁建筑	固原魁星楼、东岳山五龙壁、缨络塔等

表 3　宁夏六盘山区现代人文类旅游资源类型与分布

现代人文类旅游资源	博物馆	固原博物馆等
	现代水利工程建筑	固海扬水工程、彭阳人工梯田、小流域治理等
	产业旅游	马铃薯加工、沙产业、养殖业、药材种植等
	特色聚落	隆德红崖村老巷子传统民居、回族村居院落等
	抽象人文旅游资源	隆德传统民间社火、秦腔以及回族习俗等
	购物	书画、剪纸、砖雕等

资料来源：杨学燕、金海龙：《六盘山旅游扶贫开发实验区的开发对策探讨》，见《干旱区资源与环境》，2004 第 3 期，第 121—123 页。

肃、宁夏三省（区）首府连成的三角形中心地区。目前辖区内已有的中宝铁路、福银高速公路、六盘山机场等为宁夏六盘山区旅游提供了较为便利的交通条件。

3.客源条件

旅游产业是宁夏的支柱产业，近年来发展迅速。2013 年，来宁夏旅游的游客达 1534 万人次，实现旅游收入 127 亿元；接待境外游客 2.54 万人次，实现旅游外汇收入 1208.31 万美元；全区旅游收入占第三产业增加值的 11.61%。[4] 其中，宁夏六盘山区接待游客 219.8 万人次，实现旅游收入 8.9 亿元。2014 年，宁夏旅游业持续发展，共实现旅游总收入 142.69 亿元，同比增长 14.7%。[5] 随着国家丝绸之路经济带战略的进一步实施，宁夏六盘山区“丝路驿站”的旅游品牌会逐渐叫响全国。

4.政策环境

近年来，国家在政策层面上高度重视旅游产业的发展，先后出台了《中华人民共和国旅游法》《2011—2015 年全国红色旅游发展规划纲要》以及《国务院关于促进旅游业改革发展的若干意见》等一系列法律、政策文件。宁夏六盘山区地处国家连片特困地区，国家扶贫开发政策、国家旅游发展政策在六盘山扶贫旅游试验区内的有机结合，为宁夏六盘山区实施旅游扶贫战略，争取旅游项目立项和旅游基础设施投资，使旅游资源转换为经济发展动力，以旅游带动脱贫致富提供了政策支持。

三、对宁夏六盘山区实施旅游扶贫战略的初步构想与对策建议

宁夏六盘山区旅游资源富集，区位交通便利，旅游客源充足且外部国家政策优越，开展旅游扶贫战略大有可为。基于此，本文试对宁夏六盘山区实施旅游扶贫战略提出初步构想与对策建议。

（一）总体构想

旅游扶贫战略不同于一般意义上的旅游产业开发，而是一种致力于贫困人口发展的旅游开发，旅游开发只是一种手段，其最终目的是要使当地贫困居民得到脱贫致富的发展机会。因此，宁夏六盘山区旅游扶贫规划的制定应该在宁夏全区旅欧产业发展规划的框架下进行，充分利用当地的特色旅游资源，以提高宁夏六盘山区贫困人口的经济收入和对旅游市场的参与性为关键点，采取政府推动与主导，各类旅游企业、社会企业、各类非营利组织与社区群众共同参与的开发式旅游扶贫模式，尽快把当地文化旅游优势转化对当地群众“有发展的经济增长”。

（二）基本原则

宁夏六盘山区旅游扶贫战略实施过程中应着重把握以下原则：

（1）政府主导原则。促进贫困地区发展是政府的基本职责，旅游扶贫是一种基于当地旅游资源的开发式扶贫。因此，在发展初期当地政府要积极出台政策进行引导与扶持，对旅游进行培育。

（2）可持续发展原则。宁夏六盘山区是生态环境脆弱地区，同时也是宁夏“十二五”“十三五”生态移民的主要迁出区。因此，在实施旅游扶贫的过程中要坚持可持续发展，对生态移民迁出区进行积极的生态恢复与保护，防止旅游产业对当地生态环境的再次破坏。避免陷入“贫穷落后，资源得以保护；开发建设，资源遭到破坏”的怪圈。在不完全具备开发条件的地区和情况下，不要盲目开发，防止和减少对环境资源的人为破坏。

（3）贫困人口受益原则。旅游扶贫不等同于旅游开发，其关键在于通过经济欠发达地区或贫困地区的旅游产业开发，使得贫困人口参与其中并获得最大的发展，实现“有发展的经济增长”，避免经济社会发展的“内卷化”。

（4）综合扶贫原则。旅游扶贫不能孤立进行，在六盘山旅游扶贫实施过程中要对接宁夏全域旅游发展战略，需要注重系统性、整体性与协同性，努力实现旅游与文化体育的结合，旅游与环境保护的结合，旅游与科技发展的结合以及旅游与特色农业的结合。通过旅游，有效延伸当地的产业链条，提高旅游扶贫的整体效益。

（三）对策建议

1.科学规划，整合区域内旅游资源

据报道，吉林省在“十二五”期间，着重培育4条精品线路、建设10个重点旅游经济区。其中，2011年长白山旅游区实现旅游收入17.1亿元。而据不完全统计，宁夏各县（区）在建、拟建的文化旅游项目超过200个，其中投资超过1亿元的项目约有70个，超过5亿元的有25个，超过20亿元的有12个；其中，占地超过1万亩的项目有11个。[6] 这些文化旅游项目中，很多属于同质竞争项目。同质竞争、重复建设问题在宁夏六盘山区区域内同样存在，区域内旅游资源分别隶属于固原市、各县（区）、六盘山旅游扶贫试验区和六盘山林业局，存在多头管理、条块分割、协调困难等问题，在区域内文化旅游产业发展上难以形成合力。当前，宁夏应当借鉴吉林省旅游产业的发展策略，从自治区的宏观层面上，对宁夏六盘山区及全区的旅游资源、线路、建设项目等进行规划和整合，以形成发展的合力。

2.旅游扶贫战略中应坚持政府主导，贫困人口参与

宁夏六盘山区国家级的民族贫困地区。该地区贫困人口占比较高，贫

困人口由于文化程度、资金投入、专业技术以及参与能力的不足，参与当地旅游发展的深度与广度较低。旅游产业属于资源、资金密集型产业，这就要求六盘山区实施旅游扶贫战略的过程中必须坚持政府的主导地位，出台政策增强贫困人口在旅游产业发展中的参与能力与参与度。在经济发展层面上，构建地区旅游产业发展链条，加强跨区域旅游市场合作与旅游产品开发；在社会发展层面上，出台政策吸引贫困人口参与旅游业发展，提升贫困人口的参与水平与能力，防止“旅游飞地”的形成；在环境保护层面上，培育当地居民的环保意识，对旅游景区进行容量控制和文化多样性的保护。通过政府主导，多方参与，形成经济效益、社会效益与环境效益的协调发展。

3.构建多种旅游扶贫模式

宁夏六盘山区各县（区）自然环境、人文习俗差异较大，景区景点的开发层次和深度应该各有侧重，要因地制宜地构建多种开发模式，引导旅游开发。

（1）特色农业观光模式。宁夏六盘山区的各县（区）均为农业县（区），并且各县（区）都有自身的特色农业。在旅游扶贫战略的实施中，可以依托自身的优特农业发展可观赏可参与的观光农业，如彭阳可以通过小流域治理、杏子采摘以及旱作梯田风景作为生态观光旅游的切入点。

（2）特色文化旅游模式。重点开发以六盘山红军长征纪念馆为核心的红色旅游，整合并建设固原市所辖西吉县将台堡、单家集红军长征遗址，隆德县六盘山红军长征纪念亭、泾源县老龙潭革命烈士纪念亭以及红军长征沿途的红色旅游点，使区域内红色旅游成为完整的旅游线路。另一方面，突出当地的民俗文化特色，如隆德县及周边乡镇开展的年俗文化旅游。充分利用当地在春节期间开展的高台马社火、狮子、高跷、推推车、赶毛驴、花船、秧歌队、竹马，还有彩车、腰鼓队、喜人等30余种民间社火表演及比赛，吸引异地游客，体现年俗文化。

（3）景区帮扶模式。该模式是指在宁夏六盘山区经过多年发展，自身已具备一定实力的景区景点，在招工、培训以及旅游产品开发生产的过程中，吸收周边经济欠发达的村庄剩余劳动力参与，推动其脱贫致富的一种模式。

(4) 生态移民参与模式。宁夏六盘山区是“十二五”生态移民的主要迁出区与安置区，在县内移民的安置过程中，可以有针对性地将生态移民迁移到旅游资源比较丰富的地区，培训并安排县内移民从事旅游服务或相关旅游产品的开发生产，以达到旅游扶贫的目的。

参考文献：

[1]中国农村扶贫开发纲要：2011—2020年[EB/OL].http://www.gov.cn/jrzg/2011-12/01/content_2008462.htm.

[2] 宁夏代表团代表集体将目光锁定旅游扶贫.http://www.nx.xinhuanet.com/2015-03/09/c_1114574189.htm.

[3]陈通，孙东峰.实施PPT旅游扶贫战略的可行性研究[J].天津师范大学学报，2009(2)：65.

[4]杨柳.宁夏2013年旅游收入127亿同比增长23.24%.http://tour.jschina.com.cn/system/2014/01/26/020100130.shtml.

[5] 宁夏2014年实现旅游收入超140亿元.http://news.xinhuanet.com/travel/2015-01/28/c_127430823.htm.

[6]尤艳茹.做大做强宁夏文化旅游产业的思考[J].宁夏社会科学，2012(1)：131.

宁夏脱贫攻坚中防止返贫问题研究

狄国忠

近年来，宁夏回族自治区党委、政府带领全区干部群众，以打赢脱贫攻坚战为目标，举全区之力，攻坚克难，持之以恒抓精准扶贫和精准脱贫，推动全区脱贫攻坚迈上了新台阶，贫困群众收入增加、生产生活条件明显改善。截至2016年底，全区还有41.8万贫困人口尚未脱贫，剩下来的还未脱贫的贫困人口都是脱贫工作的“硬骨头”，因此，目前脱贫攻坚工作依然面临着十分艰巨的任务。同时，我们也清醒地认识到，既是已经脱贫的贫困人群，由于因病、因学、因残、因缺乏技术、因缺乏资金等原因返贫，因“数字脱贫”、脱贫中的形式主义导致返贫，以及因产业扶贫等质量问题返贫的可能性非常大。因此，贫困县（区）必须一手抓脱贫攻坚工作，一手抓巩固脱贫成果和防止返贫工作，确保2020年贫困县（区）摘帽、贫困人口彻底脱贫。

一、宁夏在脱贫攻坚中取得的成就

宁夏在精准扶贫、精准脱贫过程中，取得了巨大的成就。近年来，各级党委、政府以及各种力量帮扶的措施越来越精准，帮扶的举措越来越实，帮扶的效果越来越明显，贫困群众的收入稳定增长，生活水平明显提升，

作者简介　狄国忠，宁夏党校社会与文化教研部主任，教授。

贫困农村的面貌焕然一新。

经济实力大幅提升。宁夏贫困县（区）生产总值由2010年的188.2亿元增加到2015年的389.4亿元，年均增长15.65%；人均地区生产总值由2010年的7343元增加到2015年的15211元，年均增长15.68%，增幅高于全区平均水平5.5个百分点。

基础设施得到有效改善。精准扶贫和精准脱贫过程中，宁夏贫困县（区）城乡饮水安全等一批重大水利骨干工程，解决了10.34万户46.53万人的安全饮水问题，农村自来水普及率由47.4%提高到2015年的76%。中南部地区五年累计完成危房改造18.16万户，农村人均住房面积由8.2平方米增加到18.1平方米，贫困村村容村貌和群众生产生活条件得到了有效改善。

人民生活水平明显改善。宁夏贫困县（区）农民人均可支配收入由2011年4193元增长到2016年的7505元，增幅达到79%，年均递增12.3%，增幅高于全区1.7个百分点。人均消费水平有了较大提高，农村居民家庭用于食品支出的比重在不断下降，人民整体生活水平得以明显改善。

脱贫攻坚工程精准发力。坚持“基础设施到村”，以整村推进为平台，对贫困村水、电、路、住房、基本农田、生态环境、信息服务等设施进行全面改造，使其生产生活条件和村容村貌得到了明显改善，完成了300个重点贫困村的脱贫销号。坚持“产业扶贫到户”。组织实施养殖业和特色种植业扶贫到户计划，近五年来年均完成10万贫困人口脱贫致富的目标。坚持“转移培训到人”。通过实施“雨露计划”、职业教育和适用技术培训，促进贫困群众就业创业，全面提升了贫困群众的自我发展能力。

脱贫攻坚“品牌”效应逐步凸显。近年来，宁夏逐步形成了“易地搬迁，闽宁协作，整村推进，少生快富，雨露计划，金融扶贫”等六大品牌。建立了专项扶贫、行业扶贫、社会帮扶、信贷扶贫和群众自筹“五位一体”的资金整合机制，使贫困村面貌和贫困群众生产生活条件得到了极大改善；“雨露计划”在全国率先实现了省域范围内建档立卡贫困户子女接受职业教育扶贫助学全覆盖，宁夏燕宝慈善基金会资助建档立卡贫困户子女在区内就读高职全覆盖；以扶贫“小额信贷，互助资金”为主体的金融扶贫融资渠道进一步拓宽，形成了以“借、贷、贴、增、提、保”为一体的金融模式。

二、宁夏脱贫攻坚过程中存在的返贫问题及原因分析

（一）宁夏脱贫攻坚中易导致返贫的问题

贫困地区特色产业优势发挥不够、特色产业培育不足、产业发展规模化程度低。一是一些有条件的贫困地区，存在着电商、光伏、旅游等新型商业和产业发展不足等问题。二是由于贫困群众收入来源单一，贫困农村整体经济条件差，发展家庭种养业生产经营难度较大。三是由于贫困农村生产条件差，入驻企业少，致使产业发展缓慢，缺乏特色产业的支撑，带动移民增收能力弱。

扶贫资金的投入、整合与精准发放机制不够完善。一是由于贫困农村基础设施建设量大，产业发展规模化程度低，做好这些工作需要大量资金投入，目前的资金投入总量明显不足。二是深度贫困农村仍然存在着金融扶贫难度大的问题，一方面，信贷规模小、周期短，另一方面，信贷门槛高。

贫困群众内生动力不足。一是一些干部的思路仍停留在送钱送物上，不注重提高贫困群众的自我发展能力。二是一些贫困群众存在着惯性思维，仍然存在着把扶贫看作是救济的惯性思维和传统观念。三是少数贫困户认为贫穷有理，有严重的“等、靠、要”思想，导致部分贫困群众发展的内生动力不足。

贫困群众接受教育培训不够系统。一是有些地方培训内容、方式单一，培训效果不尽人意，建档立卡户劳动力人口中有技能证书的人所占比例较小。二是大多数贫困群众接受新知识、新技术慢，生产方式落后，缺乏专业技术，就业能力差，外出务工选择性小，自主创业能力不足。三是培训教育针对性不强，劳动力技能培训层次低，不能完全适应市场需要，也不能适应贫困群众多样性需要。

贫困农村基础设施建设相对滞后。近年来，宁夏部分农村（整村推进村）的基础设施明显改善，但相当多的贫困村基础设施仍然落后，比如，贫困农村的房屋、道路、水、电以及环境整治等方面都不同程度地存在诸多问题。

（二）宁夏脱贫人群返贫的直接原因分析

因病返贫。据调查，全区脱贫人群中因病返贫的占返贫总人数49.5%。主要是由于基本医疗保障水平比较低，医疗保障的报销门槛偏高。同时，县外县内医疗费用报销比例差距大，外出就医负担重也是造成因病返贫重要原因。

因缺资金返贫。据调查，全区脱贫人群中因缺资金返贫的占返贫总人数的19%。主要是银行对贫困户评级授信低、有旧贷、征信“黑名单”、年龄偏大、残疾等原因不予贷款或贷款额度小，造成发展产业资金不足返贫。同时，金融服务网点少，造成不能按时贷到款而错过了生产季节，影响了农户正常生产经营收入而返贫。

因缺技术返贫。据调查，全区脱贫人群中因缺技术返贫的占返贫总人数的14%。主要是劳动力文化素质低，外出务工没有一技之长，加之经济下行压力加大，这部分人很难找到就业门路，务工收入减少而导致返贫。

因学返贫。据调查，全区脱贫人群中因学返贫的占返贫总人数5%。主要是贫困家庭子女在接受高等教育阶段，较高的学杂费、生活费等支出增加导致贫困。

因残返贫。据调查，全区脱贫人群中因残返贫的占返贫总人数3.6%。绝大部分是在工作劳作过程或交通事故原因造成肢体终身残疾。这些残疾人往往因全部或部分丧失劳动能力、没有一技之长，失去经济来源造成返贫。

因灾返贫。据调查，全区脱贫人群中因灾返贫的占返贫总人数3%。主要是有的脱贫户遇到天灾人祸，如种植业因冰雹减产减收，养殖业遭遇疫病，或因家庭成员突然死亡或其他自然灾害等，造成家庭收入减少而返贫。

三、解决返贫问题、预防返贫的对策

在脱贫攻坚过程中，如何预防和有效解决贫困群众的返贫问题，是打赢脱贫攻坚战的重要组成部分。要从理念和实践上清醒认识和把握贫困群众的问题，在脱贫攻坚过程中就减少遗留问题，扎实做好精准扶贫和脱贫工作，真扶贫，扶真贫，提高扶贫和脱贫质量。

（一）宁夏预防和解决返贫问题的基本思路

坚持“两线作战”。防止返贫和继续攻坚同样重要，必须一手抓脱贫攻坚，一手抓巩固脱贫成果。要把两者放在同等重要的位置，同步谋划、同步安排、同步推进、同步考核。

夯实脱贫基础。精准脱贫的前提是做好基础工作。要把夯实基础摆在第一位，加强建档立卡工作力度，做到帮扶对象识别精准、系统录入精准、动态管理精准。帮扶措施、帮扶过程要记录在案，形成贫困户脱贫档案，并层层签字确认，作为脱贫依据。

主攻薄弱环节。要结合贫困县（区）实际真正落实好教育扶贫、医疗扶贫、电商扶贫、就业扶贫等政策，确保见到实效。要全力抓好贫困村基层组织建设、扶贫产业发展、基础设施建设和基本公共服务，切实改善贫困村和贫困人口生活条件和发展基础。

推进重点工作。坚定不移地推进产业扶贫、易地搬迁、危房改造、兜底保障、金融扶贫、劳务协作脱贫等重点工作，确保各项工作出实招、下实功、出实效、见成果。

解决突出问题。通过严格考核验收、加强督查巡查、开展第三方评估等方式，着力解决急躁冒进、形式主义、内生动力不足、资金项目监管不严、工作推进不平衡等突出问题，确保扶贫工作“经得起看，经得起问，经得起算、经得起查”，最终经得起历史和人民的检验。

加大返贫预防。坚持定向跟踪、帮扶不断、政策不变，依托扶贫开发信息系统，实现返贫信息自动预警；坚持自治区、市定期“回头看”、县乡定期入户回访，通过农户申请并依规认定、村级先行建立纸质档案、分级落实相应扶贫措施、年终集中录入扶贫开发信息系统的方式，第一时间发现返贫隐患；强化返贫对象认定，通过“现场核查，群众评议，乡镇审核，县级认定”，将已确认返贫的贫困户及时纳入扶贫对象，继续落实到户帮扶措施。

（二）宁夏预防和解决返贫问题的对策

大力实施产业脱贫。一是要注重政府引导，尊重农民意愿，着力培育发展以肉牛养殖、草畜产业、枸杞等特色种植为主的特色产业。二是要注重发挥龙头企业和专业合作社对贫困户的带动作用，大力开展招商引资，促进龙头企业和贫困户结成利益共同体。三是要积极把光伏扶贫等开展起来。四是转变一家一户的传统种养殖方式，通过土地流转、托管，土地入股等方式开展规模化、集约化经营，提高抗市场风险能力和竞争力。

持续推进金融扶贫。一是加强金融政策与财政政策协调配合，有效整合各类财政资金，撬动放大信贷资金。二是围绕财税金融结合、金融扶贫信息共享、信用体系建设、金融产品创新、易地扶贫搬迁、产业发展和创业就业等方面，扎实推进示范区建设。三是全面提升和推广金融扶贫“盐池经验”，增强持续发展动力。四是继续深化“扶贫保”工作，实现家庭成员意外伤害保险和大病补充医疗保险全覆盖，着力加大优势特色产业保险推进力度。

切实抓好技能培训。一是采取“企业订单、培训机构列单、培训对象选单、政府买单”的新方式，重点支持建档立卡贫困人口、“十二五”生态移民、易地搬迁移民等接受精准脱贫能力培训、农村实用技术培训和职业教育。二是着力实施劳动力技能提升工程。采取“阶梯晋级式”培训，形成从初级工到中级工、中级工到高级工、高级工到技师和高级技师的成长通道。

加大教育资助力度。一是对因学返贫未继续就学的贫困生免费接受教育。二是对考入大学的帮助其申请国家各类助学金及助学贷款。三是鼓励普惠性幼儿园发展，普及高中阶段教育，建立健全普通高中经费保障机制。

加大实施健康扶贫力度。一是做好大病预防。广泛宣传推广居民健康素养基本知识，引导重点人群改变不良生活习惯。同时，加大贫困地区传染病、地方病、慢性病防控力度。二是实施分类救治。根据不同病种病因，采取一次性治愈、维持治疗、康复治疗等办法分类施策。三是提高建档立卡贫困人口住院费用报销比例。提高对建档立卡贫困户提高县外住院费用报销比例。四是建立紧密的医保、保险机制。五是实施大病救助。要调查研究农村贫困人口中患病的家庭数、患病人数和病种，并采取相应的解决办法。

拓展“扶贫保”保障范围。一是加大“扶贫保”的覆盖范围，实现建档立卡贫困人口意外伤害保险全覆盖。二是通过开发各类农业险、成本损失险等新的扶贫保险产品，降低贫困户抵御市场、自然灾害等因素造成的生产经营风险。

实施“阳光助残小康计划”。一是将符合条件的残疾人医疗康复项目按规定纳入基本医疗保险支付范围，提高农村贫困残疾人医疗保障水平。二是对有劳动能力的残疾人鼓励发展生产，加大产业扶持力度并给予贴息贷款支持。

将返贫人口及时纳入建档立卡范围。根据返贫人口实际情况，及时将其纳入建档立卡的贫困人口之中，进行因户因人施策再扶持，并确保这些返贫人口帮扶政策不变、帮扶队伍不撤、帮扶力度不减。

扩大资产收益范围。创新财政涉农扶贫资金使用方式，扩大资产收益范围，紧盯残疾人、孤寡老人、长期患病等丧失劳动能力、无力脱贫的贫困人口，通过“资产（资源）变股权、资金变股金、农民变股东、收益加分红”的资产收益扶贫方式，让这部分贫困人口获得更多资产性收益。

进一步加强贫困农村基础设施建设。一是整合或合并、重新规划贫困乡村。二是在规划新村建设中保护原有村落（具有一定历史文化意义），并进行一定的设计改造，发展文化旅游业。三是继续调动行业扶贫和社会扶贫力量，进一步加大项目整合和资金捆绑力度，按照规划和方案向整村推进重点贫困村安排倾斜，因地制宜，集中力量实施整村推进扶贫工程，集中力量加强贫困村的村组道路、安全饮水、人居环境等基础设施建设。

宁夏精准扶贫存在的难点问题及对策建议

——以海原县为例

农工党宁夏区委会

2017年，农工党宁夏区委会承担自治区党委《我区精准扶贫存在的难点问题及对策建议》调研课题。在海原县党委、政府及各部门的大力协助下，8月，区委会领导班子成员带领4个调研组赴海原县8个乡镇对建档立卡贫困人口进行整群抽样调查、入户访谈、座谈交流，旨在对全区精准扶贫中存在的难点问题进行综合分析研究，为精准扶贫政策落实提出对策建议。

一、海原县基本情况

海原县总人口47万人，其中农村人口占78%，是全区脱贫攻坚的主阵地。2016年海原县农村居民人均可支配收入6884元，比上年增长10%，比全区农村居民年人均9852元低30个百分点。目前还有建档立卡贫困户17263户、64414人，占全区贫困人口总数的16.8%，贫困发生率为16.6%。比全国贫困发生率5.7%高11个百分点。海原县精准扶贫脱贫面临严峻挑战。

此次调研对甘城、七营、西安、树台、史店、贾塘、红羊、关庄8个乡镇56个村的建档立卡贫困户、村干部进行调研，采取召开座谈会、整群抽样，发出问卷140份，回收有效问卷131份。

执笔人 杨丽琼，农工党宁夏区委会秘书长。

二、海原县精准扶贫存在的主要问题

（一）贫困对象精准识别难，贫困户的贫困程度难以鉴定

在依据家庭人均收入确定贫困的条件下，由于缺乏刚性标准，农民收入渠道多杂少且难以核算，要把贫困家庭贫困程度进行排列、比较确定精准贫困户是一件困难的事情（见表1）。

表1 精准识别存在的问题

	是(%)	否(%)
1.存在人均纯收入难以精准测算	48.1	51.9
2.存在实际中测算收入的成本过高	26.7	73.3
3.存在残疾、疾病、丧偶等标准不好评估	46.2	53.8
4.存在扶贫资金均分或轮流进行扶贫	16.0	84.0
5.已脱贫的村还有贫困户没有纳入建档立卡贫困户	27.5	72.5
6.能否准确确定贫困家庭的致贫原因	54.7	45.3

（二）产业扶贫推进难

区县两级虽然制订产业扶贫规划，通过产业发展带动建档立卡贫困户脱贫，现实中困难重重。资金存在多头投入，缺乏科学安排，资金短缺和闲置矛盾并存，帮扶资源得不到有效整合；龙头企业少、引进难、带动能力弱，没有建立明确的双方利益联结机制；宁夏农村合作社的发展缓慢，数量少、规模小、质量低、农民参与度不高，整体社会经济效益较低。截止到2016年底，全区在工商注册的各类专业合作社共计15591家，农民113170户，有85%的贫困户没有参加合作社，同比全国农民专业合作社数量有193.3万家，入社农户超过1亿户相差甚远（见表2）。

表2 精准帮扶存在的问题

	是(%)	否(%)
1.对贫困户是否落实了“一户一策”	72.6	27.4
2.是否未落实不同贫困户不同需求的情况	30.5	69.5
3.存在工作人员组织财力、人力、物力落实“一户一策”难的现象	34.4	65.6
4.存在扶贫资金监管不到位	9.9	90.1
5.存在扶贫资金在操作中入户难	32.1	67.9
6.存在扶贫资金挪用现象	9.2	90.8
7.存在扶贫资金短缺和扶贫资金闲置矛盾并存现象	31.3	68.7

（三）就业扶贫难以满足需求

宁夏贫困家庭劳动力就业形势十分严峻。截至 2017 年 7 月底，全区本地户籍农村贫困劳动力总数为 14.77 万人，已就业仅为 2.9 万人；多数进城务工的农民只有小学或初中文化，农村转移就业劳动力中 53%没有受过专业技能培训，具有初级技能证书的不及 30%，制约着农村劳动力转移就业（见表 3）；劳务输出组织化程度低，亲友介绍或自发转移是劳动力转移的主要方式；劳务输出缺乏规范化的信息平台、就业指导和跟踪服务，农村劳动力缺乏获取就业信息的渠道，外出务工存在盲目性和随意性；现行就业扶持政策以城镇户籍人口为主，导致农村贫困劳动力很难享受到岗位补贴和社保补贴等政策；财政已拨付到县（市）的就业专项资金明显不足，难以满足实际需要。

表 3　海原县转移就业劳动力培训情况

	是(%)	否(%)
1.是否受过专业技能培训	47.0	53.0
2.是否具有初级技能证书	24.5	75.5

（四）农民因病致贫返贫面临严峻挑战

基层医疗卫生服务能力低下，医生流失严重，设备闲置，基本药品目录不全，百姓信任度不高，农民大病小病还是往大医院跑，因病致贫面临严峻挑战。调查结果显示，农民在县医院就诊比例为 62.4%，在乡镇卫生院 33.2%，离国家分级诊疗制度要求 2017 年县医院就诊率需达到 90%、乡镇 65%的目标相差甚远，分级诊疗制度落实难。山区还有一些大的行政村

表 4　重点疾病前十位病种报告病例地区分布

县(区)	脑血管病	类风湿性关节炎	关节病	慢性阻塞性肺气肿	糖尿病	重性精神病	心肌病	肝炎	风湿性心脏病	老年性白内障	小计
西吉县	302	327	235	207	64	86	38	37	62	45	1403
海原县	485	166	141	114	172	86	48	113	43	29	1397
盐池县	240	115	265	87	79	52	71	27	26	21	983
隆德县	281	83	78	30	41	31	40	3	16	7	610
原州区	262	72	75	47	58	20	21	11	23	17	606
彭阳县	110	65	25	45	60	56	21	7	10	6	405

续表

县(区)	脑血管病	类风湿性关节炎	关节病	慢性阻塞性肺气肿	糖尿病	重性精神病	心肌病	肝炎	风湿性心脏病	老年性白内障	小计
泾源县	53	29	26	34	13	21	5	6	8	10	205
红寺堡区	38	25	33	15	33	4	10	21	4	15	198
同心县	19	17	4	10	59	16	5	50	4	8	192
青铜峡市	10	6	7	2	33	1	5	9	2	2	77
平罗县	12	11	23	4	8	0	9	4	0	1	72
中宁县	0	61	0	2	3	0	0	4	1	1	72
沙坡头区	13	2	4	3	22	2	2	4	2	11	65
利通区	1	12	1	1	1	2	1	3	1	1	24
灵武市	3	2	3	3	0	0	0	0	10	0	21
兴庆区	4	1	2	0	0	0	1	0	0	0	8
金凤区	2	0	0	1	1	0	0	2	0	1	7
西夏区	2	0	0	2	0	0	0	0	0	0	4
永宁县	1	1	0	0	0	2	0	0	0	0	4
农垦集团	1	0	0	0	0	0	0	0	0	0	1
合计	1839	995	922	607	647	379	277	301	212	175	6354

缺少村医，农民看病难。例如海原县还有 73 个 3000 人以上的行政村，每村 1 个村级卫生室，服务人口多，村医只“卖药”，不看病亟待解决。西海固山区农民健康防病意识低下，农民患有高血压病 2/3 没有规范治疗,农民慢性病发病率明显高于川区居民。

（五）基层党建及驻村帮扶有待加强

一是基层党建工作有待加强。一些重点贫困村、矛盾复杂村、经济基础薄弱村的班子软弱涣散、支部活动不正常，抓脱贫攻坚力不从心。二是驻村工作队和第一书记多数没有农村工作经验或涉农方面专业技术特长，多是“走读式”“挂名式”帮扶，有的驻村干部存在“只转转，不用心”“只谈谈，不落实”的问题，走形式的多，解决问题的少，问卷调查，对驻村工作的整体平均满意度仅为 55.5%（见表 5）。

表5 精准管理存在的问题

	是或满意(%)	否或不满意(%)
1.对扶贫户是否实施了动态管理	85.5	14.5
2.是否能落实结对帮扶责任	89.3	10.7
3.是否有帮扶单位、帮扶规划、帮扶责 任人	93.1	6.9
4.对驻村工作队第一书记的整体评价	55.5	44.5
5.对村委会帮扶工作的整体评价	67.0	33.0

三、对海原县精准扶贫工作的建议

（一）完善精准识别工作机制

一是完善扶贫对象识别制度，建立多维、多元的贫困识别标准。国家以单一收入标准、纵向识别、扶贫指标分配的识别方式往往会导致划定的扶贫对象实际收入可能会超过贫困线，部分实际收入低于贫困线的村民则被排除在外。扶贫对象识别标准应从单一的收入标准转向收入、消费、健康、教育、资产等多维标准。二是适当扩大建档立卡贫困人口的规模。在国家目前以收入指标来计算贫困人口的情况下，扶贫工作亟待厘清并解决脱贫人口的及时退出与返贫再生之间的矛盾下，精准扶贫要覆盖更多的贫困线以下的贫困户，应适当扩大建档立卡的规模，增加相应扶贫资金。三是完善镇（乡）村队三级联动的识别组织体系，力求过程精准。强化责任落实，镇（乡）、村、队三级识别人员层层签订《精准扶贫对象调查摸底工作责任状》，通过公示、签字方式明确各级识别主体责任。开展责任倒查，按照“谁认定，谁签字，谁负责”的责任倒查机制，追责相关责任人。四是支持农民全程参与贫困识别，力求公开公正。完善贫困人口识别标准、过程、结果的全程公示制度，畅通举报渠道，确保当地农民知情权、参与权、监督权。五是对贫困人口跟踪监测，重视脱贫与返贫同时存在的现象，及时将返贫人口重新纳入帮扶体系。

（二）产业扶贫需提速增效

一是制定区县两级产业扶贫规划实施方案。确保规划能够指导帮助建档立卡贫困户脱贫。县级规划要精准到村到户到人，明确项目建设地点、带动主体、带动脱贫数量，实现有劳动能力贫困人口全覆盖，实现帮扶资源有效整合。农业部门会同有关部门对县级产业扶贫规划定期进行评估检查。二是对贫困人口实行资产收益扶持制度。该项制度是我国“十三五”规划中由中央层面首次提出的扶贫制度创新。通过农民合作社整合国家扶贫资源和贫困农户现有资产，采取“资源变股权，资金变股权，农民变股民”资产收益模式，通过折股量化、按股分红，激活土地资源，用活项目资金，调动农户的生产积极性，增加贫困户经济收入，建立合作社与贫困农户之间的利益联结机制。三是深化村企结对推进产业扶贫。精准谋划村企结对帮扶的工作任务、方法和途径，提升帮扶的精准度。找准帮扶项目，通过合作建设产业项目，让村企都有利可图，实现合作共赢。政府要在项目审批、用地安排、财政扶持、税费减免给予扶持，建立健全产业发展链条，切实增加贫困村集体经济收入，贫困群众能在产业链上实现脱贫致富。

（三）就业扶贫亟待政策支持

一是人社厅、财政厅、扶贫办尽快联合出台《关于大力开展宁夏就业扶贫的实施意见》，旨在更好地发挥全区就业政策、资金、项目在精准扶贫、精准脱贫中的重要作用，实现贫困地区有劳动力的贫困家庭至少一人就业的目标。二是对吸纳贫困劳动力的企业，政府给予税收优惠、社保补贴等优惠政策，在稳岗补贴政策的基础上，出台鼓励企业开发新就业岗位的政策。三是加强就业专项资金的转移支付。针对贫困地区劳动者技能低、培训资金需求量大、财政困难等实际情况，各级财政在分配就业专项资金时，应向扶贫任务较重、贫困劳动力数量多的地区重点倾斜。四是有序开展劳务输出。建立和完善输出地输入地劳对接机制，输出地充分发挥基层平台作用，因人因需提供就业服务，满足进城务工人员求职和企业招聘用人需要，并对跨省务工的贫困劳动力给予交通补贴。

（四）加强慢性病防治，阻断因病返贫

一是根据国家每千人配备不少于 1 名村医标准的规定，尽快为海原县 73 个 3000 口人以上的行政村再配套 1 个标准化卫生室，增加村医及相应生活补助，解决农民看病难题。二是用好的制度把全科医生留在基层，设立全科医生年度岗位津贴制度，依据签约居民数量、接诊量、服务质量、群众满意度等硬性指标，对完成全年各项工作任务的全科医生发放岗位津贴；大医院的优质资源下沉到乡镇，落实专家到乡镇卫生院坐诊，让农民不出乡镇就有专家看病；放开乡镇卫生院国家基本药品使用范围，把慢性病患者留在基层治疗。三是在贫困县实施高血压、糖尿病综合防治行动计划，为贫困村高血压和糖尿病患者开展“筛查、体检、巡诊、健教、治疗”防治措施，提升基层高血压和糖尿病综合防治水平，降低慢性病发病率、致残率。

（五）以党建引领精准扶贫

一是选好配强村级领导班子。对一些软弱涣散、支部活动不正常的重点贫困村、矛盾复杂村、经济基础薄弱村，对不胜任脱贫攻坚任务的班子干部进行大胆调整。把致富能手、返乡创业人员、农民合作社负责人、专业大户等择优选拔村党组织书记，增强村级领导班子的发展能力。确保贫困村有能人管事、有地方议事、有资金办事、有能力做事，无集体经济收入的村“清零”，真正把基层党组织建设成为带动群众脱贫致富的坚强战斗堡垒。二是选派优秀机关干部到贫困村任“第一书记”。借鉴中组部对安徽省驻村工作的做法予以高度肯定的安徽经验。副县级以上党员干部任队长，鼓励懂经营、有农村工作经验或涉农方面专业技术特长，不论年龄、身体状况好、积极性高党员干部，专家学者报名参加到村帮扶。选优配强“第一书记”，引导群众因地制宜调整产业结构，发展村级集体经济，让农民腰包“鼓”起来。

专题篇

ZHUANTIPIAN

以实施创新驱动战略为动力 加快宁夏科研经费管理改革

宁夏社会科学院课题组

创新是引领发展的第一动力，是建设现代化经济体系的战略支撑。党的十九大提出“加快建设创新型国家”，“深化科技体制改革，建立以企业为主体、市场为导向、产学研深度融合的技术创新体系”，进一步明确了我国大力实施创新驱动发展战略的发展方向，而科学合理地使用和管理科研经费对加快建设创新型国家具有重大的基础保障意义。

党的十八大以来，宁夏回族自治区党委、政府认真贯彻实施创新驱动发展战略，千方百计增加科研经费投入，不断完善科研经费使用和管理制度，先后出台了《自治区党委、人民政府关于深入实施创新驱动发展战略加快推进科技创新的若干意见》(宁党发〔2016〕47 号) 和《自治区党委、人民政府关于推进创新驱动发展战略的实施意见》(宁党发〔2017〕26 号)，积极推进科技创新和科研经费管理改革工作。但如何科学高效地使用和管理科研经费，不断激发科研人员创新的积极性和能动性，充分发挥科研经费对科技创新的保障和促进作用，目前仍存在一些问题，需要进一步加强探索和解决。

作者简介 课题组组长：刘天明，宁夏社会科学院副院长，研究员。课题组成员：张耀武，宁夏社会科学院研究员；李学忠，宁夏社会科学院办公室主任；姚国芳，宁夏社会科学院后勤服务中心主任；张宏彩，宁夏社会科学院社会学法学研究所实习研究员；张国君，宁夏社会科学院科研处实习研究员。

一、宁夏科研经费管理改革及存在问题

（一）宁夏科研经费管理改革现状

1. 明确提出建立科研信息化管理和内控制度

积极贯彻落实中央关于科研经费管理改革的意见，自治区党委、政府制定和印发《自治区人民政府印发关于深化自治区财政科技计划（专项、基金等）管理改革方案的通知》（宁政发〔2016〕15号），明确提出建立宁夏科技管理信息系统和宁夏科技报告系统的科研信息公开和痕迹管理举措，并明确《改革方案》推进时间表，要求在2018年完成制订或修订科技计划（专项、基金等）和资金管理制度，建立健全科研承担单位的内控制度，对自治区相关管理部门、高校及科研院所科研项目制度建设提出了明确要求。

2. 修定科研经费管理制度，加强科研经费监管

根据《国务院关于改进加强中央财政科研项目和资金管理的若干意见》（国发〔2014〕11号）等文件要求，自治区制定出台《宁夏回族自治区财政科研项目和资金管理办法》（宁政办发〔2015〕8号），从经费预算、项目管理流程、经费拨付、科研项目绩效评价等方面做出规范性和指导性监管规定，为自治区各科研单位提供制度建设平台和科研经费管理改革目标指引。另外《关于调整宁夏回族自治区科技项目经费管理办法若干规定的通知》（宁财（教）发〔2014〕377号）文件对课题经费开支范围、预算和课题评估评审，以及课题经费资金结存结余管理予以详细的规范规定，进一步强化了科研经费监管举措。

（二）宁夏科研经费管理改革中存在的问题

1. 政策落实不到位，激励作用发挥不充分

中共中央和国务院出台的关于科研项目资金管理的相关文件明确提出项目主管单位、科研院所和高校要制定出台操作性强的实施细则和相关管理办法，提高绩效比例，建立政府购买服务机制等一系列激励创新政策的要求，宁夏在贯彻落实过程中，出台一系列科研经费管理办法和规范性文件，对激发科研人员的创新创造活力，促进全区科技事业的发展发挥了重要作用；但从制度层面看，仍处于探索阶段，相关制度建设还不够完善、

科研经费使用管理效率不高、放管服不到位等问题依然存在，科研经费管理规定“过细过死”“重物轻人”“重过程轻结果”等问题仍比较突出。

（1）科研经费管理改革创新不够。中央已出台了一系列关于加强科研经费管理改革的政策举措，但从宁夏科研经费管理部门和各科研院所已出台的地方性科研经费管理改革政策来看，仍存在对中央关于科研经费管理改革政策精神把握不准确、解读不透彻、贯彻落实不到位、创新政策措施不具体、科研经费使用特点体现不充分等问题，影响科研经费的使用效率和科研人员的创新积极性。

（2）科研经费管理约束措施多。宁夏出台的科研经费管理改革措施大多与行政经费管理措施相同，未能体现科研工作经费支出的特点，影响到科研经费的使用不能满足科研工作的实际需求，使得科研人员认为科研经费使用和管理的制度中约束措施多，绩效激励政策少，制约了科研经费的合理使用，极大地影响了科研项目承担单位和科研人员开展科技创新的积极性。

（3）政策激励作用发挥不充分。目前，宁夏尚未建立“与岗位职责、工作业绩、实际贡献紧密结合的分配激励机制”，现有的科研经费管理制度和政策中，对绩效支出安排与科研人员实际贡献结合不紧密，特别是对绩效支出安排规定不明确，各级纵向科研课题和横向委托科研课题经费支出管理“一刀切”现象严重；横向课题中项目研发团队成员因受科研经费劳务费支出比例限制，不能按合同约定获得相应的研发劳务报酬，制约了科研经费激励作用的发挥，影响科研人员科技创新的动力和活力。

（4）科研单位管理机制不健全。由于自治区科研经费管理改革制度尚不完善，各科研院所和高校在科研经费管理工作中尚未建立完善的科研助理、信息公开、法人责任制、内部控制机制等制度，科研经费管理方式方法滞后，影响科研管理工作效率，制约科研创新发展。

（5）哲学社会科学研究经费管理制度建设滞后。目前，自治区关于自然科学领域科研经费管理的制度和政策比较完善，先后出台了《宁夏回族自治区财政科研项目和资金管理办法》《关于调整宁夏回族自治区科技项目经费管理办法若干规定的通知》（宁财（教）发〔2014〕377号）等制度。

但哲学社会科学经费管理制度建设滞后，目前主要按依照中央哲学社会科学经费管理改革文件和2006年制定出台的《宁夏回族自治区哲学社会科学规划项目管理办法》以及参照自治区财政厅关于自然科学科研经费管理办法进行规范和管理。由于自然科学研究项目与哲学社会科学研究项目经费支出内容千差万别，导致全区哲学社会科学项目经费管理存在诸多障碍，严重挫伤了哲学社会科学科研人员的创新积极性。

2. 制度规范不全面，操作性差

目前，由于区内各高校和科研院所针对科研经费的预算编制、审核、使用、结余经费管理、间接费用统筹使用的制度不健全、不规范，在科研经费使用管理运作中仍存在执行难、操作不规范等问题。

（1）制度规定不明确，可操作性差。相关科研经费管理制度对绩效支出、劳务费分配比例及科研奖励激励等内容规定比较笼统，缺乏具体规定和相关配套细则，可操作性不强，导致各科研单位在制度执行中出现不同的偏差，管理难、报销难的问题比较突出。

（2）科研经费预算不规范，可执行度差。各科研院所财务部门在各类科研项目执行过程参照中央或其他省（市）科研项目经费使用预算简表编制科研经费预算，由于预算科目设置不合理、报销规定限制较多，加之项目主管单位、项目承担单位、科研人员对经费预算编制不重视，导致科研课题经费预算编制不合理、不规范，在实际使用中挤占、挪用、无法支付等现象频发，加大了科研人员使用科研经费的风险和报销支付的工作量，极大地挫伤了科研人员科技创新的积极性和能动性。

（3）制度规定不尽合理，能报的花不掉、花掉的不能报现象比较普遍。目前，全区事业单位公车改革尚未进行，但相关财务管理制度规定市内交通费、电话费不能报销，支付调查问卷误工费无支付规定，科研单位又不能为诸如此类的开支开绿灯，造成正常支出无法报销，正如有些基层科研人员说的："花掉的报不了，能报的花不掉"，"干的活越多，自己搭进去的越多"，挫伤了一线科研人员的工作积极性，制约了科研工作的开展。

3. 监督机制不健全，部门管理联动性差

（1）科研单位内控制度和机制不健全。目前，自治区各科研项目承担单位在内部的自查自纠、责任倒查等内部监督问题上，缺乏完善的内控制度和监督机制，经费支出报销把控不严，容易出现经费支付不符合相关规定的问题，导致不同管理部门稽查时出现不同的问题，只能被动地应对处理，严重影响到科研经费的有效使用。

(2) 科研经费管理部门和监督部门缺乏联动性。由于自治区科研经费管理部门和纪检监察、审计、巡视等监督部门分属不同的系统，各部门往往按照各部门的职责独立运行，相互之间缺乏联动机制，对科研经费的管理使用也有不同的要求，因而在管理审查的过程中往往出现看法不一致、措施有差异的现象，导致科研经费的管理使用与监察审计的规范性、统一性较差。

二、宁夏科研经费改革的思路和原则

（一）要认真领会和把握中央的改革精神

党的十九大再次强调实施创新驱动发展战略，建设创新性国家，把科技创新摆在国家发展全局的核心位置，新经济、新常态需要我们审时度势，加强科技体制改革，而科研项目资金管理改革是推动科技体制的切入点和突破口，直接关乎我国科技事业发展的全局。为此，宁夏实施创新驱动战略，要深入贯彻落实国务院 2014 年 3 月发布的《国务院关于改进加强中央财政科研项目和资金管理的若干意见》(国发〔2014〕11 号）提出的“加快建立适应科技创新规律，统筹协调职责清晰、科学规范、公开透明、监管有力的科研项目和资金管理机制”科研项目和资金管理改革的总体目标和“财政资金使用效益明显提升，科研人员的积极性和创造性充分发挥，科技对经济社会发展的支撑引领作用不断增强，为实施创新驱动发展战略提供有力保障”的总体部署，依据 2016 年 3 月中共中央办公厅、国务院办公厅发布《关于进一步完善中央财政科研项目资金管理等政策的若干意见》提出的“进一步推进简政放权、放管结合、优化服务、改革和创新科研经费使用和管理方式”的改革要求和 2017 年 3 月财政部等四部委发布《关于进一步做好中央财政科研项目资金管理等政策贯彻落实工作的通知》提出的“加快制度建设，完善内控机制，规范工作流程，创新服务方式”具体工作安排，从宁夏科技发展的实际需要出发，认真领会和把握中央关于科研经费管理改革的精神实质和本质要求，研究制定全区统一的科研经费管理改革的实施方案，指导各科研部门制定科研经费管理使用的实施意见和内控制度。

（二）要从实际出发，找准改革的方向和突破口

宁夏作为西部内陆地区的小省区，经济总量小，科研基础薄弱，高端科研人才匮乏，科研经费投入严重不足，科研成果转化率低。要改变这种落后现状，必须加大高端人才的引进和科研经费的投入，在科研经费管理方面进行具有突破性的改革，要学习和借鉴山东、上海、浙江改革的经验，选准科研经费管理改革的突破口和路径，制定出符合宁夏科研工作实际需要的科研经费管理改革的“新版本”。

（三）要以激发创新活力，调动科研人员积极性为根本目的

人是生产力的第一要素，人的创造力能否得到发挥或能得到多大程度的发挥，关键在于能否调动人的生产积极性，由此可见，调动人的创新积极性、创造性对于实施科技创新至关重要。中央关于科研经费管理改革的精神重点强调的是要以“激发创新活力，调动科研人员积极性和创造性为出发点和落脚点”，因此必须从激发科研人员的创新积极性、增加科研精品项目、提高科研成果质量、多出成果、快出成果、鼓励科研人员积极参加科研项目等方面为重点，建立科研经费管理制度和机制，充分调动和激发科研人员的创新活力，增强科技创新成果对经济社会发展的支撑作用。

（四）要以创新管理方式，加强制度建设为抓手

创新管理方式，加强制度建设是科研经费管理改革取得突破性创新成果的前提和保证。因此，要以创新管理方式为根本，加强制度建设，将各项创新政策和措施用制度形式固定下来，用制度管人管事，做到疏而不漏，相得益彰。同时，要以信息化平台为载体，优化职能配置，提升管理方式。当今社会已进入以信息化平台为载体的大数据时代，如果不能顺应时代发展趋势，搭乘高效便捷的信息共享平台，就无法掌握科研动态和学术成果现状。创新管理方式，加强信息平台建设和制度建设是科研经费管理改革不可偏废的两翼。

三、强化宁夏科研经费管理改革的对策建议

（一）加强组织领导，强化政策引领作用

1. 完善顶层设计，加强制度建设

自治区第十二次党代会将创新驱动战略摆在优先发展的突出位置，科技创新是实施创新驱动发展战略的核心，而科研项目和资金管理改革是加强科技创新的切入点和突破口。根据宁夏科研经费管理制度改革中存在的创新不够、原生动力不足、制度建设滞后、政策跟进不及时的实际情况，建议自治区党委、政府制定出台《关于进一步完善财政科研项目资金管理等政策的实施意见》，明确科研经费管理和使用的基本原则、职能主管部门的职责、权限，设定改革的目标任务、方向、步骤、效果，划定路线图、时间表，以期使中央的改革精神在宁夏落地生根，统一实施，不留死角。

2. 成立科研项目经费改革领导小组

由于科研经费管理改革涉及面广、改革内容复杂、改革难度大，为统筹推进全区科研经费管理改革工作，充分吸收和借鉴中央高校、科研院所的先期改革成果，确保科研经费管理改革取得有效成果，建议成立由自治区党委办公厅为牵头部门，宣传、财政、发改、经信、科技、教育、卫计、纪检监察、审计等部门为成员单位的宁夏科研项目经费管理改革领导小组，一方面加强对科研单位科研经费管理与使用方面的培训、教育、指导、宣传工作；另一方面通过考察、学习、交流、吸收和借鉴外阜改革的成功经验和做法，不断修订和完善科研经费管理制度和规定，不断增强其适应性和可操作性。

3. 建立常态化的联席会议制度

建议建立宁夏科研项目经费管理改革领导小组联席会议制度和领导小组成员单位与各科研单位的协商对话机制，定期召开科研经费管理使用联席会议，研究和协调解决科研经费使用中出现的新问题、新矛盾及疑难事项，疏通政策执行中的“堵口”，统筹科研项目经费的管理与使用，加强对预算的审核把关，规范财务支出行为，完善内部风险防控机制，确保科研

资金使用安全、规范、高效。

（二）加大改革力度，充分体现科研人员的创新价值

1. 简化项目预算编制，下放预算调剂权限

贯彻落实中央的改革精神贵在执行，为确保下放的管理权限“接得住，管得好”，必须遵循科研活动规律和特点，改进预算编制方法，对符合条件的科研项目，可参照浙江省的做法，允许项目评审立项前1年预拨部分项目资金作为科研启动资金，建立科研项目资金拨付绿色通道；简化预算编制科目，合并会议费、差旅费、国际合作与交流费科目，由科研人员自主安排统筹使用，其中不超过直接费用10%的科目，不需要提供预算测算依据；下放预算调剂权限，将直接费用中的材料费、测试化验加工费、燃料动力费、出版/文献/信息传播/知识产权事务费及其他支出预算调剂权下放给项目承担单位。

2. 扩大科研经费开支范围，不设比例限制

由于不同类别的科研项目，所需要支付的经费科目是不尽相同的，使用的人力资源也是不一样的，因此在项目经费使用的内容和劳务费支付的比例也有较大的差别。为了能够更好地满足科研项目执行中对人力资源、物资供应、社会服务保障的需求，应在现有科研经费使用预算科目内容的基础上，扩大科研经费支付范围和使用权限。一是劳务费发放不设比例限制。对发放给参与项目研究聘用的大学生、硕士究生、博士生等科研及辅助人员的劳务费不应设比例限制，由项目承担单位和项目主持人按实际需求发放，项目聘用人员的社会保险补助纳入劳务费科目列支。二是据实报销科研项目组成员的差旅费。为了有效开展科研项目的联合攻关，发挥优势科研力量的作用，科研项目组成员不完全是由科研项目承担单位科研人员组成，往往要聘用外单位的科研人员参与，但目前科研经费管理使用的规定是科研项目承担单位只能报销本单位项目组成员的差旅费，而非本单位的项目组成员不能报销科研项目研究的差旅费，这就限制了科研工作的正常开展。因此，应修订现有管理制度，允许科研项目承担单位据实报销项目组成员的差旅费，并发放相应的劳务费。三是制定不能取得正规票据科研活动项目经费支付标准和办法。对科研项目研究中诸如野外考察聘请

向导、问卷调查、调研访谈等活动需要发放误工补贴、少量购买的动植物试验材料、零星用作物种子等无法取得正规发票的开支项目，应制定相应的支付标准，在确保真实性的前提下，经实际领用人或出售人出据签字证明，即可由科研项目承担单位据实入账报销，以切实解决一线科研人员“报账难”的问题。对深入乡镇、农村开展调研活动的住宿费、伙食补助费、交通费以及市内交通费（打的费）等制定支付标准和支付办法，不管能否取得正式票据，都应按标准给予报销支付。四是科研人员学术活动经费与“三公”经费剥离。科研人员因科研工作需要参加国内外考察和学术活动的经费，应纳入科研项目经费管理，而不应纳入“三公”经费管理范畴，以满足科研工作的实际需要。

3. 明确间接费用支付比例，加大绩效支出激励力度

科研经费由直接费和间接费两部分构成，其中间接费又由管理费、资源占用费和绩效费三部分组成，绩效费是可以发放给科研项目组成员的费用，对激励科研人员的创新积极性发挥着重要用，因此应明确提高科研间接费的比例，加大绩效支出的激励作用。根据国家相关规定和宁夏实际情况，间接费具体比例应确定为：500 万元以上的项目为 15%，200 万~500 万元的项目为 20%，200 万元以下的项目为 25%；社会科学、软科学按科研项目经费总额的 60%~90%核定。同时，应转变注重科研过程管理，轻视科研成果管理的做法，借鉴山东等省的做法，建立政府财政资金购买科研成果的激励机制，对 5 万元以下的自然科学课题、3 万元以内的哲学社会科学课题和软科学课题实行科技成果购买制度，并在科研项目承担单位试行“以奖代补”的科研经费管理制度，其中 50%的科研项目资金用于科研活动的正常开展支出，50%的项目资金通过科研成果评奖、发放以奖代补资金的形式支付给项目组成员。

4. 规范横向科研项目经费管理，改进财务报销管理方式

对于科研单位承担以社会委托方式取得的横向科研项目经费的管理，可参照山东等省区的做法，纳入科研项目承担单位财务统一管理。由项目承担单位按照委托方要求或合同约定的经费支付范围自主支配和管理委托科研项目经费的使用。

（三）完善运行机制，创新管理方式

1. 实施科研财务助理制度

为了有效提升财政资金使用效益，减轻科研人员报销科研经费的工作量，科研院所、高校在探索建立适应科研工作发展规律、职责清晰、科学规范、公开透明、监管有力的科研项目经费管理机制的同时，推进实施科研财务助理制度，为科研人员提供项目预算编制和经费使用、财务决算和总结验收等专业化的服务。各科研院所要根据业务量大小、人员职数状况，按照精简效能，按需设置的原则，合理确定科研财务助理的职数和配置，以实现人员、资金使用效率的最大化。

2. 建立科研信息共享平台

目前，各科研院所、高校的信息应用系统运行管理各自为政、相互封闭，不仅导致各学术机构之间的信息资源无法共享，而且部门之间条块分割，信息不对称，不能实现均等化的统筹和协调，极大地限制了科研信息资源的有效利用。为了充分发挥信息化在科研经费管理中的服务功能，提高资源的使用效率，节约管理成本，促进科研信息资源的共建共享，各科研院所、高校要着力构建单位内部科研、财务部门和项目负责人共享的信息平台，提高科研管理效率和便利化程度；同时建立与中央财政科研项目数据库对接的信息系统，以实现中央、地方科研项目数据资源的互联互通，并向社会开放。

3. 改进科研仪器设备政府采购管理

科研设备仪器政府采购在公开透明、防止腐败方面发挥了一定的作用，但由于政府采购程序复杂、过程漫长，特别是一些特殊设备仪器的采购，由于采购量少、要求特殊，通过政府采购，往往难以满足科研工作需求，制约科研工作开展，一直以来备受诟病，需要改革政府采购方式予以解决。可考虑将科研设备仪器采购权下放给科研项目承担单位自行组织或委托、授权给代理机构组织采购，并赋予科研项目承担单位自主选择科研设备仪器采购评审专家的权利，在有条件的情况下，可通知科研人员到场参与评审，以保证所采购的科研设备仪器能够满足科研工作的实际需要。同时，为保证科研设备仪器及时到位，财政部门应在经费预算、拨付时优先审批

拨付。

（四）健全监督机制，完善法人治理结构

1. 建章立制，防控风险

科研单位要进一步制定和完善项目预算调剂、间接费用统筹使用、劳务费分配管理、结余资金使用等方面的内部办法，加强预算审核把关，完善内部风险防控机制，强化资金使用绩效评价，保障资金使用安全规范有效。进一步推行内部公开制度，主动公开科研项目经费预算、预算调整、资金使用、研究成果等情况，以使科研经费的管理与使用公开透明、科学合理。

2. 加强统筹协调，规范监督监管

科研项目经费管理涉及多个管理部门，各管理部门之间要加强对科研项目资金监管制度规范建设的统筹协调，建立职责明确、分工负责的协同工作机制，探索建立科研项目经费监督检查清单制度，切实精简重复检查评审，避免多头执法，多头监管，各自为政的乱象。对于容易出现问题的风险防范点，各管理部门要加强检查监管的力度，以保证科研经费的合法、合规使用。

3. 强化主体责任意识，完善自我约束机制

自主权限的扩大意味着监管风险的加大，各科研单位作为科研项目资金管理使用的主体，要强化法人治理结构建设，健全组织机构，成立专司监督监察职能的审计室、监察室，切实履行在科研项目经费预算、资金使用方面的监督责任；坚持常态化的自查自纠不放松，及时发现科研经费管理政策执行和科研资金使用中出现的问题，严肃查处违规违纪行为，预防政策执行中的“堵点”和漏洞，不断改进科研经费管理的方式方法。同时要畅通诉求表达机制，切实维护科研人员的权益和切身利益，激发科研人员的工作积极性和创造性，保证科研人员全身心投入到科研工作当中。

宁夏专业社会工作发展研究报告

杨永芳　罗强强

专业社会工作是进行社会治理的重要手段，在解决社会问题、化解社会矛盾中具有独特专业优势。近年来，党中央、国务院印发了40余个政策文件和中央有关部门出台的60余个政策规章，都为社会工作发展指明了方向。当前，要贯彻落实十九大报告提出的形成有效的社会治理、良好的社会秩序，培育自尊自信、理性平和、积极向上的社会心态，必须加强和创新专业社会工作。

一、宁夏专业社会工作发展现状及成效

近年来，宁夏专业社会工作体制机制日趋健全，人才队伍不断壮大，社工组织机构不断增多，实践探索不断深入，社会工作在创新社会治理、服务保障民生方面发挥了积极作用，取得显著成效。

（一）重视顶层设计，营造专业社会工作发展的良好环境

宁夏专业社会工作的有序高效发展得益于自治区党委、政府的高度重视、全社会的协同共治和有力的政策保障。一是完善体制机制。自治区层面建立了党委组织部门牵头抓总，民政部门具体负责，自治区党委、政府

作者简介　杨永芳，宁夏社会科学院社会学法学研究所副所长，副研究员；罗强强，宁夏大学政法学院副教授。

多个职能部门以及群团组织密切配合，社会力量广泛参与的工作机制；二是加强制度保障。自治区先后出台了《社会工作专业人才队伍建设中长期规划》《政府购买社会工作服务实施办法》等近10个专项政策文件，各地出台了一系列配套文件，构建了以综合政策为统领、以专项政策相配套、以地方政策为支撑的社会工作政策框架，夯实发展根基。三是加强理论研究，为社会工作创新发展提供理论指导。

（二）多措并举，提升社会工作人才队伍建设水平

一是加强区内高校社工专业学科建设。宁夏大学政法学院在社会学专业内开设了社会工作课程。宁夏理工学院、银川能源学院2所高校获批新增社会工作本科专业，2017年秋季正式招生，为宁夏培养社会工作人才奠定了良好基础。二是专业培训常态化。自治区将社工人才教育培训纳入人才总体培训计划，继续教育培训经费逐年增加。建立社会工作知识进党校制度，推动各级领导干部学习社会工作理念，提升运用专业社会工作方法解决问题的能力和水平。采取“请进来，走出去”的方式，先后组织相关人员到新加坡、广东等地考察学习，搭建交流学习平台。三是探索社会工作职业激励保障制度。推动事业单位开发设置社会工作岗位，落实职称待遇。建立社工人才激励保障制度，银川市在全区率先建立社区“两委”成员取得社会工作职业水平证书职业津贴制度。四是鼓励参加职业资格考试。截至2017年10月，全区取得全国社会工作者职业水平资格证书人员920人，其中助理社会工作师704人、社会工作师216人。五是注重示范引领。宁夏儿童福利院、自治区5个福利机构分别被民政部和自治区民政厅命名为全国和全区社工人才队伍建设示范单位。重视社会工作领军人才培养，西夏区星光巷社区乔瑛、宁夏六盘善行社工服务中心罗强强分别被民政部确定为全国社会工作领军人才。

（三）立足组织培育，解决社会工作专业服务供需问题

一是重视社工组织培育。通过建立社会组织孵化基地、简化登记程序、规范登记管理、优化工作流程、公益创投、补贴奖励、提供场所、减免费用等多种措施，培育支持社工组织发展。截至2017年10月，宁夏社会工作行业组织和社工机构已达30余家。二是以政府购买服务助力社会工作项目实施。2016年以来，自治区财政安排6520万元，用于社会组织孵化基地建设、公益创投项目和专业社会工作服务项目。通过政府购买服务的方式，激发了社工机构的活力，保障了专业社工机构承接项目，宁夏阳光正茂社会工作发展中心被民政部命名为第二批全国社会工作服务示范单位。

（四）以需求为导向，增强社会工作的成效

一是增强服务的精准性。近年来，宁夏抢抓中央社会工作“三区”计划和自治区实施民生任务的有利契机，开展社会服务需求评估，建立社会工作服务项目库，确保项目的精准实施。二是突出服务的专业性。通过争取中央、自治区财政经费实施政府购买社会服务，先后有60余个（次）的社工组织承接服务项目，共选派700余名专业社工进驻社区、福利机构、学校、村组等实地开展专业服务。

二、宁夏专业社会工作发展中存在的突出问题

（一）社会工作人才队伍建设尚不能满足社会需求

根据《宁夏回族自治区社会工作专业人才队伍建设中长期规划(2012—2020年)》，到2020年，社会工作专业人才总量应达到2万人，其中获得社会工作者职业水平证书或达到同等能力素质的社会工作专业人才达到3000人。截至2017年，宁夏取得社工水平资格证书共计920人，大约九成以上人员在社区工作，真正从事专业社工服务的不足10%。尽管早在2006年，宁夏大学便开始探索在行政管理专业下开设社会工作专业，培养社会工作专业人才。但由于社会工作的认知度较低，政府也无法提供明确岗位，使得这些高校毕业的社会工作专业毕业生难以找到对口工作，只能进入社区、福利和社工机构工作，导致社工遇冷。此外，由于缺乏政策支持和激励措施，社工地位和待遇较低，很大一部分人另谋职业。2012年，宁夏大学停招社会工作专业学生，开始招收社会学专业本科生。随着全国社会工作人才需求的增加，从2017年开始，宁夏理工学院和银川能源学院社会工作专业开始招生。

从社会工作管理人才和教育研究人才来看，现有的社会工作机构管理者，除了几位大学教师之外，大部分都是毕业不久的大学生。从整体管理

状况来看，没有形成系统的管理体系与激励机制，社工人员流动性较大导致社工机构的稳定性较低。目前宁夏大学、北方民族大学的部分教师参与创办了社会工作机构，有实务经验但是缺少理论的提炼，在全国社会工作研究领域缺少话语权。

目前从全区专业社会工作者的整体素质来看，大部分都是刚刚毕业或入职不到三年的社会工作专业毕业生。这些青年人工作有热情，有爱心，但实务操作能力非常欠缺，直接影响他们的服务质量。部分考取了全国社会工作水平资格证的社区工作人员，虽然有丰富的一线实践经验，但是在理论知识方面，特别是个案和小组工作文档策划与撰写方面存在不足，社会工作人才队伍建设任重道远。

（二）公共财政保障机制不健全

目前，开展社会工作服务的财政保障机制尚不完善，投入不足，使得教育培训经费短缺，专项发展基金少，政府购买服务不能满足社会工作的市场需求。从 2017 年开始，宁夏探索让各地民政局对福利彩票公益金社会工作服务项目进行招投标。但是目前宁夏还没有建立起社会工作服务领域的评标专家库和评审标准，大部分专家来自工程或其他行业，导致在项目评审过程中存在理解偏差。有的地方采取竞争性谈判方式进行招投标，导致有些地区在竞标中出现恶性竞争，不利于行业发展和服务水平的提升。

（三）社会工作专业服务能力不足

面对多样化、动态化和复杂化的社会需求，现有的专业社工和服务机构都面临服务能力不足的困境，主要表现在：一是由于社工的专业素养和经验不足在服务方式上介入深度不够。二是社会工作者走进社区开展服务，由于资源和志愿服务组织不足，影响社工的服务成效。三是由于求助对象不是主动寻求帮助，他们的求助愿望不强，或者模糊不清，这使得社会工作者与求助对象的合作关系不稳定。四是需要处理好与社区居委会的关系。无论社区服务开展前的入户需求评估，还是社区服务开展过程中人员和场地协调，甚至是社区服务结束后的跟进，都需要社区居委会的配合，否则设计出来的服务计划很难在社区中顺利实施。

（四）社会工作机构之间缺乏联动，没有形成行业规范

一个行业成熟的标志之一就是形成自己的行业协会，机构之间能够主动遵守特定的行业规范。目前宁夏的社会工作机构已经发展到40多家，但是各个机构都在单打独斗，缺少必要的沟通与学习，没有抱团取暖的意识。同时，随着政府购买服务的推进，部分家政和其他单位也介入到社会工作领域，导致社会工作服务的专业性受到质疑，急需规范服务标准，树立行业伦理。

三、加快宁夏专业社会工作发展的对策建议

宁夏推进专业社会工作发展，要以保障民生需求，不断满足人民日益增长的美好生活需要为目标，使每个社会成员都能够有尊严地生活，为此，要建立以人民需求为导向的本土化社会工作模式。具体如下。

（一）健全完善社会工作体制机制

一是要建立健全组织领导体制。贯彻落实《关于加强社会工作专业人才队伍建设的意见》《社会工作专业人才队伍建设中长期规划》，形成政府职能部门与社会力量广泛参与的工作机制。二是要夯实民政部门的具体职责，积极营造有利于社会工作健康发展的良好环境。三是要加强政策理论研究。近年来，党中央、国务院和相关部委先后出台了社会工作专项及涉及社会工作内容的政策文件有100余个，自治区也先后出台了近20个相关政策文件。各级实务部门应结合工作实际，积极与高校科研机构就社会工作相关的理论问题进行研讨调研，为宁夏的社工实践提供有价值的理论研究成果，推动政策创新。四是要建立财政保障长效机制。自治区财政已将社会工作经费列入新增类财政预算，并逐年加大投入，但绝大多数市、县（区）仍未列入财政预算。各级民政部门要积极争取本级党委、政府支持，将社会工作经费纳入公共财政预算，并建立增长机制，支持社会工作事业发展。要动员鼓励社会力量参与，引导社会资金投向社会工作事业。

（二）加强社会工作人才队伍建设

一是培养高素质社工人才。加强高校社工专业建设。民政厅会同自治区教育厅等部门加强与宁夏大学政法学院、宁夏理工学院、银川能源学院

三所开设社会工作本科教育的高校沟通联系，争取在政策支持、师资建设、合作交流、社工专业毕业生就业等方面创造条件，激发院校专业建设活力，提升专业吸引力，为宁夏源源不断输送高素质的社工专业人才。二是要加大社工岗位开发力度。自治区党委组织部、人社、编办等部门要坚持社会工作人才优先原则，推动各级党政机关、企事业单位，特别是以社会服务为主的党政、事业机关在招录工作人员时，明确在同等条件下优先录用社工专业毕业或取得社会工作职业水平证书的大学生，激发全区各大中专院校开设社工专业的积极性。通过政府购买服务方式，在城乡社区、社会福利、社会救助、残障康复、公益类民间组织和家庭生活服务等领域积极开发合理设置社会工作岗位，优先聘用社工人才，力争社工数量的配备与服务人群的需求相适应，全面提升服务能力。三是要建立落实激励政策。要落实自治区《关于取得社会工作者职业水平证书人员聘用专业技术职务的通知》精神，在做好事业单位社工岗位开发的基础上，全面兑现职称待遇。要落实《中共中央 国务院关于加强和完善城乡社区治理的意见》中关于“对社区工作者获得社会工作职业资格的给予职业津贴”的要求，充分借鉴银川市、大武口区等地在社工人才激励政策方面的经验做法，建立健全激励保障制度，落实相关待遇，提升社会工作者的社会地位，增强社工人才的职业归属感和荣誉感。四是实施社工人才增量提升工程。鼓励引导全区各领域人员积极报名参加全国社会工作者职业水平考试，加强考前辅导培训，借鉴区内外对取得社会工作者职业水平证书的人员给予适度奖励的做法，提升报考率和通过率，力争到2020年，全区社会工作专业人才达到全区总人口比例的1‰以上。五是强化教育培训。有计划、有步骤地开展社会工作从业人员教育培训，大力培育本土社工人才，提升社工人才队伍的职业素质和专业水平。社会福利、城乡社区、军休等领域工作人员能够普遍掌握并运用社会工作专业方法和技巧开展管理服务，有效回应和满足服务对象个性化、多样化的服务需求，建设一支与宁夏经济社会发展和人民群众日益增长的社会服务需求相适应的社会工作人才队伍。

（三）不断提升社会工作的服务水平和成效

一是大力培育发展社工行业组织和机构。降低社会工作类社会组织准入条件、优化登记流程，采取加大政府购买服务、开展社工服务机构评星定级等措施，通过项目推介、信息发布、政策咨询、权益维护、能力提升等方式，培育发展社工行业组织和机构。力争到2020年，市县区培育发展社会工作行业组织和机构达到60家以上。二是要规划实施好社会工作服务项目。以解决社会发展中的突出矛盾为抓手，组织开展社会工作服务需求评估，完善社会工作服务项目库，按照群众急需、服务专业、受益最大化的原则，合理安排政府购买社会工作服务项目。服务项目应重点放在脱贫攻坚、社会福利、社会救助、慈善事业、社区建设、婚姻家庭、精神卫生、残障康复、教育辅导、就业援助、职工帮扶、犯罪预防、禁毒戒毒、矫治帮教等领域，针对“三留守”人员、困难群体、特殊人群、城市流动人口、受灾群众和生态移民等重点群体进行帮扶，确保项目投入的针对性、有效性和精准性。要加强项目运营管理，严格执行政府购买服务相关规定和公开招投标等程序，择优确定承接项目的专业社会组织。要加强对项目实施工作的指导督查，及时肯定经验做法、查纠存在的问题和薄弱环节，确保实施项目社工人数、资质条件、服务时间和效果符合项目要求。三是以专业社工服务助力扶贫攻坚。2017年6月27日，民政部、财政部、国务院扶贫办三部门联合发布《关于支持社会工作专业力量参与脱贫攻坚的指导意见》，标志着我国反贫困中的社会工作介入不仅拥有了制度上的合法保障，而且获得了政策上的顶层支持。推动社会工作精准介入我国反贫困实践，在资金使用和项目设计上，要紧贴自治区扶贫攻坚战略部署，向基层重点帮扶村、社会需求较多的贫困社区倾斜。各项目实施单位、组织和社工要综合运用专业的社会工作方法，推动反贫困从刚性干预转向柔性治理，有效回应个性化、多样化社会服务需求，提升服务对象发展能力，实现共享发展和共同富裕。四是要推进“三社联动”创新社会治理。各级民政部门要在认真总结前期试点工作的基础上，积极探索“三社联动”发展规律和运行途径，以实施好“三社联动”项目为抓手，以城乡社区为平台，以社会组织为依托，以专业社会工作为支撑，不断创新方式方法，统筹推进城乡社区建设、社区社会组织培育发展、社会工作专业服务互相促进、联动推进、协同共进，以“三社联动”的成效提升基层社会治理水平。五是建立健全志愿服务制度体系。通过政策引导、重点培育、项目资助等方式，发展一批活动规范有序、作用发挥明显、社会影响力强的示范性志愿服务组织。探索在志愿者组织中配备社会工作专业人才，引导志愿者协助实施社会服务项目，推广“社工+志愿者”联动服务模式，探索推进“菜单式”志愿服务，积极组织开展形式多样的志愿服务活动。

（四）宣传与培育并进，引领社工服务创新

一是加强宣传，提升全社会的认同意识。结合“七五”普法、国际社工日、社会工作宣传周、法治宣传日等，切实加大对社会工作政策的宣传力度，有序推动社会工作政策法规和专业知识在社会救助、社会福利、社区矫正及老年人、残疾人、困境儿童、“三留守”人员关爱帮扶和精神卫生等重点领域的普及应用，提高全社会对社会工作的重视度、认知度、支持度和参与度。经常性组织开展社工专题讲座、社工沙龙、社工论坛、专题研究等活动，聚集各方智慧，总结交流经验做法，展示社会工作服务成果及广大社工的职业风采，营造发展的良好氛围。二是要培育标杆，引领发展。充分借鉴各地社会工作的典型做法和成功经验，结合宁夏实际，培育发展一批优秀的社会工作服务组织和本土社工人才队伍，引领社会工作服务创新。通过行之有效的形式，组织开展社会工作人才队伍建设示范单位、社会工作领军人才、优秀社会工作行业组织和机构、优秀社会工作服务项目等创建活动，推动社会工作创新发展。

宁夏加快推进公共服务均等化研究

吴灵捷

十九大报告指出，“增进民生福祉是发展的根本目的。必须多谋民生之利、多解民生之忧，在发展中补齐民生短板、促进社会公平正义，在幼有所育、学有所教、劳有所得、病有所医、老有所养、住有所居、弱有所扶上不断取得新进展，深入开展脱贫攻坚，保证全体人民在共建共享发展中有更多获得感，不断促进人的全面发展、全体人民共同富裕”，加快推进公共服务均等化，是大力实施脱贫富民战略的题中之义。自治区第十二次党代会报告指出，公平充足的公共服务供给是民生福祉的重要内容，必须坚持普惠性、保基本、均等化、可持续发展，增加优质公共服务供给。这一重大决策部署的实施，必将使广大老百姓得到更多实惠，增强人民群众的获得感、幸福感。

一、宁夏持续加大基本公共服务投入，全区基本公共服务水平逐年提高

近年来，在自治区党委、政府坚强领导下，自治区财政加大转移支付资金的争取力度，积极统筹可用财力，不断优化财政支出结构，持续加大对基本公共服务领域的投入力度，财政资金重点向城乡基层和薄弱环节倾斜，着力改善各类公共服务基础设施条件，初步建立了覆盖城乡的基本公

作者简介 吴灵捷，宁夏回族自治区党委台湾工作办公室秘书联络处处长。

共服务体系，全区基本公共服务水平和财政保障能力得到了显著提高。

一是加大民生领域资金的投入力度。2012—2016 年期间，全区财政用于公共安全、教育、文化体育、社保和就业、医疗卫生、环境保护、城乡社区事务、农林水事务、保障性住房等民生领域支出共计 3922 亿元，占一般公共财政预算支出的 70%以上，年均增长 11%，财政投入的稳定增长，有效提升了宁夏基本公共服务均等化水平。

二是积极调整转移支付结构，促进财力下沉。自治区财政不断加大对基层财政的转移支付支持力度，2012—2016 年期间，自治区对市县一般公共预算转移支付补助资金共计 2514 亿元，年均增长 8.3%，其中，一般性转移支付 1191 亿元，年均增长 14%，一般性转移支付资金的可持续增长，增加了市县政府的可支配财力，保障了地方政府在基本公共服务领域的投入，大力支持了市县政府推进基本公共服务均等化进程。

三是吸引社会资本，促进公共服务领域多元化投入。创新投融资体制机制，在公共服务领域推广 PPP 模式，完善担保、再担保机制，充分发挥风险补偿基金、产业引导基金的撬动作用，吸引社会资本对基本公共服务领域的投入规模，“十二五”期间，通过吸引多元化资金投入，有效缓解了地方财政支出压力。

二、加快推进公共服务均等化，必须坚持普惠性、保基本、均等化、可持续发展

坚持普惠性、保基本、均等化、可持续方向，从解决人民最关心最直接最现实的利益问题入手，增强政府职责，提高公共服务共建能力和共享水平。

一是兜住底线，引导预期。坚持尽力而为、量力而行，合理引导社会预期。立足基本区情，科学制定、严格落实基本公共服务项目和标准，着力保障全区人民生存发展基本需求。

二是统筹协调，公平均衡。加大基本公共服务投入力度，重点向贫困地区、薄弱环节、特定人群倾斜，推进基本公共服务资源科学布局、均衡配置和优化整合，推动城乡区域人群均等享有和协调发展。

三是政府主导，多方参与。强化政府基本公共服务职责，健全政府投入保障机制，充分发挥市场机制作用，支持各类主体平等参与并提供服务，形成扩大供给合力。

四是完善制度，改革增效。健全推进基本公共服务均等化体制机制，创新服务提供方式，全面提升基本公共服务质量、效益和群众满意度，实现更高质量、更有效率、更可持续发展。公共服务的提供，必须以需求为导向，抓住公共需求的“最大公约数”，把健全公共服务体系的制度安排、重大举措落实到解决人民最关心最直接最现实的利益问题上来，最大程度提升人民群众的获得感和幸福感，最大程度促进社会和谐稳定；必须从基本国情和阶段性特征出发，与实际财力相适应，不超越阶段，不脱离实际，不违背规律，不空口许诺。要立足当前、着眼长远，从必须办、办得了、办得好的事情做起，一步一个脚印地前行，把公共服务工作做扎实。要合理引导社会预期，强调通过人人参与、人人尽力实现人人共享，在全社会进一步树立通过勤劳致富改善生活的理念，避免形成不切实际的期望值。

三、推进基本公共服务标准化全覆盖

（一）推动基本公共服务全覆盖

一是保障贫困人口享有基本公共服务。切实落实基本公共服务各领域脱贫攻坚责任，保障贫困人口的义务教育、基本医疗、公共文化、住房安全等基本公共服务。着力提高贫困人群基本文化素质和贫困劳动者职业技能，促进贫困人口更高质量、更加充分就业，从源头上阻断贫困的代际传递；着力扩大贫困地区医疗卫生和公共卫生服务供给，缩小卫生资源配置差距，有效解决因病致贫返贫问题；着力促进精准脱贫和社会保障有效衔接，完善农村社会救助体系，有效履行社会保障兜底职责；着力推进危房改造和人居环境整治脱贫行动计划，消除贫困群众住房安全隐患，改善居住环境质量；着力保障易地搬迁移民基本公共服务需要，确保易地扶贫搬迁安置区（点）基本公共服务不留缺口；着力发挥东西部扶贫协作和中央、自治区定点帮扶的示范引领作用，提高帮扶精准度和帮扶效果。

二是促进常住人口基本公共服务全覆盖。深化户籍制度改革，推动有能力在城镇稳定就业和生活的农业转移人口举家进城落户。全面实施居住证制度，稳步推进积分落户，建立健全与居住年限等条件相挂钩的基本公共服务提供机制。健全财政转移支付与农业转移人口市民化挂钩机制，财政资金对城镇公共服务的投入与城镇吸纳农业转移人口相适应，分阶段有序保障居住证持有人与当地户籍人口平等享有基本公共服务。为在城市落户和稳定就业的农民工提供新市民培训服务，促进社会融入。

三是加大困难人群帮扶力度。对农村留守人员、困境儿童和残疾人进行全面摸底排查，建立翔实完备、动态更新的信息台账。充分整合利用农村闲置校舍等资源，开展养老、托幼等关爱服务。逐步完善场所设施条件，满足农村留守儿童临时监护照料需要。健全孤儿、弃婴、法定抚养人无力抚养儿童、低收入家庭重病重残等困境儿童保障体系，确保其得到妥善安置和良好抚育。提高低保家庭中的老年人、未成年人、重度残疾人等重点救助对象救助水平，满足其基本生活需要。

（二）促进城乡区域均等化

一是缩小城乡服务差距。打破城乡界线，重点以县（市、区）为单位，有序推动规划、政策、投入、设施建设、人员配置城乡一体化，逐步实现城乡服务标准、服务质量统一衔接。继续把社会事业发展的重点放在农村和接纳农业转移人口较多的城镇，持续扩大供给，补齐基本公共服务短板。鼓励和引导城镇公共服务资源向农村延伸，促进城市优质资源向农村辐射，不断提高农村公共服务质量。

二是推动区域协调发展。加大对中南部地区投入和人才支持力度，逐步缩小服务差距，到2020年，中南部地区义务教育、社会保障等基本公共服务主要指标达到或接近全区平均水平。强化自治区统筹，完善事权划分、规范转移支付，保障不同区域服务供给，促进标准水平衔接。

三是夯实基层服务基础。整合符合有关规定的资金项目，持续改善基层各类公共服务条件，依托同级政府综合服务大厅完善相关经办服务设施，推动基层综合公共服务平台统筹发展和共建共享。简化基层办事环节和手续，优化服务流程，严格办结时限，推行一站式办理、上门办理、预约办理等服务。在居住分散、交通不便的地区，办好保留的教学点，开展卫生巡诊、文化下乡等上门服务。

四、推进基本公共服务供给创新，努力实现布局优化、普惠可及

（一）加大政府投入

一是强化收入征管，壮大地方可用财力。加强收入预测和预算执行分析，加强税收征管，依法征收、应收尽收。提高资源配置效率，激发市场活力，广泛培植财源，建立健全适合宁夏经济社会发展实际的激励约束机制，充分调动市县发展经济、增加财政收入、提升收入质量的积极性，促进县域经济健康持续发展。

二是积极争取中央财政支持。加大争取中央财政转移支付力度是缩小宁夏与其他地区间财力差距、提高宏观调控和加快实现基本公共服务水平均等化的重要手段。要针对中央重大政策和重点改革，通过多种方式、多种渠道、多种资源，组织各方力量，开展前瞻性、针对性、储备性的政策研究。及时捕捉上级部门各类政策信息，准确把握中央财政资金投向，深入研究了解中央各项资金政策设计、资金分配办法、测算因素等，有的放矢开展中央资金争取工作。力争中央在宁夏教育、医疗卫生、文化体育、城乡基础设施建设、保障住房及脱贫攻坚等公共服务领域方面给予宁夏更多的政策倾斜和资金支持。

三是完善对市县转移支付体系。继续调整优化自治区对市县转移支付结构，健全制度、改进分配方式、加大投入，初步构建以均衡性转移支付为主体、其他转移支付为补充的一般性转移支付体系，支持壮大市县财力规模，促进“财力下沉”，努力缩小山川财力差异和支出水平差异，不断提高县级基本公共服务财力保障水平和均衡度。

（二）培育多元供给主体

一是加快事业单位分类改革。落实国家推进事业单位分类改革总体部署，理顺政府与事业单位在基本公共服务供给中的关系，强化提供基本公共服务事业单位的公益属性。推动事业单位去行政化和去营利化，逐步将有条件的事业单位转为企业或社会组织。

二是积极引导社会力量参与。凡是法律法规没有明令禁入的基本公共服

务领域，一律向社会资本开放，并按照国家统一部署，不断扩大开放领域。进一步规范、公开基本公共服务机构设立的基本标准、审批程序，严控审批时限，鼓励有条件的地方采取招标等方式确定举办或运行主体。相关行业主管部门制定鼓励引导社会力量参与提供基本公共服务政策措施，积极推动基本公共服务领域民办非营利性机构享受与同行业公办机构同等待遇。

三是大力发展社会组织。深化社会组织登记制度改革，落实支持社会组织发展的税收政策。加强社会组织孵化培育和人才扶持，采取人员培训、项目指导、公益创投等多种途径和方式，提升社会组织承接政府购买服务能力。采取降低准入门槛的办法，大力培育发展社区社会组织，支持其承接基层公共服务和政府委托事项，充分发挥社区社会组织在服务供给、需求表达、监督评价等方面的作用。

（三）创新服务提供方式

一是推进政府购买公共服务。能由政府购买服务提供的，政府不再直接承办，交由具备条件、信誉良好的社会组织、机构和企业等承担，逐步提高政府购买服务占公共服务项目资金的比重。制定实施政府购买公共服务指导性目录，确定政府购买基本公共服务的种类、性质和内容，并进行动态调整。规范项目选定、信息发布、组织购买、项目监管、绩效评价等购买流程，建立购买价格或财政补贴的动态调整机制，根据承接主体服务内容和质量，合理确定价格或补贴水平。加强政府购买公共服务的财政预算管理。

二是加强政府与社会资本合作。通过投资补助、基金注资、担保补贴、贷款贴息等多种方式，积极支持政府和社会资本合作项目。通过公开招标、邀请招标、竞争性磋商、竞争性谈判等多种方式，公平选择具有相应管理经验、专业能力、融资实力以及信用状况良好的社会投资主体作为合作伙伴。

三是鼓励发展志愿和慈善服务。定期发布志愿服务项目需求和岗位信息，建立健全志愿服务记录管理制度，完善激励保障措施，促进志愿服务经常化、制度化和规范化，推动志愿服务与政府服务优势互补、衔接融合。创新发展慈善事业，发挥慈善组织、专业社会服务工作机构在基本公共服务提供和扶贫济困中的补充作用，落实国家有关慈善捐赠的优惠政策。

推进宁夏老龄事业全面协调可持续发展研究

李作忠　肖振亚

人口老龄化，是指老年人口在总人口的比例增加的过程，包含老年人规模增大、增长速度加快、老年人口在总人口中比例增加。按国际标准，当一个国家或地区60周岁以上老年人口达到总人口的10%，或者65周岁以上老年人达到人口总数的7%，就意味着这个国家或地区进入老龄化社会。法国最早于1865年进入老龄化社会，欧美等发达国家在上世纪50年代以后相继进入老龄化社会。目前，世界上进入老龄化社会的国家和地区已达100多个。我国于1999年进入人口老龄化社会。2016年，全国60岁以上老年人口达2.3亿，占总人口的16.7%，年均增长3.2%，是世界上唯一老年人口过2亿的国家。其中，80岁以上老年人口达2400万，占老年人口的10.4%；失能半失能老年人口达4000多万，约占老年人口的17.4%。

一、宁夏人口老龄化面临的形势及养老服务发展现状

宁夏于2009年进入人口老龄化社会。截至2016年底，全区60岁以上户籍老年人口达87.95万，占全区总人口的13.1%。其中，80岁以上老年人达到10.19万人，占老年人口的11.6%；失能半失能老年人达到12万人，

作者简介　李作忠，宁夏回族自治区民政厅党组成员、老龄办常务副主任；肖振亚，宁夏回族自治区老龄办主任科员。

约占老年人口的13.6%；预计到2020年，全区老年人口将突破百万大关，约占全区总人口的16%。宁夏人口老龄化呈现以下几个特征：一是进入老龄化社会晚，但增长速度快，全国年均增长3.2%，宁夏年均增长5%；二是“未富先老，未备先老”。进入老龄化社会时，发达国家人均GDP10645美元，我国人均GDP3870美元，宁夏人均GDP3143美元；三是高龄、空巢、留守老人多，农村养老压力大；四是社会抚养压力大、养老任务重。党的十八大以来，针对人口老龄化进程加快、高龄、“空巢”“留守”和“独居”老人增多以及多层次、多样化的养老服务需求，在自治区党委、政府的坚强领导下，各地、各部门认真学习贯彻习近平总书记系列重要讲话特别是对老龄工作和养老事业发展的重要指示精神，坚持“党委领导，政府主导，社会参与，全民行动”的老龄工作方针，不断完善政策措施，持续加大工作力度，狠抓任务目标落实，推动全区老龄事业实现新的发展。主要体现在五个方面：

（一）应对人口老龄化的政策框架基本建立

自治区先后出台了《宁夏养老服务促进条例》《“十三五”老龄事业发展和养老体系建设规划》《关于加快发展养老服务业的实施意见》《关于全面放开养老服务市场 推进养老服务业转型升级的意见》《关于加强老年宜居环境建设的实施意见》等一系列法规政策和指导文件，这些都为老龄事业持续发展注入了活力，提供了保障。

（二）老年人合法权益得到有效保障

立足于“五个老有”目标，研究制定了养老社会保障、老年宜居环境、老年人维权、健康服务、老年教育、老年人优待等一批政策措施，老年人权益保障的政策制度逐步完善。各地相关职能部门设立了老年维权服务中心、“12348”法律服务平台，为老年群众提供了及时、便捷的法律服务。

（三）老年人民生保障水平不断提高

建立了全区统一的职工基本养老保险、城乡居民养老保险、城乡居民医疗保险等重大保障制度，连续12次调整企业退休人员基本养老金，连续4次调整居民基础养老金标准。城乡低保、农村五保、高龄津贴等标准进一步提升，临时救助、医疗救助、灾害救助等各项老年人兜底保障政策全面落实。

（四）社会养老服务体系初步形成

仅2015—2016年自治区一次性投入10亿元，加强养老机构和养老设施建设。截至2016年底，全区共有各类养老机构168所，设置床位28661张，每千名老年人拥有养老床位34.2张。其中，公办养老机构111所，设置床位19801张；民办养老机构35所，设置床位5879张；农村互助养老院22所，设置床位881张。农村幸福院（含老饭桌）1600个，居家养老服务站482个，社区老年人日间照料中心152个，设置床位2100张。建成了20个区、市县级智能化社区居家养老服务信息平台，签约、协议加盟服务提供商达3200余家，提供15个生活服务大类、52个平价收费服务项目。基本形成了居家为基础、社区为依托、机构为补充、医养相结合的社会养老服务体系。

（五）尊老爱老助老社会氛围日渐浓厚

以孝亲敬老传统文化建设为抓手，打造“敬老文明号”“敬老养老助老”主题教育、“敬老月”“银龄安康行动”以及老年健康文化节、老年书法美术大赛等一批老龄工作特色品牌，大力弘扬敬老养老助老的良好社会风尚，起到了很好的示范带动作用。

二、宁夏养老服务存在的困难问题和制约因素

从总体上看，全区社会养老服务体系建设取得了一定成绩，但距离老年人日益增长的多样化、个性化的养老服务需求还有很大的发展空间，养老服务业发展还存在短板和制约因素：

（一）居家社区养老仍是短板

据第四次宁夏老年人生活状况抽样调查结果显示，84.33%的老年人选择居家养老，其中农村选择居家养老达89.48%，这与“9073”养老模式还是基本吻合的。居家养老离不开社区养老服务辐射和跟进。另据了解，全区536个城镇社区中上规模、功能齐全的社区日间照料中心有164个，占社区总数的30.6%；另有居家服务站482个，这些养老服务设施服务内容少、服务方式单一。全区2260个农村社区中有养老服务设施的有1600个，

约占70.7%，但多数为老饭桌或幸福院，服务功能和服务人群非常有限，不能满足老年人生活照料、医疗康复、文化娱乐和精神慰藉等方面的需求，成为制约宁夏养老服务业发展的短板，也是宁夏今后发展的重点。

（二）农村养老服务设施项目相对不足

农村养老服务机构主要是敬老院和互助养老院。目前，全区有特困供养人员12598人，农村特困人员供养服务机构54所，设置床位7863张，入住特困供养人员3765人，入住率为47.9%；另有22所互助养老院，设置床位881张。面对越来越多的高龄、空巢、留守老人，农村养老服务设施项目相对不足，覆盖面窄、服务能力有限。加快农村养老服务机构和设施建设，也是宁夏养老服务体系发展重点。

（三）养老服务供给不足与床位过剩并存

公办养老机构比重高，民办养老机构比重低，目前，民办养老机构拥有床位仅占总床位的20.5%；一般性养老床位机构多，医养型、护理型床位少，全区护理型养老床位仅占10.5%，分别距离“十三五”规划目标相差29.5个和19.5个百分点。受养儿防老传统观念影响，老年人及子女对机构养老的意义认识不足、入住意愿不强，个别民办养老机构贪大求全，护理员队伍专业化水平低，运营管理经验不足，致使床位空置率高，运营举步维艰。

（四）养老社会保障政策体系缺乏整体设计

目前，社会保险在人社部门、社会救助福利在民政部门、医疗康复在卫计部门，扶贫、残疾人又分设在扶贫办和残联，政出多门、互不联系，难以形成整体合力。另外，造成养老服务发展困难的因素还有制度缺失。比如，居家养老服务支持政策、老年人长期照护保险制度、老年人监护制度等还是空白。

（五）空巢、留守老年人孤独、寂寞、心理慰藉等问题值得关注，精神关爱有待加强

老年人喜欢参加老年书法、舞蹈、健身活动，有的连夜排队报名上老年大学，出现一“名”难求。据第四次老年人生活状况抽样调查，独居和一对夫妻户比例达58.33%，其中城镇达69.84%，农村达48.98%；空巢率城镇 73.59%，农村 51.69%。独居、空巢老人无人陪伴、生活寂寞、文化单调，导致对心理失衡、对生活失去信心，有的外出走失，有的还自残自杀，务必引起全社会的高度关注。

（六）老龄系统体制不顺，职能职责不清

老龄委是各级党委、政府主管老龄工作的综合议事协调机构，不属实体机构，职能有限，难以发挥作用。基层老龄工作机构不够健全、人员不足，经费难以得到保障。至于乡镇、街道社区的老龄机构、人员配置、经费就更是无法落实。

三、对促进宁夏养老服务业发展的对策建议

（一）着力增强全社会积极应对人口老龄化的思想观念

有效应对人口老龄化，不仅能提高老年人生活和生命质量、维护老年人尊严和权利，而且能促进经济发展、增进社会和谐。敬老爱老是中华民族的传统美德。要把弘扬孝亲敬老纳入社会主义核心价值观宣传教育，建设具有民族特色、时代特征的孝亲敬老文化。要在全社会开展人口老龄化国情区情教育、老龄政策法规教育，引导全社会增强接纳、尊重、帮助老年人的关爱意识和老年人自尊、自立、自强的自爱意识。要加强家庭建设，教育引导人们自觉承担家庭责任、树立良好家风，巩固家庭养老基础地位。

（二）将积极应对人口老龄化上升到自治区党委、政府的重大战略决

如同“环境保护”“计划生育”等国策的实施，将应对人口老龄化行动上升到自治区党委、政府的重大战略决策。以党委、政府名义下发《进一步加强老龄工作的决定》，坚持“党委领导，政府主导，社会参与，全民行动”工作方针，整合涉老部门涉老工作职责，由现在的议事协调机构变党委或政府领导下的实体部门，形成老龄工作大格局。

（三）加强老龄政策研究创制

完善以基本养老、基本医疗为主的社会养老保障体系，以五保供养、低保、医疗救助为主的社会救助、以高龄津贴、残疾人服务护理补贴为主的社会福利制度，加快在自治区层面建立困难老年人服务补贴、失能老年人护理补贴制度，将符合条件的老年人分类分层纳入社会保险、社会救助

和社会福利保障范围，做到制度配套、相互衔接，应保尽保、应救尽救、按标施救。同时，开展老年人长期护理保险试点，探索建立长期护理保险制度，切实保障失能人员特别是失能老年人的基本生活权益。

（四）健全养老服务体系，推进养老服务业转型升级

解决老龄问题的核心是老有所养，按照《“十三五”自治区老龄事业和养老体系建设规划)》和自治区政府办公厅《关于全面放开养老服务市场，推进养老服务业转型升级的实施意见》确定的发展目标，结合“9073”养老模式，今后宁夏养老服务业发展重点应放在居家社区养老和农村养老服务。一是加大对居家社区养老服务设施建设和投入，建设一批社区老年人日间照料中心和农村互助养老院、幸福院等，鼓励企业、社会组织为居家老年人提供生活照料、医疗护理、精神慰藉等服务，鼓励和支持城乡社区社会组织和相关机构为失能老年人提供临时或短期托养照护服务，让老年人离家不离社区就能享受社会化养老服务。同时，加快推进智能化养老服务信息平台全覆盖，利用互联网、物联网等技术手段整合为老服务资源，搭建自治区、市、县（区）、乡镇（街道）、社区五级居家养老服务信息平台，为老年人提供紧急呼叫、家政服务、健康咨询、物品代购、生活缴费等为老服务项目。二是加大农村养老服务设施建设，把农村敬老院建设成农村区域养老服务中心，即可满足集中养老服务需求，又可辐射居家养老，要在确保为农村五保对象等供养对象提供生活照料、康复护理、文化娱乐服务的同时，面向社会为失能失智老人、经济困难老人提供低收费的照护服务，扩大服务覆盖面。三是进一步完善资金补贴、税费优惠、政府购买服务等扶持政策，支持社会力量举办多种形式的养老服务机构，满足不同层次、不同类型的养老服务需要，支持发展专业化、小型化、连锁化社区养老服务机构，参与发展老龄产业。四是推进医疗机构与养老机构融合发展。医疗卫生机构为养老机构开通预约就诊绿色通道，县（区）二级及以下医疗机构采取一对一或一对多与养老机构开展合作，社区医疗服务机构和全科医生为辖区老人提供定期体检、上门巡诊、家庭病床、健康保健服务。支持有条件的养老服务机构设立医疗机构并纳入城乡居民基本医疗保险定点范围，让老年人不出养老机构就能享受医疗卫生服务。五是加强养老护理员队伍建设，为养老服务健康发展提供人才支持。

（五）进一步加强老龄法治建设

一是大力宣传《中华人民共和国老年人权益保障法》和《宁夏回族自治区老年人权益保障条例》，提高全社会保障老年人合法权益的法律意识，提高老年人依法维护自身合法权益的意识和能力；二是修订完善《宁夏回族自治区老年人权益保障条例》，将老年人家庭赡养、社会保障、养老设施建设、老年维权、老年宜居环境建设等通过法律的方式固化下来。拓宽老年人优待服务范围，满足老年人多样化需求。三是开展为老年人提供法律援助，对侵害老年人合法权益的各类案件应优先立案、优先审理、优先执行。四是各级人大应定期或不定期的开展《老年法》《条例》执法检查，监督政府有关部门履行职责，切实保障老年人合法权益。

健康宁夏建设问题研究

王　勇

人民健康是民族昌盛和国家富强的重要标志。十九大报告就实施健康中国战略进行了全面的部署，提出要深化医药卫生体制改革，加强基层医疗卫生服务体系和全科医生队伍建设。全面取消以药养医，健全药品供应保障制度。坚持预防为主，深入开展爱国卫生运动。倡导健康文明生活方式，预防控制重大疾病。推进健康宁夏建设，努力为人民群众提供全方位、全周期的卫生和健康服务，对贯彻实施健康中国战略具有重大的现实意义。

一、健康宁夏推进总体情况

（一）加快医疗卫生事业发展，夯实健康保障

遵循“保基本，广覆盖，可持续”原则，统筹规划，突出重点，加大投入，不断改善各级医疗卫生机构基础设施条件，并且重点向基层倾斜。全区每个乡镇都有 1 所卫生院、每个行政村都有 1 所卫生室。建立国家、自治区、市、县、乡五级远程会诊系统，医疗卫生服务体系不断健全，医疗卫生服务能力全面提升。向城乡居民提供十二大类 52 项基本公共卫生服务。率先在全国实现了城乡社会养老、医疗保险政策全覆盖，城乡居民基本医疗保险参保人数覆盖率超过 95%，医保体系保基本、防大病、兜底线

作者简介　王勇，宁夏回族自治区政府研究室副主任科员。

的能力进一步增强。深化医药卫生体制改革，推进省级公立医院改革试点工作，建立健全基本药物招标采购制度，推广分级诊疗模式，有效减轻了群众就医负担。疾病救治工作更加深入，疾病传播得到有效控制。创建群众满意的基层医疗卫生机构400家。完成207个乡镇卫生院、社区卫生服务中心中医馆建设，基层中医药服务能力不断提升。

（二）改善城乡面貌，打造健康环境

扎实推进新型城镇化建设，加快城乡一体化发展，城镇化率达到56.3%。城镇基础设施不断完善，教育、医疗、文化、体育等公共服务设施基本健全，基本公共服务均等化水平不断提升。加强生态环境保护，加大节能减排力度，完善环保法律法规，健全生态保护制度，提高执法水平，美丽宁夏建设加速推进。加大食品、药品监管力度，加强安全生产，积极推进职业病防治。加大城乡环境卫生综合治理力度，开展“美丽城镇”和“美丽乡村”建设，开展城市生活垃圾治理和建筑工地扬尘污染综合治理，推进农村旱厕改造、“阳光沐浴”工程、生活垃圾集中处理和污水处理等，有效改善城乡人居环境，有力保障和促进了全区各族人民的健康。

（三）开展健康宣传，提高健康意识

组织实施“爱国卫生运动”“健康宁夏行动”等各类健康促进行动，不断提高全区群众健康意识。定期开展健康知识普及行动，运用电视、报纸、传单、广告牌等多种媒介，通过健康栏目、健康教育咨询、健康巡讲、健康文艺节目、健康教育课程等多种载体宣传健康知识，倡导健康行为。开展健康饮食保障和控烟行动，倡导科学饮食，推行“无公害食品行动计划”，举办“食品安全深度行”宣传活动，保障饮水、食品、药品安全。开展健康城乡、健康单位、健康场所、健康之家创建活动，创建30家健康教育基地、341家健康单位、83个健康场所。开展健康产业促进行动，大力发展医疗卫生、回医回药、健康管理、体育健身等产业。

（四）营造健康氛围，推进全民健身

加大全民健身事业资金投入，推动全区体育健身事业快速发展，构建符合区情、覆盖城乡、设施完备、组织健全、指导有力、活动经常的全民健身公共服务体系。出台《全民健身实施计划（2016—2020年）》等政策文件，在城乡主要公共场所免费安装健身设施。结合《宁夏空间发展规划》、“美丽乡村”建设和扶贫脱贫计划，合理布点布局，重点建成一批便民利民的中小型体育场馆、全民健身活动中心、户外多功能运动场等，实现村级农民健身工程全覆盖，乡镇农民健身工程覆盖90%以上。全区建成体育场11个，建成体育馆21个，安装全民健身路径近4万件。截至2015年底，宁夏人均体育场地面积达到2.068平方米，居全国第二位，城区基本建成15分钟健身圈，为群众健身奠定了坚实的场地器材基础。越来越多的群众开始关注健康和养生，推崇晨跑、散步、健身、戒烟、限酒等良好生活方式。不同人群、年龄和职业的群众参与全民健身活动的热情日益高涨，各类体育健身活动丰富多彩，业已成为宁夏应对人口老龄化、保障和改善民生、提升群众健康素养的重要举措。

（五）强化政策支撑，保障重点人群健康

制定出台《宁夏基本养老服务体系建设规划（2015—2017年）》《关于加快推进医疗卫生与养老服务业发展的实施意见》等一系列配套政策，基本形成以居家养老为基础、社区养老为依托、机构养老为补充的社会养老服务体系。开展妇女、儿童、老人、残疾人健康咨询和健康服务，保障重点人群健康权益。推进健康扶贫，完成国务院扶贫办建档立卡的7.85万因病致贫返贫农村贫困人口的核查，对仍然患病的2.2万人开展分类治疗和康复工作。2016年因病致贫返贫人口减少1.2万人。深入实施卫生惠民，与发达省市医院建立对口帮扶机制，全面提升贫困地区医疗服务能力，改善贫困地区群众健康状况。

通过不懈努力，“十二五”期间，全区人民群众健康水平大幅提升。截至2015年底，人均期望寿命达到74.31岁（比2010年提高近1岁），孕产妇死亡率由29.7/10万下降到19.54/10万，婴儿死亡率由14.03‰下降到7.46‰，5岁以下儿童死亡率由17.05‰下降到10.18‰。出生人口性别比从2010年的110.23连续下降到2015年的107.2，逐年回落并趋于正常。出生缺陷发生率从2010年的113.85/万下降至2015年的105/万。全区每千人口医疗卫生机构床位、执业（助理）医师、注册护士、公共卫生人员分别达到4.79张、2.37人、2.42人和0.65人，分别比2010年增长28%、23%、

48%和17%。农村自来水入户率达到了80.7%，全区累积建设农村卫生厕所69.34万座。共创建国家级卫生城市2个、国家级卫生县城3个，建成自治区级卫生城市6个、卫生县城（区）13个，卫生城市（县城）比例位居西部地区前列。可以说，“健康宁夏”建设已经具备良好基础。

二、健康宁夏建设存在的突出问题

随着经济社会快速发展，工业化、城镇化、人口老龄化、疾病谱变化、生态环境及生活方式变化等对维护和促进居民健康提出了一系列严峻挑战。宁夏健康服务供给总体不足与需求不断增长之间的矛盾更加突出，医疗卫生体系保障健康的能力与群众日益增长的健康诉求还不适应，健康领域发展与经济社会发展的协调性还不够。截至2015年底，与全国平均水平相比，全区人均期望寿命低2.03岁，居民健康素养水平低1.2个百分点，城乡居民达到《国民体质测定标准》合格以上的人数比例低2.6个百分点，地级及以上城市空气质量优良天数比率低2.8个百分点，个人卫生支出占卫生总费用的比重高3.59个百分点，重大慢性病过早死亡率高6.2个百分点。全区人民的整体健康水平与全国平均水平相比还有较大差距，仍面临多重疾病威胁并存、多种健康因素交织的复杂局面，健康宁夏建设工作任重道远。

（一）对“大健康”的认识不到位，成为影响健康宁夏建设有效推进的首要因素

一是“大健康”理念还不深入。长期以来，健康只是一个工作重点和工作方向，没有上升到全局和战略的高度予以关注，“全民推进健康，全社会保障健康，全方位促进健康，全生命周期培育健康”的“大健康”工作理念还没有受到足够重视，“将健康融入所有政策”体现远远不够。二是“大协作”机制还不完善。各部门自成体系、各自为政，配合不够紧密，协同度不高，工作合力不强，互相掣肘的现象时有发生。三是前端预防的健康意识还没有广泛形成。很多群众缺乏最基本的健康知识、卫生常识、健康技能、生活方式和行为习惯，很多时候“病于无知”。四是宣传教育还不到位。各类健康教育普及率不高，深入度不够，内容和形式单一，经费

严重不足，没有做到长期化坚持、制度化推行。

（二）医药卫生体制改革与人民群众日益增长的健康需求还有较大差距

一是医疗资源布局不均衡。全区医疗资源过于向5个地级市市辖区尤其向银川地区集中。银川市人口占全区人口的31.84%，却拥有86%的三甲医院和41.43%的床位。三甲医院对医生、患者和医疗费用不断“虹吸”，中南部地区群众就医成本较高，基本公共卫生服务向农村、山区等偏远地区和城市“夹心层”群体的普及率不高。二是医疗人才短缺。全区高水平医疗卫生人才严重短缺，医务人员学历层次整体偏低。儿科、精神科、公共卫生等方面人才缺乏，全科医生总量小，远远不能满足基层全科诊疗需求。基层、农村卫生人才流失严重。三是公立医院的逐利性没有根本切断。科学的补偿机制尚未完全建立和普遍推行。公立医院管理粗放、资源浪费、身份固化、激励机制无法发挥应有作用。地域、级别、编制等因素致使医疗队伍“贫富差距”不断拉大，部分人员工作积极性不高。四是分级诊疗体系不健全。基层缺乏优质医疗资源尤其缺乏好医生的局面还没有根本改变。大医院仍然人满为患，医务人员的负担依然沉重。医保对不同层级医疗机构报销比例的设置并未从根本上扭转患者蜂拥三级医院的局面，很多患者被迫以更高的支付能力或更无奈的选择跳出医保去大医院就医。同时，一些廉价常用药品在市场上不断萎缩，间接提高了群众就医成本。五是医疗信息化发展滞后。医疗信息化设施重配备，轻使用，建设标准低、传输速度慢，缺乏专业操作人员，应有作用发挥不足。六是社会力量办医不充分，民营医院诊疗人次数、住院人次数比例较低，公立医疗机构“垄断”仍未根本打破，医疗市场有序有效竞争的局面仍未形成。七是医养结合不紧密。医养床位整体不足，专业护理人员缺乏，土地、财政等方面对养老的支撑政策创新不够，医药、医保和养老的制度衔接不畅。

（三）疾病族谱不断变化，成为影响健康宁夏建设有效推进的最大变量

虽然居民生活水平和文明素养不断提高，但是居民生活习惯和健康习性还没有跟上。吸烟、酗酒、久坐、长期不运动等不良习性十分普遍，高肉食、高糖分、高盐、油炸、烧烤、烟熏等不科学饮食结构非常普遍，快节奏生活带来的焦躁情绪，高压力的工作、生活环境导致的心理问题，农药、化肥、激素、抗生素的过度使用，辐射、重金属残留、有毒物质等的危害，食品、药品和职业安全问题，水、大气、土壤等环境污染，人口老龄化等现象，导致疾病族谱向慢性病、恶性病、心脑血管疾病发展，高血压、高血脂、糖尿病、白血病、恶性肿瘤以及各种疑难杂症发病比率不断提高，使各级医疗机构疲于应付，医保基金被不断蚕食，给居民健康带来重大威胁。

（四）环境、食品和药品安全隐患增多，成为影响健康宁夏建设有效推进的关键因素

由于工业化水平不高、倚重倚能的产业结构、脆弱的生态环境等因素叠加，部分地区环境污染问题严重，治理监管难度较大。部分企业设备老化，工艺落后，主体责任落实不到位，时有违法超标排污现象。一些地区雾霾天气不断出现。农村环境综合整治点多、面广、难度大，生活污水和垃圾处理“脏、乱、差”问题及农业面源污染仍未得到根本遏制。一些城镇污水处理厂排放标准低，部分污水处理厂超负荷运行或运行不正常。银川市六条主要入黄排水沟的水质全部为劣五类，部分湖泊湿地水环境不断恶化。食品、药品监管对农村、偏远地区、城乡结合部等薄弱环节覆盖不够，使其成为过期食品、药品和不合格商品的聚集地，严重威胁群众健康。中老年群体滥用保健品的现象比较突出，导致保健品市场诱导、骗购现象丛生，对中老年群体健康和整个保健品市场健康发展构成一定危害。各地环境和食品、药品监管及执法能力普遍不足，体制机制不畅，资金、技术和人才的缺乏，成为各项群众健康保障工作中的突出问题。

三、对推动健康宁夏建设的政策建议

（一）牢固树立健康理念

把“大健康”摆在优先发展的战略地位，上升到事关全局和战略的高度予以重点关注。一是树立大卫生、大健康的工作理念，完善“大协作”工作机制，构建大健康工作格局，形成各部门齐抓共管、共促健康的强大工作合力。二是强化政策支撑，将健康融入所有政策，建立系统性强、关联度高的政策体系。三是加大资金投入，将健康宁夏工作经费纳入自治区财政预算，加快健康基础设施建设。四是建立考评体系，出台考核办法，明确奖惩措施，并纳入党政考核体系。五是营造浓厚氛围，培育良好健康风尚和生活方式，强化个人健康责任，引导形成“人人参与，人人尽力，人人享有”的良好社会氛围。

（二）全面提升健康素养

一是普及健康观念。大力推进国民健康教育，创新载体、丰富内容，开展健康知识进农村、社区、学校、机关、工厂、家庭等活动，不断提升居民健康素养水平。二是推行健康生活方式。扎实开展各类健康创建活动，大力宣传和倡导勤俭节约、绿色低碳、文明健康的生活方式。建议出台自治区控烟条例，强力推进全区禁烟工作，从根本上改变宁夏吸烟人口比例高、复吸率高、烟民低龄化趋势等问题。开展减盐控盐宣传，推动减盐控盐成为全社会共识。三是深入推进全民健身。加快公共体育事业发展，加大公益体育基础设施建设，大力开展群众性体育健身休闲活动。建立健全国民体制监测体系，为各类健康政策提供决策支撑。

（三）切实提高保障能力

以医药卫生体制改革为抓手，坚持强基层、固根本的工作方向，切实推动医疗卫生资源下沉，推动城乡、山川医疗卫生服务均衡化，提高全社会健康保障能力。一是调整和优化布局。在银川地区不再批准建立政府办综合性医疗机构、三级医院不再增加床位，限制三级医院对一般性常见病的收治。尽快在中南部地级市布局三级医院，填补这些地区没有三级医疗机构的空白。二是加大投入确保财政补偿兜底，彻底切断公立医院的逐利性，使其回归公益本色，轻装前行。建立远程门诊、远程会诊，解决“大处方、大检查”顽疾，切实减轻患者医疗负担。三是完善分级诊疗体系。加强基层医疗机构医疗设施、医护人员配置，推动医疗设施的配备重心向基层下移和好医生向基层下沉。发挥“医联体”“医共体”等医疗联合体作用，帮助基层提高医疗卫生服务能力，进一步完善“双向转诊”机制，加速病源向基层回流。四是做实家庭医生签约制度。创新签约服务手段，完善和提升服务内容，形成合理就医秩序，使家庭医生成为群众健康的“守护神”。五是推动健康信息化建设。以互联网+、大数据、云计算为手段，建设全区统一的健康信息化系统，进一步优化医疗资源服务格局，提高医疗资源配置效率，改善和提高百姓就医体验。六是激发社会力量办医的积极性。进一步优化政策环境，减少行政管理部门对社会力量办医的限制和干扰，增加医疗服务供给，促进有序竞争，打破公立医院的垄断局面和虹吸效应，构建多元办医格局，提高全社会共促健康宁夏建设的强大合力。七是推动医养深度融合。整合医养资源，加大医养床位建设和布局。加快出台和落实优惠政策措施，鼓励医疗卫生机构增设养老机构或老年人科室，开辟绿色通道，优化资源配置，提升服务水平。创新健康政策，探索开展护理保险试点工作。

（四）不断加强健康保护

一是加强重点人群的健康监测和干预。建立妇女儿童、老年人、残疾人、贫困人口和流动人口等重点人群的健康监测体系、健康帮扶和救助机制。推进健康扶贫，建立因病返贫、因病致贫人员动态监测系统。二是加强重点疾病的救治和预防。加大对高血压、糖尿病等慢性病的预防，探索“互联网+慢病管理”模式，提高慢性病健康管理和救治能力。对癌症、白血病、脑卒中、心血管病人群开展早期筛查，提高救治能力。建议将二级以上医院常见病、慢性病用药下沉到基层医疗卫生服务机构，并给予基本药物使用及医保报销等政策倾斜。三是强化环境保护责任制。加强环境污染巡查和重点行业、企业的监管评价。对工业集中区、污染扩散区、城乡结合部、偏远山区、生态脆弱区进行疾病监测。加强职业病防治，建立完善职业病潜在人群信息管理、健康跟踪、定期体检、法律援助、帮扶救助等制度。加大职业病高危行业专项治理力度。对涉及高度危险作业、矿山、危险化学品、粉尘、高温、高放射性、高污染和道路交通、建筑施工等行业疾病、伤害和死亡进行重点监测和分析，探索建立疾病评价体系。四是重点消除健康危害。加强县级食品检测中心建设，完善食品检测设备，切实提高工作能力。改进和提升监管手段，运用互联网、大数据等信息化方式，提高食品、药品监管舆情监测、追溯、信用管理等平台的利用效率。加大对农村、偏远地区和城乡结合部的过期食品、药品、不合格商品监测、检查、销毁、回收、处罚等工作力度。加强保健品监管，科学指导中老年群体合理用药。建立食药品安全监管投诉举报制度和各部门协同办理工作机制，提高举报投诉处置效率，加大打击食品药品违法犯罪行为力度。深入实施乡村振兴战略，扎实推进厕所革命，提高垃圾清运和污染治理水平，培育健康、环保的乡风文明。

（五）切实推进人才培养

统筹推进全科医生、健康管理师、养老护理员、心理咨询师、社会体育指导员等各类健康人才的培养。一是加大培养力度。制订专项培训、培养规划，在高等学校和职业院校开设专项课程。二是加大政策扶持。对企业予以税费减免和专项扶持，对个人给予政策照顾和资金扶持，提高社会认同度和社会地位。三是加大考录力度。加大基层环保、食品药品监管人才的考录力度，提高环境保护治理和食品、药品监管队伍的专业素质和能力。四是加强交流合作。学习借鉴东部发达省区经验，引进专业公司和人才，通过市场化运作，不断改善和提高全区人才的专业技能。

（六）积极发展健康产业

立足宁夏资源禀赋、产业布局和市场需求，出台系统性强的大健康产业配套政策，从体制、政策、资金、土地、税费等方面进行顶层设计，整体推进，打造医疗、养老、旅游、健身休闲、体育运动、饮食娱乐、健康养生、中医保健、绿色食品、心理康复等大健康全产业链，把健康产业培育成宁夏未来经济发展的重要增长点。同时，将枸杞、干草、中草药等宁夏传统特色产业进行系统打造，强化战略支撑，培育龙头企业，推动差异化发展，构建具有宁夏特色的健康产业发展格局。

宁夏农垦集团土地资本化改革研究

王旭明　余昊东　余登波

加快土地资本化改革的进程，大多数农民工和农民才有可能从二元经济与城乡剪刀差困境中解脱出来。因此，探索宁夏农垦集团土地资本化改革，不仅能激发农垦集团的生机和活力，有利于推动农垦现代农业快速发展，加强农地资源保护，促进农垦剩余劳动力转移，遏制土地腐败，从而为全区农村土地改革深入推进提供启迪和思路。

一、宁夏农垦土地资源基本情况和土地资本化的条件分析

农垦是新中国成立后解决大规模军人安置的独特产物，曾经是我国最庞大的农业生产组织系统之一，是独具中国特色的农业生产组织形式。对保障主要农产品供给、平抑农产品物价、维护国家粮食安全方面发挥着重要作用。同时农垦在推进农业规模化、集约化经营，产业化发展方面对农村经济发展起到示范引领作用。在新的历史阶段，农垦改革稳步推进，现代农业快速发展，大型农业企业迅速成长，整体经济实力显著提升，是推进中国特色农业现代化的重要力量。

宁夏农垦目前改制成为适应市场经济体制的现代企业集团，辖 14 个国

作者简介　王旭明，国家统计局宁夏调查总队副巡视员，高级统计师；余昊东，平罗县陶乐镇干部；余登波，宁夏发改委调研员，副研究员。

有农林牧场、12个全资和控参股公司、5个事业单位，分布在银川、石嘴山、吴忠、中卫4个地级市及所属11个市县（区），拥有土地总面积239.8万亩，总人口12万人。改革开放以来，农垦农业生产能力显著提高，创造了许多个宁夏第一，如生产了宁夏第一桶牛奶、第一瓶啤酒、第一瓶葡萄酒、第一袋白砂糖，打造了宁夏第一个国家5A级景区。长期以来，农垦在保证自治区粮食等农产品供给、繁荣地方经济、促进民族团结、维护社会稳定等做出了重要贡献。

（一）土地基本情况

根据土地利用总体规划面积汇总（第二次土地调查）情况统计，宁夏农垦集团公司土地总面积239.8万亩，分布在全区除固原市以外的银川、石嘴山、吴忠、中卫4个地级市8个县区中的14个农场中（见图1）。

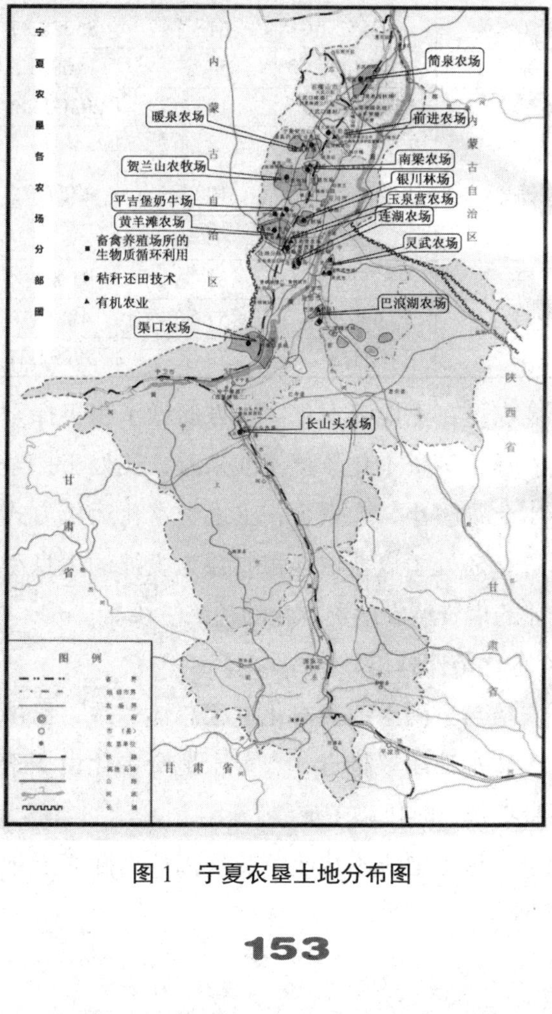

图1　宁夏农垦土地分布图

截至2016年底，农垦集团239.8万亩土地中，已确权土地面积181.06万亩，占总面积的近75.5%。其中，确权发证567宗116.1万亩，占总面积的48.4%；已确权未发证面积38.75万亩，占总面积的16.2%。各农场土地确权面积见表1。

表1　宁夏农垦集团土地农场分布情况

单位：万亩

农场名称	原土地证数量	原证土地面积	新办证数量（本）	新办证土地面积	备 注
巴浪湖农场	8宗(本)	57275.54	50宗	57819.8	
长山头农场	1宗(本)	101530.6	56宗	96844.03	
大武口建材厂			11宗	9117.61	
黄羊滩农场	1宗	98846.6	56宗	97388.8	
简泉农场	8宗	105063.8	96宗	109174.6	
连湖农场	11(本)	152552亩	61宗	85338.87	
暖泉农场	2宗	146076	54宗	146851.5	
前进农场	6宗	172949.5	107宗	293004.89	
渠口农场	1宗	452235.2	102宗	175712.3	青铜峡市辖区内的3.1万亩土地,没有分割办证
灵武农场	3宗	87286.7	37宗	91003.95	
玉泉营农场	1宗	60629	57宗	48854.4	
南梁农场	1宗	60373	29宗	59294.27	

近年来，宁夏农垦在土地资本化实践方面做了积极探索，取得了一些成效。但从宁夏农垦土地资本化改革实践来看，还处于探索阶段，存在一些不足。土地资本化规模小，数量少；土地资本化运作方式单一；土地资本化体制不灵活等，还处于以获取地租收益为表征的生息型农地资本化和以信用增级为表征的借贷型农地资本化的初级阶段。

（二）土地资本化条件分析

当前，宁夏农垦与全国土地资本化进程总体一致，已由土地资本化形成阶段向土地资本化加速阶段推进，农垦土地资本化由探索尝试向规模推进的现实条件逐步具备，时机趋于成熟。

一是顶层推进农垦土地资本化改革步伐加快。随着土地制度改革的逐步推进，我国城镇国有土地资本化改革步伐显著加快，土地价值不断提高。农村土地改革虽没有制度上的根本性突破，但农用土地资源流动性得到有效改善，以流转名义进行土地使用权的资本化趋势加快，带来新的一轮土地价值重估，促使土地价格逐步向价值接近。2015 年中共中央国务院出台的《关于进一步推进农垦改革发展的意见》指出："土地是农垦最重要的生产资料，是农垦存在与发展的基础。要从强化农业基础地位、切实保护国有土地资源、实现可持续发展的高度，深化农垦土地管理制度改革。"明确提出"用 3 年左右时间，基本完成农垦国有土地使用权确权登记发证任务……推进农垦土地资源资产化和资本化，创新农垦土地资产配置方式。"2016 年 12 月，国土部、财政部、农业部三部委联合下发《关于加快推进农垦国有土地使用权确权登记发证工作的通知》中再次重申："用 3 年左右时间基本完成农垦国有土地使用权确权登记发证任务，推进农垦土地资源资产化、资本化改革。"这些政策指明了农垦土地资本化改革方向，成为农垦土地改革的推动力。

二是国家土地政策为土地资本化改革松绑。根据现代不动产理论，土地的市场价值决定于四个特征因素：一是效用；二是稀缺性；三是有效需求；四是可转让性。毫无疑问，在改革开放前及改革开放初期，由于土地管控十分严格，我国农村农垦土地一直都具备前三个特征因素，而不具备可转让性，当然土地的市场价值难以实现。到本世纪初，随着我国城镇化、工业化进程加快，倒逼国家土地政策调整，2003 年颁布实施的《土地承包法》终于从制度上给予了农地使用权一定的松绑，允许农地使用权转让。近年来，国家进一步放宽了对土地资源管制，先后通过部委文件形式在多地试点探索，开展土地承包经营权抵押融资，农垦和农村土地经营收益权具备了充当抵押物的可交易性和价值稳定性。2014 年中央"一号文件"明确提出"赋予农民对承包地占有、使用、收益、流转及承包经营权抵押、担保权能"，"允许承包土地的经营权向金融机构抵押融资"。农地的流动性逐步增强，农垦和农村土地市场价值最后一个特征——可转让性基本具备。

三是宁夏农垦基本建立企业化运作机制。为了适应市场化发展需要，宁夏根据国家农垦改革要求，积极推进农垦企业化改革。2009 年和 2010

年连续出台了《关于进一步加快农垦改革发展的意见》《关于整顿和加强农垦土地管理的决定》两个重要文件，梯次推进农垦改革。按照公共管理与生产经营职能分开、国有资产所有权与经营权分离的原则，对农垦事业管理局和农垦集团公司实行内部政企分开、政事脱钩，过渡期实行“两块牌子，一套班子，交叉任职”的管理体制。2014 年，宁夏又出台《关于进一步深化农垦改革发展的实施意见》，推动农垦实现管理体制集团化转变，完善法人治理结构，以资产为纽带整合资源资产，重组专业公司，改革内部分配制度，构建集团母子公司运营机制，农垦事业管理局退出宁夏事业管理序列。在推进农垦局转企改制中，撤销了 13 个行政处室，设立了集团公司 12 个职能部门。农垦集团公司修订完善了公司章程和“三会一层”议事规则，建立了党委会、董事会、经理层和监事会、职代会相互制衡的法人治理结构。积极推进农场改革，保留国有农场建制，对农场及农业分公司实施整合重组，实行“两块牌子，一套班子”管理方式，基本完成国有农场办社会职能改革试点工作。

四是宁夏农垦系统实现了社会保障全覆盖。宁夏农垦系统职工与全区其他行业一样，早在 1992 年参加了全区职工统一社会保障。经过 25 年发展，宁夏农垦系统社会保险覆盖范围不断扩大，截至 2016 年底，农垦城镇职工基本养老、医疗、失业、工伤、生育保险参保人数分别达 11016 人、11015 人、1967 人、9089 人和 10971 人。农垦系统职工家属与全区农村居民一样，于 2011 年全部纳入了国家新农保试点范围，并在“十一五”末与全区同步完成了城乡居民社会保障一体化统筹和社会保障“一卡通”建设任务。农垦系统职工和居民社保体系建立和不断完善，在一定程度上解决了居民后顾之忧，土地承载的社会保障压力逐步弱化，土地资产变现能力加强，在客观上为土地承包经营权抵押“减负”，提高了金融机构开展土地抵押业务的积极性。

无论从国家宏观政策大势看，还是从土地资本化的基本要件看，宁夏农垦土地资本化快速发展的时机趋于成熟。但是，还存在一些不容忽视的问题，农地资本化的个别约束还没有突破，微观主体农垦集团市场化改革还不彻底，直接影响资本市场化改革推进。

农地资本化面临法律法规建设滞后的约束。农地资本化是社会生产力发展到一定阶段的产物，既符合一般物品资本化的条件，又具有农地经营权作为用益物权资本化的特殊性。因此，农地资本化的改革既要具备制度建设和流通市场等一般物品资本化的条件，又需要满足产权界定等农地经营权作为用益物权资本化的特殊要求（见图2）。

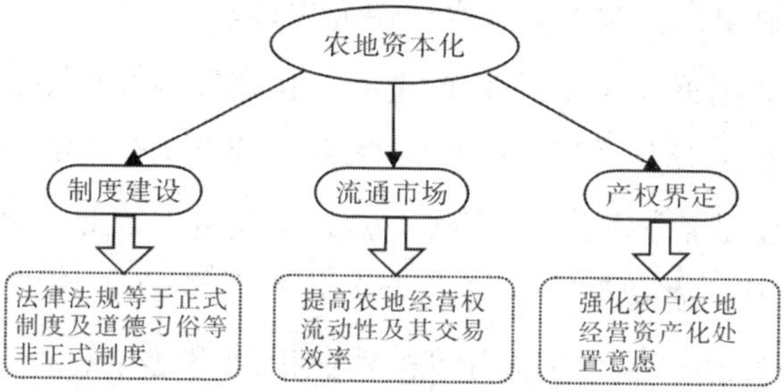

图2　农地资本化具体要件图

健全的土地制度是农地资本化制度创新的首要条件。制度建设、产权界定和流通市场是实现农地资本化的三个要件，三者之间相互联系、缺一不可。产权界定和流通市场的建设离不开正式和非正式制度的确认和保护，制度建设也需要借助于产权界定和流通市场得以丰富和完善。正式和非正式制度为界定农地产权权责利归属以及鼓励市场主体参与交易提供了最基本的行为预期和权益保障；同时界定农地产权和构建交易市场是应用农地相关制度的主要领域，其实践探索为调整和完善农地制度建设提供了条件。在制度建设、产权界定和流通市场三者的相互支撑下，农地资本化在不同市场主体对预期风险和收益的均衡处得以实现。

但是，从目前情况来看，农垦土地资本化面临着以下约束：

一是既有法律制度对农地资本化支持强度不够，政策缺乏系统性。近年来，国务院及其农业部等多次出台了推进农垦改革发展的意见和建议，提出探索农垦土地资本化改革方向、任务的要求，如国土资源部《关于加强土地管理促进国有企业改革和发展的意见》和《关于改革土地估价结果确认和土地资产处置审批办法的通知》等，以及宁夏依据上级文件精神，结合当地实际情况出台的有关政策文件等，但这些法规政策条款条文内容零散、不成体系，在涉及土地资本化立法方面比较滞后。

二是农地资本化交易成本偏高。在农地资本化预期制度收益一定的情况下，交易成本与制度创新实际收益是此消彼长的关系，其高低直接决定了农地经营权能否在不同经营主体间顺利转移并完成农地资本化过程。当下农垦集团农场生产存在着部分农业经营分散性和农地资产专用性及农场机会主义行为等因素均增加了农地资本化的交易成本，压缩了农地资本化制度创新的收益预期，影响农地资本化快速发展。

三是农地资本化关联制度还不够健全。农地资本化关联制度包括农地产权交易制度、农工及其居民社会保障体系、劳动力转移就业、户籍管理制度以及农垦社会征信体系等，任意一项关联制度对农地资本化都有不同程度的影响。当前，农地资本化面临着农地产权交易市场发育程度较低、居民社会保障水平还不高、劳动力转移就业机制不健全、社会征信体系缺失等不利于农地资本化的宏观环境。

四是农垦集团市场化改革还不彻底。农垦系统市场化改革还不够彻底，还有“计划经济最后一个堡垒”之称。由于农垦自成一体的系统和国企特殊性等，在一定程度上阻滞农垦系统的改革进程，市场化改革还不彻底，还带有浓重的行政管理色彩，企业社会化改革还不到位，自我封闭体系还没有彻底打破等等，这将制约农垦企业巨大活力的释放。监管体制不够完善，资产权属不清晰。长期以来形成封闭系统和特殊管理体制，以及农垦规模大、农场分布广、资产庞大分散，管理难度大等多方面因素的制约，农垦系统依然存在着国有资产权属不清晰、出资人职责不明确等问题，导致资产利用效率普遍较低，影响农垦集团整体效益提高和农垦土地资本化改革进程。由于多种原因，宁夏农垦土地资源流失问题比较突出。据不完全统计，改革开放以来，自发移民和其他市场主体通过承包、租赁、转包、抢占等途径非法占有农垦土地 9 万多亩。一方面造成了国有土地流失，另一方面导致非法移民在农垦土地上乱圈乱建，破坏了农垦土地整体性，不利于规模化经营和管理，也严重影响到农垦土地资本化实施。部分土地未完成确权颁证，直接影响土地资本化发展。截至 2016 年底，农垦确权未颁证的土地和未确权的土地面积达到 97.49 万亩，占农垦集团土地总面积的 40.1%。由于没有土地证，将影响农垦集团整体融资规模和资本化改革进程。

二、加快宁夏农垦土地资本化改革对策建议

在推进农地资本化改革中，由于土地规模和管理体制等不同，农垦和农村土地资本化所经历的形式也不尽相同。农村由初级生息型农地资本化逐步向借贷型农地资本化、要素型农地资本化、金融型农地资本化高级形式逐步递进。而农垦集团土地资本化则跨越生息型阶段直接从借贷型农地资本型开始。当前和今后一个时期，要从以下几方面着手，加快推进农垦土地资本化向金融型农地资本化高级形式迈进。

（一）加快建立完善农地资本化的法律制度

当前，我国农地资本化制度创新的实践操作基本上以政策推动为主，缺少相关法律的保障和确认，政策主导农地资本化造成了各参与主体利益均衡结构的不稳定，成为影响农地资本化的一个重要的不确定因素。既有的法律对农地权属界定不清晰，当然也不可能有明确支持农地资本化法律条文。因此，在尊重现实和反复验证基础上对现行的相关农垦和农村土地政策修改完善，并推动相关政策上升为国家法律。适时启动《宪法》《土地法》《物权法》《担保法》和《银行法》等既有法律关于农地权属界定及其资本化改革相关内容修改工作，弥补农地资本化的法律缺漏之处。制定符合国情和农垦系统实际的土地资本化发展的相关配套法律法规，尤其要尽快制定农地抵押的法律法规，为农地资本化积极稳妥推进和持续发展提供强有力的法律法规保障。

（二）建立科学的土地评估体系

建立科学的土地评估系统是构建土地金融组织必不可少的环节。自治区相关部门和宁夏农垦集团，要鼓励和支持土地评估中介机构建立，支持现有的中介机构提高业务能力；土地评估中介机构要深入研究农垦土地资源的合理利用与保护，以及在社会经济发展中的土地利用及其优化配置问题，研究土地在社会利用过程中存在的种种矛盾的产生、发展和消亡的规律，研究制定解决这些矛盾的相应政策、法律、技术方法和符合国家利益的规划。深入分析土地资源对经济发展的保障作用，准确计算土地资源对经济增长的贡献程度，科学建立土地资源开发利用的经济效益评价指标体

系,有针对性地开展土地经济评价。相关部门要加强对土地评估中介机构的规范管理，推进土地评估工作合法规范、公正公平地开展土地评估，从而服务于土地资本化发展需要。

（三）建立完善农地产权交易体系

农地产权交易，即农地经营权在不同经营主体间转移的公平和安全性直接影响农场及农户对土地进行资产化处置的意愿强度，农地经营权转移交易渠道单一、货币实现价值偏低、农业经营风险较大等都不利于农地经营权在不同经营主体间的转移及农地资本化的实现。因此，一方面应积极完善农地产权交易制度以保障交易行为的安全；另一方面应借助活跃和规范农地产权交易市场，发掘农地经营权的公允价值，使农场及农户转移农地经营权的行为得到合理补偿，增强农户对农地经营权资产化处置的意愿。通过建立农地产权交易市场扩大市场边界，使农地经营权货币实现价值真正建立在土地资源稀缺、农地流转信息公开以及农地产权具有较高的流动性和可处置性等基础上，调动农地资本化供需双方参与其中的积极性。

（四）构建风险防范机制

在农地资本化制度创新和实施过程中，潜在风险是与预期收益相对应的，二者此消彼长。农地资本化潜在风险侵蚀着参与主体的收益预期及其参与动力，增加了农地资本化的不稳定性。当前，宁夏农垦农地资本化在中央和自治区政策的推动下起步探索，但没有从制度上摆脱其面临的法律和经济双重风险，如法律刚性约束、信息不对称等。农地资本化潜在风险的客观存在要求在农地资本化过程中应特别注重构建和完善农地资本化风险防范机制，稳定和提高参与主体的收益预期和参与意愿，增强农地资本化的可持续性和可操作性。具体来讲，一方面应基于前述几点对策建议，从健全农村土地立法和完善农地产权交易体系等外部环节防范农地资本化潜在风险，另一方面应强化农地资本化自身的操作规范性和程序化，从内外两个方向构建严密、高效的农地资本化风险防范机制。

（五）建立主体多元化的金融组织体系

建立主体多元化的金融组织体系，既是拓宽土地资本化渠道的需要，也是降低土地金融的信用风险重要措施。参与主体除了政策性银行、国有商业银行外，还应该有宁夏地方银行、农村信用社和民间私人信贷机构等金融组织体系，同时还包括农村土地评估机构、农业保险机构、农业信托机构等配套机构。例如，德国除土地抵押信用合作社外，还有土地抵押信用协会、土地信用银行、地租银行、德国农业中央银行等主体。同时，借鉴法国、美国等国家在农地资本化过程中对农村土地金融机构享受政府贴息资金、免交所得税的做法，建议自治区财政加大对农垦土地金融发展的政策支持，在财政上给予农村土地金融机构的资金支持，在税收上对农村土地金融机构制定优惠的税收政策等，以降低或分散金融机构经营风险。另外，加强农地金融风险监管和分担机制建设。宁夏银监会、宁夏证监会、自治区金融局等相关部门要借鉴美国对农村土地金融机构采取不同于商业银行的管理方式，专门设立包括监管机构、行业自律协会、资金融通清算中心和互助保险集团在内的金融管理体系及对合作金融业的存款统一实行强制保险的做法和经验，建立宁夏农垦土地资本化运行金融监管体制，制定切实可行的监督管理制度，以保障服务于农地资本化的金融组织体系规范安全运行和顺利发展。

（六）继续深入推进农垦市场化改革

一是严格农垦土地管理，抓紧完成土地确权颁证工作。要按照中共中央、国务院印发的《关于进一步推进农垦改革发展的意见》要求，严格保护农垦土地资源，确立产权明晰土地权属关系。争取自治区相关部门支持，加强与农场属地政府沟通协调，加快推进历史遗留的农垦土地被非法占有、非法建设、非法买卖等问题的解决，力争尽可能全部或大部收回农垦国有土地资源。加快推进农垦国有土地的确权和登记，进一步明晰农垦土地产权关系。积极与县区政府沟通，协同国土部门尽快对已确权尚未颁证土地的颁证工作，积极推进未确权土地确权颁证进度。二是加强国有资产监管，建立明晰规范的产权管理体制。建立符合农垦特点的国有资产监管体制，选拔一批品行端正、公正廉洁、业务精熟、敢于作为的人员，组建起一支精干高效管理机构，形成管理顺畅、运行高效、监督有力的管理运行机制，制定符合农垦企业特点的有针对性资产管理监督制度。加强对农垦集团及其农场、分公司国有资产监督检查，形成定期检查和不定期抽查相结合，干部离任审计与在职审计相结合，内部审计和外部审计相结合等多种检查方法。建立起国有资产权属清晰、管理规范的制度，有效防止腐败和国有资产流失，才能保障农垦集团深入改革有序进行，为土地资本化改革提供制度保障。三是加快农垦集团去行政化步伐，建立完善现代企业管理制度。继续推进改革，加快管理去行政化步伐。实施政企分开改革，建立国有企业管理体制和市场化运行机制，明确从选聘人员制度、企业经营考核管理办法、经营管理观念三方面来全面加快推进农垦企业“去行政化”管理步伐。集团实现契约化用人机制，使得管理人员职业化、企业经营市场化。建立长效的激励和约束机制，通过企业高管的市场化选聘、契约化管理，逐步废除过去企业经营管理人员的国家干部身份和行政任命形式，按市场供求关系和企业经济效益来建立人才选聘、薪酬激励机制。建立健全企业经营者和员工的激励约束机制，按照企业经营规模、盈利能力来确定企业经营者薪酬水平，员工的工资增长幅度与企业经营效益增长幅度要相适应。加快企业去社会化步伐，推进社会职能改革和农场社区建设，积极争取将企业的社会职能尽可能的一次性全部分离，暂时不具备分离条件的，要实行内部分开，可以在农场设立社区管理委员会，积极探索授权委托、政府购买服务等管办分离的方式来解决农场办社会负担问题，让农垦企业轻装前进。

呼包银榆经济区政府间合作机制研究

魏向前　孟德玉

根据政府间关系理论，在呼包银经济区区域经济一体化进程中，跨域各成员单位应秉持整体性治理的理念，最大限度地突破地方保护主义的藩篱，通过精诚团结、合作共治来实现跨域合作的帕累托效应。但目前该经济区面临产业同构、地方之间经济发展不平衡、地方政府间合作不可预期性以及契约精神在政府层的缺失等问题的现实困境，从而成为严重制约呼包银榆经济区区域经济一体化进程的瓶颈因素。这绝对不符合公平公正、合作共赢的公共行政精神。因此，应以合作共赢的治理理念为指导，以区域合作组织协商机制、区域合作规则机制、区域政府利益分配和补偿机制等制度创新为突破口，全面推进呼包银榆经济区政府间全方位有效合作进程。

一、呼包银榆经济区地方政府间合作现状

呼包银榆经济区各区域之间地缘毗邻、资源丰富、经济发展迅速，因此完全具备大规模合作的基础。在呼包银榆经济区未获国家正式批复之前，宁蒙陕甘毗邻地区政府间自发合作已有 10 年时间，2012 年呼包银榆经济区获国家正式批复之后，该地区跨域合作进入一个新的时期。纵观 10 多年来的跨域合作历史，该经济区合作共赢、抱团发展的理念凸显。具体合作

作者简介　魏向前，宁夏党校公共管理教研部副主任，教授；孟德玉，宁夏党校图书馆副研究馆员。

项目增多、范围扩大。

（一）跨域合作治理平台的初步搭建

随着区域经济一体化进程的加快，区域经济联系更加紧密，区域合作交流日益频繁，区域合作成果硕果累累。这其中跨域合作治理平台的构建就成为区域合作治理的中枢与发动机。从呼包银榆经济区合作平台建设演进情况来看，主要有：一是宁蒙陕甘毗邻地区跨域合作治理平台：有宁蒙陕甘毗邻地区共同发展联席会议、宁蒙陕甘毗邻地区经济技术合作洽谈会等。二是呼包银榆经济区跨域合作治理平台：呼包银榆经济区市长联席会议、呼包银榆经济区经济技术合作洽谈会等。

（二）跨域合作治理的项目不断增多

市场经济的快速推进催生了呼包银榆经济区区域经济一体化的全新要求。因此，呼包银榆经济区地方政府除了继续履行发展当地经济的功能之外，而且还要责无旁贷地承担提升区域整体发展的能力。在这种背景下，呼包银榆经济区地方政府之间的合作呈现领域不断拓展，合作内容不断深化，合作方式日趋多元的特征与趋势。具体表现为：从单一的经济合作扩大到行政合作，从单纯的经济贸易合作扩展到公共事务合作。这些都为进一步深化跨域全面合作创造了有利的条件。尤其是随着《呼包银榆经济区发展规划》的出台，该地区跨域产业经济交通物流、文化旅游、生态保护、教育医疗、人才开发等领域的合作也正式扬帆起航。

二、呼包银榆经济区政府间合作存在的问题

从当前呼包银榆经济区政府间合作的实际情况来看，该地区跨域合作虽说也取得了一定的成效，推动了区域经济一体化进程，部分实现了善治的目的和要求。但受制于多方面的因素，该地区政府间的合作还处于一种调适及磨合阶段，也就是说尚处于合作的初级阶段。因此不可避免地存在着诸多合作困局，从而大大影响了该区域合作向更深层次迈进，这不能不引起政界、学界及社会各界的高度重视。

（一）产业趋同现象严重

在呼包银榆经济区，各地方政府均将煤化工产业作为其支柱产业，而

且自成体系，大而全的发展。在奶产业、羊绒制品、装备制造业、新能源、新材料等领域，该区域上述产业的雷同率也很高，各自为战、恶性竞争的情况也是比比皆是。这种严重的产业同构现象负面影响表现在：一方面，不仅造成经济区内难以形成规模化产业经济，不符合国家产业互补与结构升级的政策导向；浪费了大量宝贵的不可再生资源，影响了宏观经济效益的提升；降低了区域经济发展速度与效率，阻碍了区域专业化分工的形成；限制了区域间分工与合作，减少了区域经贸关系的往来与联系。另一方面，也加剧了经济区内各地方政府间的非理性竞争，容易引发地方政府间紧张关系，地方保护主义现象也将因此而不断升温。因此，其负面作用绝对不能小觑。

（二）地方保护主义盛行

目前，在推进呼包银榆经济区区域经济一体化进程过程中，由于该经济区各地方政府互不隶属，导致行政体制分割、各自为政现象严重。在很大程度上，往往是经济型政府间关系被行政型政府间关系所替代。这样以来，由于地方利益的驱动，在“肥水不留外人田”“大树底下不长草”的思想作祟下，导致地方保护主义盛行，市场分割严重，从而难以真正做到区域内资源的优化配置及经济的有效融合。具体表现在：一方面，在市场经济法治不太完善的情况下，该区域的一些企业为了求得生存与发展，确保实现其产值与利润的最大化，往往求助于地方政府通过一系列行政手段来限制外来商品进入以及禁止本地商品流出，从而确保通过政府对市场进行人为干预、设限来达到占有本地市场的目的。另一方面，则通过一些不合法的手段和方式对外地企业和商品进行打压，以确保本地企业市场占有份额居主导地位。这种做法所带来的后果是，短期内会对本地经济发展带来一定的效益，但从长远看，则是区域整体竞争力的降低，整体利益的损耗，资源配置的低效，区域经济的割裂，最终不利于区域整体可持续发展。

（三）区域公共服务缺失

良好的区域公共服务既是整个区域经济健康发展的重要保障和必要前提，也是加强区域政府间经济、社会乃至政治合作的必要保障。但随着区域经济一体化的迅猛发展，使得原先属于本地的公共事务越来越呈现出更为明显的外部化特征。而通过以往的单边治理层出不穷地跨域公共服务问题显然已经力不从心。另外由于各地方政府都不同程度存在搭便车的侥幸心理，各家自扫门前雪，对跨域公共服务由谁提供如何提供漠然视之，不愿意积极主动地单方或共同提供公共服务，从而导致跨域公共服务供应不足，继而产生公共事务治理失灵的情况。在呼包银榆经济区经济一体化进程中，由于缺乏统一、权威、操作性强的法律法规体系，加之区域各地封闭式的行政管理体制和区域协作意愿的缺失，导致了跨域公共产品和公共服务供给严重不足，跨域协同治理几近失灵。跨域公共基础设施建设滞后、黄河流域的水资源不科学分配以及污染治理不力就是明显的例子。

三、呼包银榆经济区政府间合作治理的实现途径

呼包银榆经济区跨域协同治理是一项涉及面广、内容复杂且具有实时动态性的系统工程。因此，呼包银榆经济区跨域协同治理机制必须在认真遵循系统论中的整体性、关联性、动态性及层次性的核心思想的基础上，全面打造呼包银榆经济区协同治理创新的长效机制。

（一）创新组织体制，搭建跨行政区域的宁蒙陕地方政府间合作组织

就当前呼包银榆经济区规划与建设现状而言，为了从体制上保证行政区局部利益为经济区全局利益让道。建议由中央牵头或授权，建立由宁夏、内蒙古、陕西三省区政府发展和改革委员会牵头，银川市、呼和浩特市、包头市、鄂尔多斯市、榆林市合作方政府共同参加的跨行政区域的宁蒙陕地方政府间合作组织。其职能包括：一是研究制定呼包银榆经济区统一发展规划和统一发展政策。在推进呼包银榆经济区一体化过程中，应秉持弱化行政区概念，强化经济区概念的原则，做到规划先行，统筹考虑。制订出超越现有行政区划，能够覆盖呼包银榆经济区内各城市等级、各行政主体以及各功能的大区域规划。包括消除市场壁垒和产品流动障碍，形成统一的市场体系；发挥各地区比较优势，形成合理分工的产业一体化；建立完善、协调的交通物流网络，推进基础设施一体化加强对户籍、住房、就业、医疗、教育、社会保障制度等方面的协调与管理，联手构建统一的制度架构和实施细则；在招商引资、土地批租、外贸出口、人才流动、技术

研发、信息共享等方面，营造无差异的政策环境，实现区域制度架构的融合统一。二是公平公正仲裁呼包银榆经济区经济纠纷。这是符合国际通行经验与做法的一种选择。从世界范围来看，成功的区域一体化国家间联盟如欧盟、海合会等组织以及像世界贸易组织，在其成员国发生经济和贸易纠纷或成员国之间采取贸易保护主义政策时，都通过专门权威机构进行协调及仲裁，以确保区域经济一体化进程不受影响。从西方发达国家来看，为了推进区域经济一体化，德国、美国、加拿大都分别设立了区域联合体、区域开发委员会、大都市区政府等相应的权威协调及仲裁机构作为保障机构。[1] 呼包银榆经济区应着手建立类似发达国家所设立的跨域协调及仲裁机构，以独立、客观、公正的第三方的身份，秉持促进区域经济一体化，实现区域整体利益为出发点，积极协调并公平仲裁各成员政府之间的摩擦与矛盾，确保跨域地方之间合作的顺利进行。

（二）建立有效的政策支持机制，优化区域经济结构和城市功能定位

为了破解呼包银榆经济区政府间合作这一重要命题和重大难题，呼包银榆经济区各地方政府应进一步扩大合作共赢的共识，走协同治理的道路。尤其是要明确城市功能定位，优化区域经济结构，加强产业合作，不断突破区划界线，推动和实现呼包银榆经济区实现资源统一整合、产业优势互补以及经济错位发展。唯此才能实现该地区整体竞争力水平的提升。呼和浩特应利用其作为内蒙古自治区首府、呼包银榆经济区核心城市以及毗邻京津冀经济圈的区位优势，从宏观上培养并重点承接京津地区的产业转移，从而形成乳业、现代服务业、现代物流业、特色旅游等独具特色、竞争力强的支柱产业。北方重镇，内蒙古第一大城市的包头则应继续发挥老工业基地的作用，加大潜能改造和技术升级的力度，继续大力发展装备制造、军事工业、现代服务业、旅游业及现代农业，使其继续扮演新时期呼包银榆经济区极具竞争力的核心城市的角色。银川市作为宁夏首府，西北重镇、中阿博览会永久举办之地、丝绸之路经济带重要节点城市，应继续发挥其作为呼包银榆经济区核心城市以及国家向西开放桥头堡的重要作用，大力发展高端装备制造业、煤化工工业、生态纺织业、葡萄酿酒业、现代设施农业、现代服务业、清真食品和穆斯林用品、乳品产业、旅游观光业等。

鄂尔多斯应大力发展煤化工产业、羊绒纺织业、稀土产业、旅游业、现代服务业、现代物流业等，将其建成呼包银榆经济区特色鲜明的副中心城市。榆林则利用其独特的区位优势和富集的资源储备优势，努力打造煤化工产业、现代物流业、旅游业，作为副中心城市无缝隙融入呼包银榆经济区。吴忠、石嘴山、乌海等城市也要依托其发展优势，找准自身发展目标定位，加大经济转型的速度，建成经济区内特色鲜明的区域经济体系。

（三）完善地方政府间合作的政策执行制度，尝试推行区域内行政管理管辖权的让渡

在呼包银榆经济区一体化进程中，地方政府间的合作尚存在一些难以克服的障碍，主要体现在行政区经济与区域经济一体化之间的矛盾上。之所以出现这样的区域合作治理困境，主要是与行政区行政模式下的行政权分割这种特点密切相关。由于在现行行政体制下，呼包银榆经济区行政区行政具有内敛性、闭合性、切割性和有界性的特点。因此这种行政经济模式从本质上说是一种画地为牢、各自为阵的行政经济模式。这与开放性、流通性、竞争性的区域经济一体化的趋势与特点明显背离。[2] 因此必然会导致生产分割、流通不畅、恶性竞争的不良局面，最终形成区域经济的蜂窝化和碎片化现象。要想有效破解这对矛盾与问题，尝试从行政管辖权的让渡就成为一种切实可行的选择。其目的在于通过打破行政管辖权的界限分割，实现行政管辖权之间的互动，从而克服行政区行政缺陷，实现区域经济一体化，有效实现呼包银榆经济区区域协同治理。

从行政法的视角分析的话，行政管辖权的让渡是指参与地方政府间合作的地方政府或政府职能部门通过民主协商达成决议，统一将各自一种或几种权力的运行环节交由某一功能性、区域性管理机构来统一行使。呼包银榆经济区可以尝试大胆地向国家申请成立一个跨内蒙古、宁夏及陕西三省的一个权威性的功能性特区。在不改变既有三省区行政边界的前提下，尝试实行上述地区行政管辖权的让渡，把本来属于三省区的行政管辖区由所设立的功能性特区统一行使。需要进一步说明的是，该功能性特区的设立主要是针对资源的有序开发利用、产业的错位发展、生态环境的恢复与保护等问题。其职能主要包括协调该区域利益冲突及提高资源共享效益，以功能性特区的现实进行跨域合作可以集中资源，调动各方力量，分摊行政成本，分散发展风险来实现呼包银榆经济区一体化进程。总之，呼包银榆经济区协调治理涉及三省区众多城市与部门，权力关系网错综复杂，如果在认识及理念上存在分歧，很容易造成该区域各地方政府间发生冲突与摩擦。因此，在目前各地方政府都有特定上级管辖法定权的背景下，完全可以通过将地方政府的部分行政管辖权让渡或赋予功能性特区，以此解决跨域公共问题的治理难题。[3]

（四）健全地方政府间合作的保障制度，强化跨域合作监督及仲裁机制

从现实情况来看，由于没有相应的跨区法院来进行受理解决一些跨行政区划边界的公共事务、尤其是一些跨省的公共事务治理方面的纠纷与裁决，致使跨域合作治理挫折不断。因此，为了消除局部利益对区域共同利益的侵蚀和影响，呼包银榆经济区各合作方必须通力合作，经谈判一致同意的前提下，通过权威、统一、高效的政府间具有仲裁权的协调组织机构，订立具有强制性约束力的规章制度，以此监督地方政府间协议的有效执行，并公平公正仲裁合作方发生的利益纠纷，从而保障并维系呼包银榆经济区政府间合作的顺利进行。

该机制的构成要件包括以下内容：一是制定专门法律，明确惩戒条款。在针对目前包括呼包银榆经济区在内的全国跨区域联合治理过程中，区域内各成员单位之间普遍存在立法尺度不一、规章制度难以衔接、合作协议难以执行、执法合作成本高昂、区域纠纷难以解决等顽疾的情况下。呼包银榆经济区必须要跳出原有的思维框架，放宽视界与眼光，以战略的思维及眼光来科学审视和重新界定区域合作问题，尤其是要注重并实现从地方协议型合作机制到国家立法型的战略转变。要制定出台《区域经济合作促进法》来明确区域合作方应遵守的规则、违反区域合作法规应承担的政治经济责任、对区域合作中违规方违反游戏规则做出惩罚性制度安排等内容。二是建立跨区域法院系统，负责区域合作中矛盾和冲突的裁决。现行中国司法制度是按照行政管辖区来构建的，一级政府一级审判机关。这样的做法固然有其合理性的一面，但也会造成一系列负面后果，最大的问题是会造成地方领导对司法机关独立判案的干预，从而造成司法腐败以及司法公信力的丧失，继而影响中国司法现代化的进程。[4] 因此，从上述两层意义上讲，一要设立中央巡回法庭作为解决跨省纠纷的一审法院，独立行使审判权。二要设立跨地区的法院作为独立审判机关，权威公平的裁决跨域地方政府间的纠纷。

参考文献：

[1] 张维迎.博弈论与信息经济学 [M] .上海：上海人民出版社，1996：15—19.

[2] 王健."伙伴关系"的提出 [J] .中国行政管理.2008（8）.

[3] 奥尔森.集体行动的逻辑 [M] .上海：上海人民出版社，1995：56.

[4] 陈咏梅.论法制视野下区域府际合作机制的创新 [J] .江汉大学学报，2014（1）.

宁夏教育公平的现实困境与发展路径选择

李　霞

教育公平是社会公平价值在教育领域的延伸，体现在教育权利平等和教育机会均等两个基本方面。促进和保障教育公平是构建社会主义和谐社会的必然要求，也是我国教育改革和发展不懈追求的目标。党的十九大向我们提出了“推进教育公平”的战略任务，一直以来，宁夏回族自治区党委、政府把推进教育公平作为民生之首、发展之要，保公平，抓投入，促改革，提质量，教育支出占 GDP 比重连续五年保持在 4%以上。出台了学前教育、普通高中、中职学校生均公用经费拨款制度，实现了各类教育生均拨款制度全覆盖。全区教育事业总体实现了与全国同步发展，教育发展指数居全国第 10 位，走在了中西部地区前列。2015 年有关主流媒体对全国各省区教育满意度调查中，宁夏位居全国第五、西部地区第一。

一、宁夏力促教育公平取得的显著成效

自治区党委、政府把均衡发展作为义务教育的重要任务，以“切实办好每一所学校，促进每一位学生健康成长”为宗旨，合理配置教育资源，统筹推进义务教育一体化改革，公办学校标准化建设步伐逐步加快，九年义务教育全面普及，城乡免费义务教育全面实现，县域内义务教育均衡发

作者简介　李霞，宁夏社会科学院农村经济研究所（生态文明研究所）副所长，研究员。

展水平不断提高。

1. 加快义务教育均衡发展

一是普惠性学前教育资源覆盖面快速扩大。均衡发展是义务教育全面普及之后的战略性任务，是促进教育公平、办好人民满意教育的直接体现。2011 年至 2017 年 6 月，宁夏通过实施“第二轮学前教育三年行动计划”和“政府购买学前教育服务试点”工作，累计建设幼儿园 514 所，极大地改善了全区幼儿园办学条件。固原市鼓励普惠性幼儿园发展，新改扩建幼儿园 130 所，实现了建档立卡贫困户适龄幼儿学前教育“一免一补”、行政村学前教育的全覆盖。截至 2017 年 6 月底，全区学前三年毛入园率达到 78%，比 2010 年提高了 20 个百分点。

二是加快城乡义务教育公办学校标准化建设。为了促进农村义务教育的科学发展，满足教学活动和师生生活的基本需求，全面提高学校建设水平，促进办学条件均衡发展。近三年来，宁夏累计投入 44 亿元，实施农村中小学危房改造工程、农村寄宿制学校建设工程等项目，完成 438 万平方米的校舍新建和加固改造任务，全区生均校舍面积达 7.4 平方米。改造了全区 238 所农村中小学体育运动场地和 285 所农村中小学供暖设施，为学生健康成长创造了良好条件。同时，加强学校食堂和教学设施建设，购置了厨房设备和学生餐具，配备了教学仪器、图书、电脑等，农村中小学校的办学条件得到较大改善，有力地促进了学校标准化建设。

2. 打造西部职业教育高地迈出坚实步伐

2014 年，自治区党委、政府出台的《关于加快发展现代职业教育的意见》提出，要把宁夏打造成为机制一流、特色领先的“西部职业教育高地”。目前，宁夏 1 个职业教育园区、9 个职业技能公共实训中心、3 所高等职业院校、14 所中等职业学校均已进入国家级骨干示范学校行列，入选比例居全国前列，全区高等职业院校能容纳 5 万名、中等职业学校能容纳 12 万名以上学生。

一是突出特色，强化市场需求。产教融合、校企合作有了新突破，一批企业和行业协会与学校建立了紧密合作关系，宁夏职业学校的办学质量逐步提升。宁夏职业技术学院作为自治区职业教育的“领头羊”，注重实践教学，积累了较为丰富的教学经验，机电类各专业毕业生实现了一次就业率100%，其他专业一次就业率80%以上的良好局面。近年来，全区中职毕业生就业率达95.8%，高职毕业生就业率达92%，均高于全国平均水平。

二是创造了职业教育东西合作办学联合招生模式。设立山东、福建职业教育联合招生合作办学工作站。2006年以来，宁夏赴东部地区实习和就业的学生总数已超过9万人，其中来自中南部地区学生约为7.85万人，有近5万多名学生在当地就业创业。2013年，宁夏在西部率先实现中等职业教育全免费，家庭经济困难学生和六盘山连片扶贫开发区每生每年享受2000元生活补助。

3. 教育公平取得重要进展，农村学生接受优质教育的机会明显增加

为进一步促进教育公平，宁夏大胆实践，成功探索出农村学生接受优质教育新模式，创造性地在银川市建设了六盘山高级中学，专门择优招收宁夏南部山区和川区移民初中毕业生。学校通过爱心企业、爱心人士捐资助学，创建了“海嘉班”“燕宝班”“黄河银行班”“杉树班”“劲牌阳光班”等资助班，每年受助资金1000多万元，受助学生80%以上，特别优秀的特困生每年可获得3000~5500元的奖学金，使来自南部山区的优秀学生在高中三年的学习生活得到保障。另外，自治区每年对少数民族学生降低录取分数线，使少数民族的农民孩子受到优质教育。截至2017年6月底，六盘山高级中学有11届毕业生16036名，高考一本升学率达到96%，二本升学率连续十年保持在70%以上，重点大学升学率每年超过60%，有15395名学生考入本科院校，其中8607名学生进入重点大学，有36名学生考入北京大学、清华大学，从根本上阻断了贫困的代际传递。2016年，固原市实施了免学费、免住宿费、免书本费并增加生活补助500元的“三免一补”政策，从2017年秋季学期开始，自治区扩大到山区九县区和其他地区建档立卡贫困家庭学生。

4. 教育经费投入持续加大，城乡资源配置得到改善

为支持宁夏教育事业优先发展，统筹城乡资源配置，2015年以来，泾源县、隆德县、海原县、彭阳县四县以“全面改薄”工程为主线，投入29亿元，4个县新建改扩建学校615所，新增校舍面积33万平方米，新增实

验室、功能室2300间，新增教学仪器设备3.6万台，新购置计算机1.9万台，基本完成了“三通两平台”建设，中小学校电子白板及触控一体机达到85%，极大改善了农村义务教育学校的资源配置状况。自治区投入2.5亿元，建成全国第一个以省级教育部门为单位的“教育云”，为全区教育信息化搭建起资源公共服务平台。2017年，自治区教育经费投入达到57.3亿元，比2016年增长12.3%。

5. 加强乡村教师队伍建设，推进城乡教师交流

教师是立教之本、兴教之源，承担着让每个孩子健康成长、办好人民满意教育的重任。宁夏始终把教师队伍建设作为最重要的基础性工程，坚持问题导向，一是加大补助力度，自治区乡村教师人均补助累计达到每月800元，最高每月达到1800元；二是不断优化年龄结构，中小学教师40岁以下占55.99%，高校教师45岁以下占71.65%，均比2010年有较大幅度提高，中青年教师成为主体；三是学历结构不断改善，高学历教师比例增加。小学、初中、普通高中及普通高校专任教师的学历合格率分别达到99.94%、99.76%、97.91%、98.78%。四是建立健全中小学教师编制动态管理机制，统一城乡中小学教职工编制标准，使中小学教职工编制总量向人口稀少的教学点、村小学倾斜。五是拓宽乡村教师培养和交流渠道，全面提升乡村教师能力素质，进一步建立师范院校与中小学校联合培养乡村教师机制。加强乡村教师本土化培养，扩增地方免费师范生计划，由区内高等院校定向培养“一专多能”教师。六是持续实施“特岗计划”，推进义务教育阶段教师队伍“县管校聘”管理体制改革。以上措施的实施，农村教师职业吸引力明显增强，教师队伍得到明显优化，教师管理制度日渐科学规范，整体素质大幅提高，初步培养造就了一支师德高尚、业务精湛、结构合理、充满活力的高素质专业化教师队伍。2016年末，全区各级各类学校3216所，教职工98868人。

二、宁夏实现教育公平的现实困境

随着宁夏新型城镇化建设的不断推进，学生流动性日益加大，宁夏实现教育公平面临着城乡义务教育资源配置不够均衡、教师队伍建设仍有薄

弱环节、综合改革有待深化等一系列严峻挑战。

（一）“城镇挤”问题愈加凸显

据2017年10月国家教育督导检查组对彭阳、泾源、隆德、海原4个县义务教育均衡发展督导检查反馈意见，彭阳县、泾源县、隆德县、海原县4个县城区学校规模偏大，海原县个别学校规模过大，各县义务教育阶段学校还存在大校额、大班额问题，泾源县、隆德县、海原县小学和初中超标准班额的班级数量和比例较高。

（二）学校标准化建设仍不足

一是学校标准化建设仍待加强。2017年10月，国家教育督导检查组对彭阳、泾源、隆德、海原4个县督导检查反馈意见显示，4个受检县普遍存在校舍面积、校园面积、体育运动场地面积不足，未达到省定标准的问题。海原县、彭阳县、隆德县生均占地面积未达到省定标准的学校较多。彭阳县、海原县体育运动场地面积未达到省定标准的学校较多。海原县有多所学校校舍面积未达到省定标准。彭阳县、海原县有部分学校未实现“班班通”，彭阳县有部分学校未建设校园网。个别学校仪器设备配备仍有不同程度的短缺。部分寄宿制学校床位、厕所、食堂、饮水等基础设施不能满足师生的基本生活需要，达不到省定标准。二是标准化建设中资源利用率不高。国家教育督导检查组督导检查反馈意见认为，4个受检县中，每个受检县均存在教育教学仪器设备使用率偏低问题。

（三）教师队伍建设仍有薄弱环节

教师队伍的区域、城乡、学校和学科之间配置还存在较为明显的不均衡。一是语文、政治等学科老师偏多，音乐、体育、美术、信息技术、外语等教师尤为紧缺。二是年龄结构不合理。彭阳县、海原县、泾源县、隆德县均不同程度存在这一问题。三是个别地方中小学教育交流制度仍有待完善。四是隆德县、海原县的小学中，生均中级及以上专任教师校际之间配置不均，差异系数较大。五是农村教师“下得去，留得住，教得好”局面尚未完全形成，吸引、鼓励、支持优秀人才长期从教、终身从教还需要政策引导。

（四）校园管理仍有安全隐患

泾源县城区大规模学校的公共区域、宿舍楼以及重点部位的监控等技防措施不完善。彭阳县部分农村学校操场应软化部分未做相应处理，校园地面多处破损不平，教室未吊顶。

三、宁夏实现教育公平的路径选择

（一）进一步完善义务教育经费投入机制

增加政府教育投入，是缩小地区间、学校间教育差距的重要前提，是推进教育公平的关键。一是要按照“完善机制、城乡一体，加大投入、突出重点”的原则，整合农村义务教育经费保障机制和城市义务教育奖补政策，建立城乡统一、重在农村的义务教育经费保障机制。二是加大投入力度，制定资金投入规划。要重视“规划先行”，用高水平、高标准的规划，引领学校标准化建设。对于中小学校舍安全工程，要集中开展危房改造、抗震加固，实现城乡中小学校舍安全达标；对于农村义务教育薄弱学校改造计划项目，要重点支持改造薄弱学校，完善寄宿制学校生活设施，实现中小学仪器设备和图书全面达标。

（二）严格执行义务教育阶段学生入学政策，全面推进素质教育

1. 严格执行义务教育阶段学生入学政策

一是认真落实自治区人民政府《关于进一步加强中小学管理规范办学行为实施意见的通知》，严格执行义务教育“划片招生、免试就近入学、阳光分班”政策，根据学校片区生源状况，合理确定学校招生范围，公开招生结果，自觉接受群众监督。二是建立义务教育阶段学校电子化管理制度，对小学和初中起始年级学生实行电子化管理。严格执行自治区示范普通高中招生名额分配到初中学校的比例不低于50%的规定，使农村初中学校和城市薄弱学校的学生能够享受优质教育资源，促进初中学校均衡发展。

2. 切实推进素质教育

素质教育要求面向全体学生，促进学生全面发展，着力提高学生服务国家人民的社会责任感、勇于探索的创新精神和善于解决问题的实践能力。一是要根据学生的特点和特长，因人而异，因材施教，使每一个学生能够

发挥特长，施展才能，实现个性成长。二要教育须引领青少年学生形成报效祖国、服务人民的社会责任感。我国自古就有培养青少年社会责任感的传统，要培养感恩之心，加强青少年对社会负责的人格的培养，发展学生参与社会民主建设的意识，加强对青少年学生的思想道德教育，增强青少年学生报效祖国、服务人民的社会责任感。三要通过生动活泼的课堂教学和社会实践，充分调动学生的学习积极性、主动性，让学生独立思考、大胆探索，勇于提出自己的新观点、新思路、新方法，从而培养学生的创新能力。四要通过实践教育、实践体验，提高青少年学生的动手能力，增强其心理承受能力和社会实践能力，成为社会和人民所需要的优秀人才。

（三）健全教育资助制度，推进优质教育资源公平配置

教育资助制度是国家精准扶贫、帮扶困难学生的一项重大举措，健全教育资助制度对于守住民生底线、推进教育公平具有重要意义。

1. 鼓励捐资助学

大力鼓励企业、社会团体和个人等捐资助学行为，一是实行免税。对收到的捐赠款，符合现行税法免税规定的，免缴相关税；社会力量向农村义务教育学校的捐赠，准予在缴纳企业和个人所得税的所得额中全额扣除。二是授予荣誉牌匾、荣誉称号。对企业和社会团体捐赠资金（物品折价）在5万元以上20万元以下的，由接收地教育行政主管部门授予荣誉牌匾；对企业和社会团体捐赠资金（物品折价）在20万元以上50万元以下的，由所在市人民政府授予该单位负责人“支持教育振兴名人”荣誉称号；企业和社会团体捐赠资金（物品折价）在50万元以上的，由所在市人民政府授予该单位“支持教育振兴先进集体”荣誉牌匾。

2. 保持教育扶贫基金合理规模

教育扶贫基金是政府主导、社会参与的公益性、资助性专项资金。保持基金合理规模不低于1000万元，逐年筹措，持续发展，确保及时满足资助需求。当基金余额低于500万元时，启动限时补充机制及时补充。按照应助尽助、公开透明的原则，重点用于解决全区建档立卡贫困家庭学生考入普通高校上学难的问题，帮助贫困家庭缓解子女就学的特殊困难，实现助学扶贫的目标。

（四）优化乡村教师队伍，促进教育公平

1. 推行中小学校长竞争上岗制度

首先，要建立一整套科学可量化的校长选拔标准，择优聘用德才兼备、群众公认、业绩突出的优秀管理人才，逐步建立能者上、庸者下，让优秀人才脱颖而出的、充满活力和生机的用人制度，推动宁夏教育快速、协调、健康发展。其次，不断完善校长负责制和任期轮岗制，加大学校中层管理干部培养，通过到东部发达省份学校挂职锻炼和参加管理干部培训班等形式，逐步提高管理水平和教育教学技能，努力构建一支德才兼备、懂业务、善管理、结构合理的学校管理队伍，提高学校的管理水平。

2. 建立中小学教师编制动态管理机制

按照"总量控制，城乡统筹，结构调整，有增有减"的原则，在核定的编制总额内，按照隶属关系，由教育部门按照班额、生源等情况，调整和使用本地区中小学教职工编制。完善中小学教师补充机制，招聘的特岗教师继续向农村学校特别是偏远农村学校倾斜，确保学校开齐课程、开足课时。

3. 加大教师培养培训力度

通过实施"国培计划""宁夏农村中小学教师能力建设行动计划""宁夏骨干教师培养培训计划"等，健全以自治区、市、县三级骨干教师培养为龙头，以农村教师全员培训提高为重点，以继续教育为依托的教师培养培训体系。充分发挥县级教育资源中心的作用，通过网络等现代技术手段，加大培训力度，整体提升教师专业化水平。

（五）建立学校之间帮扶协作机制，提升乡村学校办学水平

要加大帮扶协作力度，通过县城学校与农村学校之间的"城乡互动""以强带弱""捆绑式""发展联合共同体"等方式，在资源共享、学校管理、教学研讨、学生活动等方面构建协作机制。通过课程合作实现教学艺术的交流，通过教学研讨实现教学技能的传递。充分发挥优质教育资源的辐射带动作用，促进农村学校和城市薄弱学校办学水平不断提高，有效促进县域内义务教育均衡发展。

新发展理念下宁夏特色小镇建设研究

王红艳

小城镇是农村产业发展、人口集聚、公共服务的中心，是推进新型城镇化、建成全面小康社会的重要载体。近半个世纪以来，城市化逐渐成为一个全球性现象，作为城市化重要载体的小城镇，其发展问题引起国内外专家学者的高度关注。2014 年 12 月，在中央经济工作会议上，习近平总书记讲话强调要同步推进工业化、信息化、城镇化、农业现代化，特别提出要建设特色小镇。当前，我国已进入全面建成小康社会的决定性阶段，城镇化将进入深入发展的关键时期。党的十八届五中全会提出创新、协调、绿色、开放、共享的新发展理念，为我国走新型城镇化道路指明了方向。自 2016 年以来，国务院和国家相关部委接连发文部署开展特色小镇培育工作，全国上下掀起了推进新型城镇化，大力建设特色小镇的热潮，在实践层面形成了许多成功范式。

自治区党委、政府在部署推进城镇化发展战略中高度重视小城镇建设，基本形成了全国重点镇、区级重点镇、特色镇等分层分类、梯度培育、特色发展的小城镇发展格局。2016 年 7 月，自治区党委、政府召开宁夏城市工作会议，提出“五位一体”总体布局和“四个全面”战略布局，遵循城市发展规律，坚持“适用、经济、绿色、美观”建筑方针，转变发展方式，

作者简介　王红艳，宁夏党校公共管理教研部教授。

塑造特色风貌，在全国走出了一条具有宁夏特色的城市发展道路。

一、宁夏小城镇发展现状

1958年10月，宁夏回族自治区正式成立，至今将近60年历史。宁夏面积达6.64万平方公里，2016年全区常住人口674.90万人，其中城镇人口379.87万人，占56.29%。全省22个县（市、区）现有193个乡镇（含建制镇101个、乡92个），其中划入城市规划区的33个乡镇。基本形成了以乡镇镇区为行政商贸中心向周边辐射的小城镇发展格局。到2015年末，宁夏小城镇建成区面积218.38平方公里，聚集了人口94.99万人，成为推动农村产业化、城镇化发展的重要载体和支撑。其中，镇区人口2万人以上的8个，1万人以上的20个，5000人以上24个，1000人以下的25个。近年来，宁夏回族自治区党委、政府高度重视小城镇建设，先后组织实施了沿黄特色小城镇和美丽小城镇建设，对全区产业基础较好、交通区位优势明显的69个小城镇进行了重点建设改造，集中实施了特色街区改造工程，高标准建设了绿化、亮化、给排水、道路、垃圾污水处理、天然气入户等基础设施，新建了一批教育、医疗、商业、养老等公共服务配套设施。小城镇居住环境明显改善，承载能力显著提升。“十二五”期间，全区小城镇建设累计完成投资200多亿元，其中自治区财政安排专项补助资金10.5亿元，由村庄向小城镇转移居住的人口达到44.5万人。同时，宁夏注重小城镇特色发展，因地制宜打造了一批旅游、商贸、工业等产业特色名镇、强镇。目前，国家级、自治区级重点小城镇占全区建制镇比例超过45%，全区28个镇被命名为全国重点镇，7个镇被确定为全国景观旅游名镇，42个镇列入全区空间发展战略规划和清水河产业发展规划重点镇，基本形成了全国重点镇、区级重点镇、特色镇等分层分类、梯度培育、特色发展的小城镇发展格局。其主要做法如下：

（一）规划先行，建设思路科学清晰

依据城镇体系规划和镇村体系规划，指导各县区编制小城镇总体规划，实现了小城镇规划全覆盖，为加快推进小城镇建设提供了科学依据。自治区推进新型城镇化工作领导小组由办公室牵头，组织规划、园林、环保等

方面专家，对每年建设的重点小城镇总体规划和建设方案逐一评审。科学确定小城镇土地利用、功能布局、环境建设、基础设施和公共服务配套、特色风貌等，提升了小城镇规划编制水平。自治区党委、政府制订下发了《美丽乡村建设实施方案》，按照“风景美、街区美、功能美、生态美、生活美”的要求，确定了36项美丽小城镇建设标准，着力构建布局合理功能完善质量提升的小城镇发展体系。

（二）配套功能完善，承载能力提高

全区小城镇均建有“一站式服务”的便民服务中心。幼儿园、养老院、卫生院、文化站、小微公园等公共服务设施日益健全。全区累计投入小城镇基础设施投资100多亿元，小城镇人均道路为12.87平方米，建成区绿化覆盖率7.76%，供水普及率、燃气普及率分别达到72.14%、31.91%，生活垃圾处理率达63.2%。

（三）产业支撑，发展动力增强

结合自治区全力推进的“五百三千”农业产业发展计划，把产业发展与小城镇建设同步规划、统筹推进。立足比较优势，选择适合当地实际、群众积极性高的特色产业，加大扶持力度，重点培植内生动力，打造“一镇一特，一镇一业”项目。引导小城镇充分利用特色农业、山水资源、田园景观、地域文化和人文传统，发展乡村旅游、休闲农庄、观光农场、农家乐餐饮，增加农民收入。

（四）政策扶持，制度保障有力

在资金方面提供保障：自治区财政从2010年开始，累计下拨补助资金15亿元，连续六年每年支持20个小城镇建设。

在土地方面优先供应：自治区相关部门对小城镇建设用地优先供应，优先在重点小城镇安排农村土地综合整治和城乡建设用地增减挂钩项目。

在建设管理权限方面放宽放活：赋予小城镇工程建设、市政设施、市容交通等方面的建设和管理权限，激发了乡镇政府推进小城镇建设的主动性和积极性。

二、宁夏特色小城镇发展存在的问题

（一）小城镇建设政策机制不够完善

体制机制障碍是制约小城镇发展的关键因素。宁夏农村产权制度改革相对发达地区还比较落后。农村土地、房屋等资产权益不能及时“变现”，财富不能转化，致使农民进镇缺乏创业资本；外来务工认可落地入户不畅通，大多被“拒之门外”；基础设施、公共服务、社会保障等方面发展不平衡，存在较大差异；行政管理体制改革还需加快步伐，一些乡镇还存在职能转变不到位、机构设置不合理，“钱少事多”“小马拉大车”的现象；小城镇行政管理、目标考核机制有待完善。

（二）小城镇产业发展后劲不足

现有产业发展缺乏内生动力。一些小城镇几乎没有像样的产业，丧失“造血”功能。加之专业技术人才匮乏，导致产业缺乏规划和指导，无序发展。部分小城镇产业单一、粗放，尚未形成规模，未形成龙头带动效应，更别说特色了。

（三）服务功能不健全

现有满足道路、供水、供电、金融等基础服务，网络通信、污水处理、环境治理等配套不到位，特别是地方重地上硬化，轻地下管网改造。社会事业发展不足，优质教育、医疗资源短缺，人才流失严重，技术培训跟不上。空间布局不合理，有规划也不执行，存在乱搭乱建现象。环境治理压力剧增，污染日趋严重，节能减排任务艰巨。

（四）融资渠道狭窄

小城镇发展资金渠道单一，主要依靠财政、项目资金支持。金融支持渠道不畅，方式不活，资金和项目衔接不够。民间资本参与小城镇建设存在制度“瓶颈”，渠道不畅。土地流转交易平台未全面落地，与金融信贷挂钩还需时日。

三、促进宁夏小城镇发展对策建议

（一）创新政策机制，打造活力小城镇

1. 科学编制规划

目前，《宁夏空间发展战略规划》已经形成，需把握三个方面：（1）规划定位要准。在合理布局生产、生活、生态三大空间，严格划定生态、耕地、水资源三条红线基础上，突出地理位置、资源禀赋、历史文化等角度，全方位，多层面地进行科学定位和设计。而且要突出地域特色，不能搞千镇一面。（2）规划编制要实。编制规划态度要严肃，坚决杜绝照搬照抄、千规一面现象。聘请理念超前、实事求是的前沿规划师进行设计，杜绝那些为了挣钱“编”规划，“纸上谈兵”“想当然”规划。建立规划公众参与机制，吸引知名人士、群众代表等成立“公众参与规划委员会”，通过征询、新闻媒体等形式和渠道向社会公开，引导公众参与。（3）规划约束要硬。认真落实《中华人民共和国城乡规划法》，严格履行法定管理和审批程序，做到统一规划、统一管理，依法依规确定，防止人为随意更改。杜绝“说变就变”“置之不理”的规划。探索建立小城镇规划评估制度、责任追究制度等，严厉查处违反规划行为，对执行规划进行“纠偏”，让规划法定成为不可碰触的“红线”。

2. 强镇扩权

就宁夏而言，加强小城镇建设，首先要借鉴发达地区经验，突破一些瓶颈制约。创新管理体制。认真落实中央《关于加强乡镇服务能力建设意见》精神，建立扁平化管理模式，实行“大部制”，整合乡镇中心站所，成立由综合办公室、民生服务中心、综合治理中心、经济社会发展中心、综合执法队的“一办、三中心、一执法队”组织架构，做到精简高效，增强服务功能。当前，宁夏小城镇的教育、医疗、金融等公共服务基本覆盖，要在此基础上提高城镇辐射效应，从注重外延向增强内涵转变。增强三个功能：增强职业培育功能、增强文化服务功能、增强环境保护功能，推动依法治理。“以执法重心下移，执法关口前移”为指导，赋予城镇综合执法权限，建立健全防范及时、查处到位的执法工作机制，推动在社会治安、

矛盾纠纷化解、群众权益维护等方面发挥作用，逐步由“事后执法”向“事前服务”转变。

3. 统筹城乡发展

实现城镇化，不是丢掉“三农”，而是要“齐头并进”“两轮驱动”。当前，随着城市化的不断发展，大量人口涌向城市，造成环境、交通、就业等负荷越来越大，管理越来越难，一些城市承载能力几乎达到极限，群众生活却是越来越不方便。而相对于小城镇和农村来说，人口“逃离”，人气不足，有的城镇常住人口千余人，有的村成了“空心村”。这种反差越来越明显，势必要求必须统筹城乡发展。一是创新宅基地管理制度。坚持以市场配置资源为导向，运用经济手段规范宅基地使用。二是创新户籍管理制度，逐步取消农业户口和非农业户口的“二元结构”。鼓励有技术的外来务工人员及家属落户小城镇。三是促进要素流动。根据“依法、自愿、有偿”的原则，建立和完善农村土地使用权流转制度，通过转包、转让、出租、入股等方式，促进城乡要素自由流动，推进集体土地适度规模经营。在镇驻地积极探索房地产开发项目，吸引创新创业青年人居住。还可通过建设一家一户，独门独院的住宅，吸引中老年人或从事种养业的人居住。

（二）发展特色产业，打造美丽小城镇

1. 以文化旅游产业为支撑，打造特色小镇

2016今年7月，住建部等三部委发布《关于开展特色小镇培育工作的通知》，决定在全国范围开展特色小镇培育工作，计划到2020年培育1000个左右各具特色、富有活力的特色小镇，引领带动全国小城镇建设。第一批公布的127个中国特色小镇名单中泾源县泾河源镇、西夏区镇北堡镇上榜。依托自然景观和镇北堡影视城，打造以影视文化、边塞文化，集旅游观光、生态休憩、文化体验、度假娱乐为一体的特色镇。

2. 以林果瓜菜产业为支撑，打造特色小镇

宁夏存在大量具有一定规模的枸杞、长红枣、马铃薯、葡萄等种植加工企业汇聚的区域，这是小城镇聚资本、聚人气的“法宝”。以长红枣为主导产业的银川市灵武东塔镇，多数群众以种植长红枣为主要收入来源。该镇要做好“枣”文章，不仅要打造“沙漠鲜”品牌，还要在延长产业链上

下功夫，挖掘“枣”文化，扩大小城镇知名度。宁夏中宁县舟塔乡，所产枸杞色红、粒大、肉厚、籽少，营养丰富，品质卓越。如今全乡枸杞面积已发展到1.8万亩，占全乡耕地面积的81%，应依托万亩枸杞高科技示范园区，打造“企业+基地”模式，做足做靓枸杞产业，打造“花儿杞乡”，使其成为宁夏的一张亮丽名片。宁夏中卫市香山乡是硒砂瓜的原产地之一，该乡应在“戈壁西瓜”“石头缝里的西瓜”上做足特色产业文章。

3. 以园区新兴产业为支撑，打造特色小镇

“产业园区化”是产业发展从粗放到集约的必然要求。近些年，一些城镇不断落地产业园区，逐步成为新型城镇化的重要引擎和支持，由此也插上了腾飞的翅膀，实现了“蝶变”。宁夏应加大园区新兴产业发展力度与步伐，使其在推动新产业、新业态方面发挥重要作用。

4. 以养殖劳务产业为支撑，打造特色小镇

在互联网时代，传统产业必须积极转型升级。灵武市马家滩镇，地域面积591平方公里，常住人口不足4000人，大多数群众以养羊为主业，该镇必须依托羊产业建设特色小镇，探索实施“互联网+羊产业”行动计划，创建星级养殖合作社，通过“网上牧场”，加强与“美团”“饿了么”等销售平台合作，设计鲜明包装，建立直销店，特色羊肉菜品，完善追溯体系，打通网上、网下销售渠道。

（三）夯实完善基础设施，打造宜居小城镇

1. 夯实基础设施建设

要立足镇区，完善各类配套设施，改善群众居住环境，推进基础设施向农村延伸，努力形成城乡衔接的公共交通、供水供电、通信网络等，尤其要重视改造地下管网、生活污水、垃圾处理等基础设施，尽可能做到一次到位。

2. 从“群众满意”着力，增强公共服务供给

群众的满意度是衡量城镇建设的最重要标准，要舍得在公共服务上用力，让群众在家门口就能享受。加大对教育、文化、娱乐、体育、医疗、保健等公共设施的投入，同时，吸引社会资本参与合作，通过PPP模式，共建超市、市场、电影院、养老院等设施，实现共建、共享。推进基本公共服务均等化，让外来务工人员及子女享受到同等待遇。

3. 从“安心居住”着力，强化生态文明建设

良好的生态，是宁夏最好的名片。鉴于此，应将小城镇建设与生态环境保护结合起来，大力实施“增绿”行动。近年来，从各地行动规划来看，生态环保意识已迅速融入其中，且越来越重视。许多小城镇还加大了污染防治、垃圾处理、景观培育等方面的措施和力度，使“绿色发展”理念深入人心。要保护湖泊湿地、林地草地、水源地，严格控制污染物排放，加大对大气、水、土壤等检测和管理，为群众创造优美生产生活环境。

（四）加强政策资金支持，打造宜创小城镇

1.完善小城镇建设财政政策

发挥财政对金融资源配置的引导作用，建立金融支持城镇化激励机制。通过财政补贴、税收优惠、风险补偿等方式，扩大财政贴息贷款政策范围。

2. 创新金融发展模式

加大存量信贷资产结构调整，开展产品创新和服务转型，努力开发与新型城镇化建设匹配的信贷产品和金融服务。指导金融机构针对小城镇建设千差万别的现实情况，分类施策，适当下放贷款审批权，增加基层金融支持小城镇建设便利性和灵活性。过利率市场化矫正金融市场功能，探索城镇化建设贴息政策，实施差异化特色化竞争，助推“反哺”新型城镇化。地方性金融机构要依托金融机构大数据基础，围绕农业转移人口市民化目标，坚持眼睛向下，重心下移，尽情发挥地缘、人缘等比较优势，主动靠前，放低门槛，分析跟踪农民变市民后收入和消费结构变化，瞄准“衣、食、住、行、购、娱”等方面，提供精准化的金融支持，扩大县域城镇消费圈。加大对家庭农场、农民专业合作社等新型经营主体的金融支持，吸纳农村转移人口就地就近就业。重点要支持中小微企业、合作农场、现代农业园区等领域发展壮大，支持返乡农民工、高校毕业生等群体到小城镇创业。

3.引入社会资本

大力推广政府与社会资本合作（PPP）模式，整合各方力量参与小城镇基础设施建设，壮大公用事业，提供公共服务产品。

宁夏全面推进政务公开机制创新研究

马丽娟

十九大报告中指出："建设人民满意的服务型政府。"现代服务型政府是结果导向的政府，要求政府及其公务员的行为不仅是合法的，更要有正确的社会效果。不仅要依法行政，更要能帮助公众解决实际问题。政务公开是建设民主、法治和廉洁政府的利器，政务公开是打造高效、责任政府的有效手段。只有通过信息公开，落实公共服务中的独立评估、公共责任、顾客中心和公平竞争等政府绩效管理原则，才能让公众真切感受到行政服务的满意度，也才能真正建设高效廉洁的政府。政务公开推动了政府治理模式的转换，激发了公民参与的欲望和行动，而公民的政治参与是现代服务型政府与传统管制型政府相区别的本质特征。实行政务公开的透明政府是人们追求的现代政府治理模式的目标之一，也是实现现代政府治理模式其他目标的重要手段。事实证明，通过建立权力公开、透明行使的政务公开机制，是实现传统政府治理模式向现代服务型政府转型的重要路径。

一、宁夏政务公开机制的创新

宁夏政务公开自 20 世纪 80 年代末从村务公开发端以来，历经起步探索、规范发展、全面推进等阶段，随改革开放不断深入逐渐拓展创新，在

作者简介 马丽娟，宁夏社会科学院社会学法学研究所助理研究员，法学硕士。

中央的“顶层设计”指引下，合理布局，取得了良好发展成效。尤其是2016年以来，全区各级行政机关以公开为常态、不公开为例外，严格落实政务公开制度，逐步构建了全面、准确、及时的公开格局。2016年11月，上海财经大学公布的《2016年中国财政透明度报告》中显示，宁夏财政透明度从2015年全国排名第23名，跃升为全国第1名。2017年5月，中国社会科学院法学研究所《国务院部门和省级政府2016年政务公开工作第三方评估报告》结果表明，2016年，宁夏进入了全国20个政务公开工作整体较好的省级政府行列，位居第17名，同比往年，名次有大幅提升。在近年的政务公开发展中，宁夏的发展主要表现在以下方面：

（一）加强“顶层设计”，完善政策体系

自治区政府审定下发了《关于全面推进政务公开工作的实施意见》（宁党办〔2016〕67号）、《关于深入推进全区预决算公开工作的意见》（宁党办〔2016〕54号）、《关于在政务公开工作中进一步做好政务舆情回应的通知》（宁政办发〔2016〕178号）、《自治区全面推进政务公开若干重点工作实施方案》（宁政办发〔2017〕74号）、《关于印发开展基层政务公开标准化规范化试点工作实施方案的通知》（宁政办发〔2017〕148号）等10多份政策性文件，从自治区层面对“政务公开”加强“顶层设计”，明确未来5年全面推进政务公开的指导思想工作目标。

（二）健全组织领导，理顺工作机制

加强组织建设，完善自治区层面议事协调机制。2015年5月，成立了自治区政府政务公开办公室，负责自治区政府及政府办公厅政务公开相关工作。绝大部分市、县（区）政府已设立了专门工作机构，建立政务公开绩效考核常态化机制。从2016年起将“政务公开”，纳入了自治区机关及各市、县（区）效能目标管理考核。积极推动开展政务公开业务培训。督促指导各地、各部门分批、分层级开展了教育培训，形成了抓培训、转思维、促工作的良好氛围。2017年1月，成立了自治区政务公开工作领导小组，研究布署政务公开工作，加快建立健全各级政务公开工作体系。

（三）注重重点领域，深化公开内容

按照《自治区2016年政务公开工作要点》（宁政办发〔2016〕79号）、

《自治区2017年政务公开工作要点》(宁政办发〔2017〕80号)，围绕稳增长、促改革、调结构、惠民生、防风险工作大局，对“放管服”改革、财政资金、政府投资重大项目、就业创业、市场监管、减税降费、精准扶贫、棚户区改造、环境保护、政府和社会资本合作项目（PPP）等重点领域的政府信息与政务公开。在政府门户网站和部门网站开设专栏、设立“两微一端”专题、出版政策及解读汇编等方式，主动公开并集中推送政府信息，实现公开内容覆盖权力运行全流程、政务服务全过程。

（四）规范政策解读，重视舆情回应

2016年3月，政府办公厅制定了《关于进一步督促做好重要政策解读工作的通知》，对政策解读范围、解读主体、解读程序、解读形式等做出了明确规定。推动政策解读落到实处，坚持将政策解读与政策制定同步推进。督促有关部门设置议题，围绕《政府工作报告》、融入“一带一路”、落实绿色发展理念、加快工业转型升级、推进供给侧结构性改革、精准扶贫精准脱贫、民生计划、“信用宁夏”建设、法治政府建设、中阿博览会等重大政策措施，以及全区经济走势、主要经济数据等，积极组织开展政策解读。运用新闻发布会、撰稿解读、专家解读、政策问答、在线访谈、媒体专访等形式和数字化、图表图解、音频视频等可视化方式，努力扩展解读传播力和影响力。各级政府办公室（厅）主动加强与同级党委宣传、网信等部门的对接，及时了解掌握重要政务舆情，加强分析研判，及时上报通报和督促回应，积极主动解决群众关切和诉求。

（五）加强载体建设，提升公开保障能力

一是拓展政务网站功能。2016年10月，结合智慧宁夏“政务云”工程项目建设，自治区政府办厅牵头对“自治区政府门户网站”实施改版升级，进一步拓展了信息受众覆盖面。部分市、县（区）政府门户网站和自治区政府部门网站也先后进行了改版升级。二是加强政务“两微一端”等新媒体应用。截至2016年12月31日，“宁夏政务发布”累计发布微博信息20994条，政务微博粉丝达到87.86万人，被人民日报社评为“2016年移动政务创新十佳”。2016年10月，“自治区政府网微信公众号”开通上线，公众获取政府信息更加便捷。三是加强网络重点公示平台建设。督促有关部门积极推进“国家企业信用信息公示系统（信用宁夏）”建设和运行。四是完善政府新闻发言人制度。围绕自治区党委、政府重大决策部署及社会关切点、舆情热点，增加新闻发布频次，提高新闻发布的及时性。五是发挥政府公报的标准文本作用。六是积极发挥地方党报党刊、广播电视、各级“两馆一中心”（档案馆、图书馆、政务服务中心）政府信息查阅点、政府热线、商业网站等作用，最大限度地让群众知晓政府信息，为企业生产经营和群众生活提供服务。

（六）完善制度建设，规范运行机制

政府下发了《关于进一步规范公文标识政府信息公开属性有关事项的通知》(厅发〔2017〕17号)，进一步明确了各类公文标识公开属性的范围及责任主体、遵循原则、办理流程。建立和完善自治区政府重大决策预公开机制，决策前通过政府网站、地方新闻媒体等全文公布自治区政府规章、规范性文件草案，广泛征求社会各方面的意见和建议。积极建立完善利益相关方、人大代表、政协委员、公众、专家、媒体等列席政府有关会议的机制。

政务公开满足了公民、社会对政务信息的需求，捍卫了公民知情权、参与权、表达权、监督权，也实现了政府治理现代化，政府部门间的治理协同化，促进了公民对政府政策过程的参与，和政府权力运行的监督。开展的政务公开规范化建设，明确了什么可以公开，什么不可以公开，给行政机关明确指引，优化了政务服务，提升了政府效能，促进了政府向服务型政府的转型，增强了公务人员服务民众的意识。推动解决了群众“办事难，办证多”等突出问题，提升了群众满意度、获得感，为打造阳光政府、透明政府起到了巨大作用。

二、宁夏政务公开机制的创新存在问题

宁夏政务公开工作取得了突破性进展，形成了信息发布、政策解读、舆情回应“三位一体”的衔接格局，政务公开水平和实效明显提升。但对全区整体而言，与党中央、国务院的部署要求，与贯彻落实《政府信息公开条例》的规定和人民群众的期盼，与先进地区相比，还存在不少差距和

问题，主要是：

（一）组织机制的建设还不完备

各级各部门的政务公开机构和人员队伍不健全，专职人员少，基层力量薄弱。各公开主体间缺少协作机制，部门信息库建设重纵向监管和协调，轻横向沟通和协作。常常以本部门为中心搭建数据库，存在着政务公开协同机制差、共享不充分、跨部门跨地区跨层级联动难的状况。并且因为各级组织机构的不健全，统筹规划不足，导致政务公开的步伐不一致，难以保证政务公开的精心组织和实施，不能满足人民需求。另外，还缺少完善的保障公民监督的制度，人大、各级党委及政府各部门之间对政府信息公开的监督力度不充分，影响了政府信息公开，打击了公民参与政治的积极性。政府内部监督机制不健全，对政务公开不能起到良好的促进作用。

（二）信息载体的建设需要加强

政府网站是政府信息公开的主要途径，全区大部分政府网站建设管理与内容保障、信息更新还存在不到位、不规范的现象，在智能检索功能、互动参与、办事服务、日常监管等方面还有很多缺陷，政府信息公开不及时，不充分屡屡出现。许多政府网站由于各种原因，没有专人进行实时有效管理，有的信息分类不明晰、信息内容不全、搜索功能弱，这些造成与公众相关的政务内容，公开速度慢，公开效果不明显，严重影响了公民的知情权、参与权、表达权、监督权。并且目前宁夏部分地区、系统政府信息公开，对各种有利的形式和途径还没有完全充分利用好，落后地区更是方式单一，政务“两微一端”等新媒体开办率还相对较低。

（三）制度规范需要不断完善

《中华人民共和国政府信息公开条例》虽已颁布实施，但是在信息公开主体、公开内容及监督保障等很多方面仍然缺乏明确规定和法律漏洞。政府信息主动公开“清单”体系不明确，公开工作的标准化、规范化水平还较低。在信息公开和信息安全方面没有明确其边界划分，这使得诸多应当公开的信息因为边界模糊而成为公开的盲区，影响了政务公开主体与社会公众的沟通，增加了政务公开的实施难度。在公民获取和利用政府信息方面与政府发生冲突时，公民没有更多的法律依据予以自我救济。对一些不及时解决反馈意见，不履行政务公开制度的行为惩戒力度不够，包括赔偿、处分等相关问题没有明确法律法规。法律法规制度的欠缺，降低了公务人员服务积极性，不利于形成良好的政务公开氛围。

（四）公开的内容质量需要持续提升

通过政务公开，公民对重大决策、政策执行和日常生活各种事项有了了解，但相对公民需求，政务公开的内容和质量上还需要进一步提高。有的部门避重就轻，公开内容大部分局限于事务性、程序性的信息，而对于人民群众最关心的涉及群众切身利益的决策程序、决策依据没有结合社会公众诉求加以公开。有的虽然履行了公开义务，但公开内容滞后于当前的社会发展环境。某些部门还存在“为公开而公开”的观念，政务公开还停留在信息公开、预约、表格下载、进度查询、结果公示等层面，距离“一站式”资源整合型的政务公开有一定距离，在政务公开的透明性和实效性方面仍显不足。

（五）公民对政府信息公开缺乏关注

政务公开是在政府主导下的公开，但在过去长期习惯听命于政府的被动接纳的公众，多数对于政府公开的各种信息，一般还不善于及时关注和参与，对自身的权利行使还不明确、不主动。比如对政务公开政策的实施，还处在观望状态，政府意见收集、服务评价、信息评议机构收到公民的建议比较少。公民没有积极行使自主权，不能充分行使知情权和参与权，表现出权利意识不足的状态。在了解政府信息方面表现出了被动、不积极，甚至采取不予关注的冷漠态度。加上有些社会公众文化素养不够，对政府信息与相关法律政策重视不够，表现出事不关己、高高挂起的态度，对运用法律维护自己的权利更是淡漠。政务公开缺少公民的参与，不利于政府信息公开的持续推进，也不利于服务型政府的构建。

三、解决政务信息公开的政策选择

（一）优化政务公开组织建设，健全监督制度

应加快健全政务公开议事协调机构和工作机构，落实机构编制，明确职能职责，理顺工作机制，增加经费投入，逐步配强配齐专职工作人员。

巩固信息公开的基础，科学界定相关部门职能，避免多头管理，信息失真，确保有效提供公共服务，优化政府信息公 开的质量与效益。在政务公开的程序设定上，建立整个公开过程的监督制约机制。灵活运用互联网的反馈形式，多方采取意见建议，还可以通过听证会、专家咨询、公民论坛，以及传统的意见信箱、举报建议电话等方式及时与公民进行交流和对话。利用网络调查问卷、定期开展座谈会议、进行相关采访访问等各种形式，加强与广大社会公众的沟通。建立健全对政务公开的公民评议制度和政务公开的考核制度，定期进行评估。通过党委、人大、政协及政府内部各部门之间、第三方部门和公民通过监督体制，促进政务公开的良性发展。

（二）打造“互联网+”的政务公开融合模式

互联网已深入融合在政治经济和社会民生之中，政府要充分利用互联网的便捷性和普及性，通过网站、微博微信等新媒体，建立高效、透明的信息公开平台，公开政府决策过程、立法过程，执法行为等动态。通过这一平台，结合多种方式与社会公众展开协商、讨论，使公众参与到政府政策过程中，促进政府广泛地听取社会公众的建议。要求相关部门履行对政府网站的监管责任，改进政府网站内容建设、栏目设置，强化搜索查询功能，加快推进全区政府网站集约化建设，切实提高办网、管网水平。要求具备条件的县级以上行政机关，都要开通政务“两微一端”等新媒体，并切实用好管好新媒体。要设立专职技术人员对网站进行及时的维护与管理，确保信息更新速度，丰富信息公开内容。加强其他载体建设，扩展政府信息受众面。设立热线，建立接待日制度，咨询讲座，民主生活论坛等形式，实现零距离沟通，实现更直接快速的交流途径。在网站上设立留言板块，使群众能够在网络上畅通沟通渠道，反应情况，及时解决问题。在线下可建立政务公开档案查阅室、公共查阅点，满足人们群众对政府信息的需求，加强政府与民众间的互动。

（三）健全政府信息公开的制度体系

《政府信息公开条例》从 2008 年颁布至今已有 9 年，在这 9 年中，政府信息公开的范围逐渐扩大，内容也得到不断丰富，公开的方式更为灵活多样，尤其是电子政务的发展，使公民在获取政府信息时更加便捷。但为了保证公开的持续性、规范性，必须建立完备的法规法律，制定政府信息公开的标准。坚持全国统一性与地区特殊性相结合要求，对于能公开的信息与不能公开的信息，做出明确界定，在保证政府安全隐私的前提下，切实有效地保障公民的知情权、参与权、表达权、监督权。加强自治区层面政务公开制度机制建设，逐步制定完善政府信息主动公开、依申请公开、政策解读、回应关切、舆情引导、政民互动等全链条、无缝隙的制度体系，保障政府信息公开在规范的制度下运行。之外，在国家层面应该加快制定我国的《信息公开法》或《情报自由法》，扩大政务公开包含的内容和范围,进一步明确政务公开的主体、客体等事项，使公民的知情权制度化、具体化。只有权威、强制、稳定的富有惩戒性的法律、制度，才能规范行政，才能提高政府工作效率。

（四）加强政务公开内容质量的提升

政务公开的关键在于公开的内容，要紧紧围绕经济发展、民生改善、政府建设，和自治区深化改革等方面，加强重点领域重要节点的公开，提高公众的获得感和满意度。进一步抓好减税降费、政府投资重大项目、公共资源配置、国资国企改革、农业供给侧结构性改革、化解过剩产能、防范金融风险等重点领域、重要节点的政务公开，扩大公开范围，细化公开内容，增强公开效果。要求各地各部门进一步明确解读范围和解读主体，规范解读程序，创新解读方式，提高解读效果。进一步完善政务舆情的监测、研判和处置机制，协调有关部门严格执行特别重大、重大突发事件最迟 5 小时内发布权威信息、24 小时内举行新闻发布会的时限要求，不断提高政务舆情回应的实效。

（五）提升公众对政务公开的参与意识

社会公众对政务公开的关注和参与，对政务公开有着重要的影响。在公众参与积极性高，公民对行政过程和政府决策充分信任的社会氛围中，一个互惠程度好、宽容融洽的政府与民众关系就会形成。但目前，由于我国社会中社会资本的存量还不充分，人们常为经济利益左右，并且参政议政的素质和能力都需要提高，对自身实现政治参与并不重视，针对政府也常有质疑的心态，这都影响了政务公开的进一步发展。这就需要培养公民对政务公开的参与意识。首先，强化与公众互动，积极回应社会关切。通过官方网站、APP客户端或热线电话、广播电视问政、领导信箱、政府开放日等平台建设等多种形式，积极搭建与公众的交流互动平台，认真听取公众对政府工作的意见建议，增进公众对政府工作的认同和支持。其次，强化问题的流转机制和部门间的协调举措，主动回应。对于热点舆情，要建立舆情搜集处置回应机制，主动发声，扩大政务公开的覆盖面和影响力，通过多种形式赢得公众的理解和支持。再有，提高公众参政素养，培育公众参政意识。加大政务公开宣传，建立公民与政府的良好互动，形成合作的社会网络。

宁夏农村集体产权制度改革研究

丁生忠

2016年12月，中共中央、国务院出台《关于稳步推进农村集体产权制度改革的意见》提出，“用3年左右时间完成农村集体资产清产核资”，并“用5年左右完成改革”。2017年中央一号文件要求，“深化农村集体产权制度改革，培育农村发展新动能”。党的十九大指出，“深化农村集体产权制度改革，保障农民财产权益”。自治区第十二次党代会报告指出，“稳步推进农村集体产权制度改革，让农民的‘死资产’变成‘活资本’”。这表明深化农村集体产权制度改革，释放农村发展活力，促进农民资产性增收，已经上升到重要的高度。

一、农村集体产权制度改革的现状

（一）农村集体产权制度改革以村为单位展开

宁夏农村集体经济组织核算以村为单位，农村集体产权制度改革也是以村为主体展开的。由于农村发展不平衡，在山区除土地外没有其他集体资产，土地增值空间有限，川区集体经营性资产较多，土地增值潜力大。例如彭阳县2015年农村集体“三资”清理结果显示，总资产7366.17万元。沙坡头区在南关村农村集体经营性资产改革试点的基础上2016—2017

作者简介 丁生忠，宁夏社会科学院社会学法学研究所副研究员，博士。

年又将6个村纳入改革，中宁县农村集体产权改革制定了10个配套文件，成立了10家村级股份制经济合作社，并与6家金融机构签订了农村产权抵押贷款协议书，发放贷款91笔2857.6万元。

（二）农村集体资源型资产以土地制度改革为主

一是农村产权抵押贷款机制。国家试点平罗县将农村土地承包经营权、流转经营权和宅基地使用权作为有效抵押物进行抵押贷款，截至2016年底发放贷款1.64万笔7.76亿元。二是农村产权自愿有偿退出机制。平罗县运用易地搬迁移民资金购买有意退出“三权”农民的资产，用于安置山区搬迁农民，在2016年共插花安置移民338户，转让耕地3090亩。三是农村产权量化入股机制。青铜峡市五星村土地股份合作社，发展社员2018名，每亩或资金800元为1股。四是农村产权交易流转服务中心运营机制。农牧厅要求在2017年上半年完成农村承包地确权县级数据汇交，但是农村产权交易中心基本处于停运状态。

（三）农村集体资产清查折股多元化

农村集体产权制度改革的村大都在摸索中前进，在国家和自治区的试点改革村，也积累了一些经验。其一，经济相对较好的县区村集体资产清核账目完整。中宁县改革基准日124个村共有资产13381.81万元，债权总额1437.98万元，债务总额1978.86万元。其二，经营性资产的量化设有成员股和集体股。吴忠市利通区李闸渠村2016年清产核资全村集体资产总额4737.96万元，设立成员股1944股，村集体股1964股，每股折价9800元。其三，在山区的塬地、水浇地每亩股价据实际而设置。隆德县沙塘镇徐川村合作社每亩土地1股折价400元，神林乡观音村土地股份合作社每亩土地1股折价150元。其四，未承包到户的资源型资产例如“四荒”等在山区多数农村没有记录，川区农村有数据但不完整。

（四）农村集体资产改革量化评估引入第三方机构

农村集体产权制度改革，折股量化的资产评估作价，调查发现多数农村开展集体经济组织产权制度股份制改革，聘请了专业评估机构进行资产清理和审计，出具清产核资报告。例如中卫市南关村开展集体经济组织产权制度股份制改革，委托宁夏宏源会计师事务所清产核资。实际上，这种清产核资量化形成两个特点：一是聘请的第三方机构核准村集体经济组织资产，增强政治合法性，核准资产的类型按照要求执行；二是股权量化与设置由地方政府部门负责完成。

（五）农村集体经济组织成员资格界定兼顾户籍和劳动贡献

在成员资格界定中，根据户籍关系，劳动贡献两项标准确定配股成员，并经过村集体经济组织成员大会讨论通过，同时依据实际情况在具体做法上有细微差异，故而各县区均制订了实施方案。其特点，一方面为减轻改革阻力，将人情与事情的结合，在法规政策范围内，量化对象界定多纳入改制，特殊人群宜配置股权，不宜经济补偿；另一方面，为了政策的可操作性，对于股权配置条件取舍，相对简单明了。

（六）农村集体经济组织股权管理主要为静态模式

股权管理有两种形式：动态管理和静态管理。在国家安排的29个试点县，有24个选择静态管理，宁夏农村集体经营性资产量化折股到农户发放股权证书。2016年中央《意见》中指出，“集体资产股份有偿推出不得突破本集体经济组织的范围，可以内部转让或本集体赎回”，宁夏县区要求一般情况下不得转让股份，特殊情况可以按照股份合作社章程，通过规范、合法的程序在本集体经济组织内部进行转让。

（七）农村新型经营主体建立“村能人”治理结构

自治区政府试点壮大农村集体经济，消除“空壳村”，推动农村精准扶贫。宁夏山区各县区在运作模式上，结合农村土地经营权流转建立“村能人”领导的农村新型经营主体，包括培育专业大户、发展家庭农场、成立专业合作社。例如隆德县联财镇联合村成立了“隆德县民安农产品综合开发有限公司”和“隆德县毛家沟农家乐”，政府利用扶贫资金各投入100万元，村集体积累资金30元（实为几个农户），吸纳125户贫困户以土地入股，按照政府、村集体、农户7∶2∶1配股，2∶2∶4分配收益。

二、农村集体产权制度改革取得的成效

（一）农村集体资源型资产改革基本完成

一是土地确权基本完成。2012年自治区政府办公厅印发《关于加快推

进农村集体土地确权登记发证工作的通知》(宁政办发〔2012〕97号)，并且在利通区和平罗县试点。2013年，自治区农村工作会议提出用3年时间完成农村土地确权工作，启动“百村试点”(109个村)。2014年全区22个县区市开始农村土地确权，涉及204个乡镇1698村，确权814万亩地，截至2015年宁夏作为全国整省推进农村土地确权试点，率先在全国基本完成农村土地承包经营权确权颁证工作。

二是土地制度改革有序推进。根据2017年中央一号文件要求，落实农村土地集体所有权、农户承包权、土地经营权“三权”分置办法；党的十九大提出，完善承包地“三权”分置制度。其他部门也出台了相关的文件，如早在2015年农业部、中央农办、国土资源部、国家工商总局《关于加强对工商资本租赁农地监管和风险防范的意见》(农经发〔2015〕3号)。实际上，农村土地制度改革在宁夏部分县区已经展开。按照“依法、自愿、有偿”原则，吴忠市制定了《吴忠市关于规范农村土地流转经营权的实施意见》，使用自治区统一的流转合同，规范农村土地流转；平罗县结合扶贫搬迁项目，整合农户农村产权有偿退出资金，并且安置搬迁移民；隆德县结合精准扶贫资金建立农村新型经营主体，带动建档立卡户脱贫。

（二）农村集体经营性资产改革取得成效

一是农村集体经营性资产改革试点经验。宁夏的沙坡头区、贺兰县、平罗县、金凤区等县区总结积累了良好的农村集体产权改革经验。如在农村集体经营性建设用地数据库建设及入市制度改革；农村集体经营性资产股份全能改革，清查核资、股权量化、成员资格界定、配股；农村小型水利工程管理体制和水权转让“四步工作法”；农村“两权”抵押贷款评估机制、交易流程，网络平台建设等方面。

二是农村集体经营性资产改革逐步展开。宁夏各县区在试点的基础上，逐步在条件成熟的农村展开农村集体经营性资产改革，由点到面，由易到难，逐步推进。例如按照国家三个部委的部署和要求，金凤区保伏桥村2013年进行改革试点，2015年银川市金凤区被列为国家试点县，总结集体资产运营管理、监督和收益分配机制可复制的经验，出台《金凤区农村集体经济组织成员资格界定的意见》《金凤区农村集体资产股份权能改革工作程序》，到 2017 年 6 月辖区内有 10 个村推进农村集体资产股份权能改革，其中伏桥村、银丰村、景湖村、双渠口村等 4 个村完成改革，并成立了经济组织，确认股东 6875 人，量化资产 6844 万元。

（三）农户增加了资产性收入

一是农村集体土地经营制度改革增加农户资源性收入。盘活农村土地资产，农村土地承包经营权和流转经营权抵押贷款，推动农民由资源性收益向财产性收益转变。土地合理流转，激活农户、农业经营主体的发展活力，进一步明确社会分工，发挥个体专长，增加收益。农村承包土地、宅基地有偿退出，特别是农村宅基地制度改革，宅基地证、农房和农地“两证合一”的不动产证颁发，既保证农户的权益，也增强了有偿退出的合法性。农村土地征收制度改革，缩小土地征收范围，减少土地征收规模，划分公共利益用地目标，间接增加农户的资源性收入。

二是农村集体经营性资产股份制改革增加农户财产性收入。从经济结构属性角度看，农村集体经营性资产股份制改革后，集体资产的属性没有改变，仍然是集体经济组织所有。从财产权属角度看，通过清产核资量化人的股权，既可以抵押、转让，也可以享受集体经济收益，财产权属性质没有改变，只是分配收益制度的改革，股权量化，按股分红，增强了成员分配收益的合法性，解决了成员与集体之间的利益矛盾。例如金凤区农村集体产权改革后，保伏桥投资有限公司共发放收益分配金 5 次，共计 650 余万元，普通股东人均 5000 元。

三、农村集体产权制度改革面临的问题

（一）林权改革后农户的收益难以保障

固原市在国家退耕还林还草工程后，绝大多数农村承包土地种植了林木，由于所属六盘山区水源涵养地，林木为公益林而非经果林，农户难以在林木中收益，多年来靠政府的退耕还林还草工程补贴收益。2017 年这项工程即将结束，导致农户的收益难以保障。此外，植树造林的农户承包地，部分划归六盘山林业局和县级林业局所有，由乡镇管理，造成土地属于集体所有，林场属于国有的双重矛盾，农村土地制度改革难以落实。

（二）农村承包土地改革问题复杂

一是农村承包土地确权问题。外嫁女土地确权、滩地、荒地确权没有政策依据。扶贫搬迁移民村土地没有分到农户手中，被集中流转，导致无法分户确权。农户自行多次转让承包地，特别是转让给本村以外的农户，确权归属难度大。在兴修农田水利、道路、林带建设等占用农户承包土地，造成实际确权面积小于二轮承包地面积。政府进行园区建设、城市建设等情况以租代征，无法确权。

二是农村承包土地流转问题。承租农村承包土地经营主体，因市场经济下滑收益萎缩，年初无法兑付土地费用，有的放弃承租农户土地。承租农村承包土地经营主体，不承担农田水利设施维护责任。农村土地承包流转服务中心，没有真正建立流转的市场运作体系和服务平台。

三是农村承包土地经营权自愿有偿退出问题。农户有偿退出承包土地的资金来源，退出后的土地理论上归村集体，但是归谁耕种，在政策原则上一户一处宅基地，实际上难以落实。

四是农村承包土地承包权经营权和流转经营权抵押贷款问题。自治区政府没有农村产权确权颁证工作实施方案，致使各市县没有参考出台相应方案，有的县自己颁发农村土地流转经营权证。抵押物评估和处置机制不健全，缺乏农业评估的行业标准和专业机构，抵押物无法或短时间处置，资产变现难。金融机构认为对土地承包户、流转经营户抵押贷款风险大而放贷不积极。

（三）农村新型经营主体入股农户收益微薄

地方政府利用以壮大农村集体经济资金，成立村集体股份经济合作社或扶持大户，贫困户以土地入股，并以贫困户的名义获取政府贴息银行贷款，提供给合作社或大户使用，目的是带动贫困户发展脱贫，实际上合作社或大户得到的利益非常大，而贫困户得到的并不是很多，地方政府注入的扶贫资金很难收回来。

（四）农村集体经营性资产改革没有统一标准

一是农村集体资产清产核资。清产核资是一项复杂工程，集体资产的范围和数量，历史遗留的债权、债务、权益等要严格区分，但是缺乏全区统一的参照规定进行处理。资产清理必须聘请有资质的会计事务所或资产评估中介机构进行评估确认。二是农村集体经济组织成员身份界定。成员身份界定涉及户籍、劳动贡献、二轮承包地、婚姻关系、收养子女、大中专毕业生、服兵役人员、农转非等多种因素，关联到成员的切身利益，容易产生矛盾，自治区缺乏成员资格有效界定意见。三是农村集体经营性资产股份制改革后内部控制问题。自治区政府没有成员有偿退出的细则，现有的治理结构难以避免内部人控制问题，再加上集体成员信息有限，村干部权力过大，“小官大贪”现象普遍。四是农村集体经济组织的法人地位。国家没有村集体股改后经济组织主体法人地位的法律法规，地方政府变通的做法是主管部门，颁发农村集体经济组织证明书，便于申办经营手续。

（五）试点县区农村集体产权制度改革不彻底

一是农村原有集体产权制度改革问题。试点县区农村集体产权改革中，设置了集体股，并且股份比例相对较高。二是农村结合精准扶贫新的新型经营主体，基本都设置了集体股份，甚至还有政府部门以项目等名义入股，存在集体资产流失或被侵占的危险，设置集体股存在股份收益经费使用的正确去向，容易产生经费使用不当的违纪违规空间。

（六）农村集体非经营性资产改革基本处于停止状态

从调研资料看，大部分城郊村、山区农村的集体资产多为办公场所、公共服务设施、文化活动广场、卫生室、健身器材等非经营性资产，有些是部门单位投资修建或配发，村集体使用，在建成后或配发时没有以调拨等正式手续向村集体移交，或移交手续不全，没有办法按照会计核算纳入村集体账内管理。农村大型农机具，设施大棚、晒场、仓库等农业生产设施设备等，所有权确权颁证涉及问题多，暂时没有改革。

四、深化农村集体产权制度改革的建议

（一）创建农村集体产权制度改革试验区

2017 年国家在已有 29 个试点县的基础上，准备再选 100 个县扩大试点。宁夏要总结已有农村集体产权制度改革的经验，自主安排试点的基础上，积极申报试点国家级县区，争取创建民族地区农村集体产权制度改革

试验区。完善民族地区农村集体产权制度改革的政策，清理废除阻碍集体经济发展不合理的规定，为民族地区经济发展、农民增收和农村和谐提供可复制的经验。

（二）建立农村集体产权制度改革规范性标准

按照2016年中央《意见》要求，农村集体产权制度改革“要建立省级全面负责，县级组织实施的工作机制”。根据农村集体产权制度改革国家试点县、自治区试点县总结经验，制定全区统一的农村集体产权改革的规范性文件。一方面，各县区具体工作方案有政策依据；另一方面，减少标准不同造成的利益分配差异，防止集体资产的流失。

（三）建立农村承包土地流转共享信息服务平台

农村承包地确权县级数据库建设，确权登记数据入库、汇交、更新，建设和使用全区统一农村承包土地流转信息服务平台，实现数据信息共享。使用自治区统一规范的土地流转操作流程和流转合同文本，建立土地流转登记制度。成立土地流转“三方”评估机构，由乡镇、村、农户代表共同成立承租土地主体资格评估机构，评估能否承担流转费用，是否具有持续性农业生产经营能力、信誉等方面。

（四）规范农村新型经营主体的制度建设

农村集体资产包括历史积累、外部捐赠、国家惠农政策形成的集体资产，在本质上都属于成员集体资产，都应折股量化到成员。调研发现地方政府结合精准扶贫各项资金，成立的农村新型经营主体，法人一般由村干部或农村“能人”担任。一要有条件的利用未承包到户的“四荒”地、果园、养殖水面等资源，在制度层面消除模糊产权，防范经营风险。二要保护建档立卡贫困户等弱势群体的切身利益，取消设置村集体股份和政府部门参股，防止农村精准扶贫资金流失、被利用，获取国家贴息的银行贷款。

（五）制定农村集体经济组织税收优惠政策

成立的集体经济合作组织，需要严格按照规定缴纳多种税费，有的集体经济合作组织刚运营负担较重，甚至有的项目经营收入低于应交税费，入不敷出。经济合作组织还要承担公共服务职能，包括社区治理、卫生、教育等。政府应当制定集体经济合作组织税收优惠政策，对于从事的农村公共事务和公益事业部分，在物业租金上实行税前列支。

（六）农村集体产权制度改革各部门协同配合

农村集体产权制度改革涉及多个部门，财政部门对农村集体产权制度改革的财政支持，金融部门对农村集体土地使用权抵押贷款业务的支持，国土部门对于农村合作社经营性用地的审批，工商税务部门在登记、规费减免方面的优惠与方便，能够发挥各自职能的优势，但出现“碎片化”。因此，农村集体产权制度改革既要各部门协同配合，也要做总体思路和顶层设计，解决共性问题、系统性问题。

宁夏社区居家养老服务模式研究

马　妍

党的十九报告指出，要积极应对人口老龄化，构建养老、孝老、敬老政策体系和社会环境，加快老龄事业和产业发展。目前，宁夏人口老龄化进程加快，“高龄”“空巢”“留守”“独居”老人逐年增加，而家庭养老功能不断弱化，社会养老服务难以满足老年人在生活照料、康复护理、精神文化等方面的多样化需求，造成社会养老服务供需矛盾十分突出。宁夏各地积极探索社区居家养老服务模式，破解养老服务发展困境。

一、宁夏社区居家养老服务的若干模式

社区居家养老模式是近年来发展起来的一种新型养老模式，是将居家养老、社区照顾、企业和社会组织服务相结合的社会养老方式，目前宁夏社区居家养老服务模式大致有四种：

（一）社区主导型

由政府主办或支持引导，以社区为平台，基层政府和社区居委会实施的综合养老服务模式，实施主体是社区，主要服务项目为就餐、家政、文化活动等。

作者简介　马妍，宁夏社会科学院社会学法学研究所助理研究员。

1. 就餐服务

（1）社区老饭桌。这是社区居家养老的主要形式，经营主体是社区，由社区党支部书记或主任作为法人。经营场所主要利用社区阵地的闲置房屋，厨师是政府公益性岗位，社区不用负担场地和人工开支。老饭桌主要提供午餐，个别提供早餐，鉴于老年人习惯喜好和倡导周末共享天伦，都不提供晚餐和周末用餐。对于因行动不便到老饭桌用餐有困难的老人或者残疾人，社区一般会派工作人员、志愿者或者政府提供的公益性岗位送餐到户。如兴庆区丰收社区的“玫瑰兔”送饭队自 2014 年老饭桌开办以来，风雨无阻给社区孤寡残疾老人送饭；西夏区燕宝社区的 3 位失能老人近年来一直是由社区工作人员送饭到家。一个老饭桌一般服务 20~30 位 60 岁以上老人用餐，午餐每餐收费 6 元左右，餐费支付多采取预交划账或刷卡方式，其他群体就餐收费相应会提高，这部分盈利用于平衡物价和其他因素造成的经营亏损以及节假日活动经费。另外，社区老饭桌如果正常运营且社会评价较好，每年不定期也会得到民政部门以奖代补方式的经费支持。目前这类老饭桌在收支平衡与略有亏损间徘徊，遇到亏损往往靠社会爱心人士和企业捐助弥补。（2）集中配餐。社区将居家老人的用餐服务承包给有经营资质的餐饮企业，由企业集中制作，统一配送到配餐点，老人自主取餐，有困难的老人采取配餐到家。目前银川市居家养老配餐服务仅提供午餐，每餐收费 6 元，政府补贴 2 元，老人用餐实际消费 4 元。（3）餐馆寄托。个别社区采取把老人的用餐服务托付在附近的餐馆里，政府对餐馆按用餐人次予以补贴，降低老人的用餐消费。这种模式一般见于用餐老人较少社区。

2. 文化活动

这是社区养老服务中形式最为多样、内容最为丰富的服务。社区的许多文化活动原本是面向全体社区居民的，年轻人忙于工作和生活无暇参加社区活动，活动主体就成为老年人。活动地点一般都在社区阵地，一是规划用房，主要是新社区及拆迁安置小区，在社区成立之前，居民小区建设时就会规划一处房屋专门用于社区老年活动中心。二是政府租购，由政府购买或租赁一处合适的房屋用作社区老年人活动中心，如兴庆区丽景街道雅苑社区的老年活动中心。三是利用闲置房屋，将原有其他用途的房屋开辟出一部分作为老年活动中心，如西夏区老年活动中心与朔方路派出所在同一栋楼。管理者主要负责组织老年人开展活动，维持活动中心的秩序、安全、卫生打扫等服务，第一类是社区工作人员，一般是工作人员数量充足的社区；第二类是政府公益性岗位，一般是两年或者三年换派一批；第三类是志愿者，主要负责管理，卫生和安保等工作人员由政府公益岗位承担。活动形式丰富多样，主要包括棋牌、麻将、乒乓球等体育文艺类活动，或参加社区文化体育活动及其他公益性演出和比赛等。

3. 家政服务

目前宁夏部分城镇社区和所有农村社区居家养老家政服务体系还没有建立起来，已经建立家政服务的社区，主要有三种服务形式：（1）政府购买服务。这种形式主要面向特殊困难老人，如高龄老人、孤寡老人、残疾老人、重病患者、经济困难老人，由政府出资向社会购买公益家政服务，由家政企业定期为老人上门提供服务。企业由于收费较低基本没有利润，主要借助政府购买公益服务的机会完成社会责任。在选择服务对象和范围时，主要由社区通过网格管理员入户调查，结合社区居民基础数据库，根据政府可能提供的服务类型和数量筛选服务对象，提供给政府机构和服务企业。（2）社区义工和志愿者提供的服务。这种服务是由一些热心公益的志愿者和义工为服务主体，由社区来确定服务对象，定期或者不定期为老人提供上门入户服务。志愿者中包括一些致力于公益活动的家政企业，志愿家政企业也是全部免费服务。（3）家政企业提供的商业服务。这种服务是传统的家政服务模式，一般按市场定价，高于政府购买的公益家政服务，但服务对象范围更广。例如银川市兴庆区崇安社区的“小叶家政”，就是集以上三种服务形式于一身的家政企业，现有固定员工20多人，社区服务非常活跃。

（二）政府主导型模式

由政府投资建设、并予以补贴，由社区或村委会运营管理的专项居家养老服务模式。这种服务模式多见于宁夏农村社区，且常常是老饭桌、老年人日间照料中心（也称老年活动中心）、残疾人康复中心和卫生服务中心比邻而坐，方便老年人用餐之后就近进行常规疾病和慢性病治疗、常规药品购买等；同时，作为社区卫生服务中心医护人员大都兼任康复训练师，可以方便他们在相邻区域兼顾两项服务工作。

这种服务模式下文化活动和家政服务项目相对较弱。本文主要分析农村老饭桌。

1. 经费

主要来源于市县财政经费+乡镇配套经费+民政部门以奖代补经费，不足部分由村集体经济补足。2016 年度灵武市为农村老饭桌划拨经费 97 万元，2017 年增加到 107 万元，2018 年预计还会增长。民政部门以奖代补数额要根据每年两次对老饭桌考核情况确定数额，一般也仅够厨师工资。少量经费得益于爱心人士和企业捐助。

2. 服务与收费

农村老饭桌仅提供午餐，老人可以根据口味点餐，每餐收费 3~4 元，服务对象以 60 岁以上老人为主，兼顾个别留守儿童，收费与老人同一标准。大部分农村老饭桌由于居住分散，都不提供送餐上门服务。如灵武市杨洪桥村老饭桌 2016 年曾经为本村 20 位左右失能老人免费送餐上门，送餐员每人每月工资 700 元，也有义工参与无偿送餐，但只运行了大半年就因为经费问题停止了。

3. 饮食习惯问题

由于饮食习惯不同，汉族老人一般可以习惯吃清真餐，但回族老人还是介意共用的餐具以及比较小的用餐空间；汉族老人也希望偶尔吃一顿价廉味美的汉餐。笔者在灵武梧桐树乡陶家圈村调研时发现，本村为纯回族村，回族老人都要礼拜结束后约下午 2 点左右才吃午饭，而一般汉族村庄老饭桌都是中午 12 点开饭。因此一般每村有一个老饭桌，回汉杂居村庄往往会有两个老饭桌，照顾村民生活习惯。

4. 老饭桌的管理问题

自 2014 年开办农村老饭桌以来，管理主体一直是村委会。现阶段，民政部门要求各村成立老年协会并下设监事会和理事会，监管老饭桌，以此实现民主管理。农村老饭桌是否能够兴办并且运营下去，取决于运行经费的最后一个环节——村集体经济。没有集体经济收入的村，老饭桌就会因连续亏损而关停；集体经济收入稳定的村，老饭桌就能红红火火办下去。

（三）企业主导型模式

由基层政府或社区居委会引进，养老服务企业开展居家养老服务的模式，是典型的PPP（Public-Private-Partnership）合作模式。这种模式将政府主导、企业主营、公众受益三方合作完美结合，在发达国家和我国一、二线城市已有较好的运行效果。

1. 进驻企业要求

首先要有一定的资金周转能力，因为社区居家养老产业前期投资较大，赢利周期较长。其次要有一定经营规模，能够涵盖生活、医疗、精神关怀等方面服务团队，可以针对多个服务点（社区）进行统筹调派各类资源。

2. 服务平台搭建

需要搭建数据中心、指挥中心、呼叫中心、服务中心等总数据基地平台，然后在合作的社区阵地建设服务社，形成以基地为中心，辐射各个服务社的服务网络，形成集现代化物联网、互联网技术、大数据平台和先进的远程电子设备为基础的智慧微养老服务模式。

3. 服务项目设置

（1）生活方面，主要包括就餐服务、家政服务和日间照料。就餐服务以集中配送为主，辅以个性化点餐服务；家政服务采取菜单式服务，服务对象和企业可以协商服务内容和服务方式，按照标准计价收费；日间照料采取白天寄送的服务方式，将来条件具备可以拓展为24小时服务。（2）医疗方面，主要有常规疾病和慢性疾病的上门诊疗，为行动不便的老人提供远程医疗服务，定期为老人做健康检查和健康管理服务，为危重病人进行临终关怀服务，残疾人远程康复指导，紧急救护等服务。（3）安全方面，为老人佩戴智能健康手环，与子女手机以及数据中心绑定，这对于失智或半失智老人的安全看护很有帮助。（4）精神慰藉方面，社区居家养老服务企业配备专业的心理咨询师，上门为老人提供精神慰藉服务，保障老年人身心健康。

4. 赢利点（经济优势）

一是经营成本低，不需要承担房屋费用，专业服务人员也可以在较大的服务半径内调剂使用。二是消费成本低，机构养老的床位、医疗护理、用餐三项费用在当前宁夏一般每月 2500 元左右，而居家养老可以根据个人身体状况、经济条件灵活选择精细化菜单式服务。三是企业集团化经营方式可以更有效实现硬件和人力资本投入的利润最大化，集约式的管理会让企业更加具有活力。银川西夏区同安社区，携手宁夏江海洋莲花健康产业发展有限公司成立的“同安苑社区微养老服务社”，就是这种模式的典型代表。

（四）公建民营型模式

公建民营养老服务模式，是由政府出资修建，引进社会力量参与对接管理，再交由社会专业养老企业运营，为辖区老人提供涵盖机构照料、社区照护、居家护理的综合性服务模式。“社区微机构”就是位于家门口、没有围墙的养老院，“微”既指规模、也指投入，一二十张床位、几百平方米就能运作，为失能失智、或半失能失智老人提供生活照料、康复护理等服务。

1. 政府公建场地

由政府出资修建装修房屋，提供活动场地，配套养老服务机构需要的基本生活、医疗、护理设施。经营企业自己负担水电煤等运行费用，每年向街道缴纳一定的管理费。

2. 服务对象

服务对象主要为失能失智、半失能半失智的老人的康复和长期入住，术后老人和残疾老人的康复指导及训练，也可以提供健康老人和高龄老人的日间照料。突出康养结合的服务理念，旨在通过医学治疗和健康管理，使失能半失能老人恢复健康。

3. 从业人员

要求从业人员大都有医学或者护理学背景，且都取得国家人社部的高级养老护理证，或者自治区人社厅认证的初、中级养老护理证。与宁夏有护理专业的职校、高校直接或者间接合作，为企业输送专业养老护理人才。

4. 经营优势

此类机构的医疗护理服务能力比较高，服务对象包含失能失智、术后、残疾老人，恰恰填补了前三种模式的空白；房屋和硬件设施由政府提供，这方面费用和经营风险都会降低；区位优势，可以提供一定数量常住床位，又临近社区，是设在家门口的没有围墙的微型养老院，老人可以随时回家，子女也可以随时探望。银川兴庆区胜利街康馨社区老年日间照料中心是这类模式的典型代表，2017 年 7 月作为全区公建民营社区养老机构的试点投入运行。

二、宁夏社区居家养老服务运行中存在的问题

（一）多方资源缺乏整合

居家养老服务形式碎片化，尚未形成完备体系，政府、社区、家庭、企业的养老资源尚未整合。居家养老服务方面的政策导向性作用发挥不够，致使养老服务系统内的服务项目参差不齐，长效机制缺失，养老服务的社会资源后期支持乏力、养老服务项目市场缺乏活力等。企业投入养老产业很有积极性，但近年来，许多进驻社区进行居家养老服务的私营企业运行得并不乐观，原因是专业化运行压力大，又得不到相应的补贴和扶持。

（二）社区居家养老服务体系不完备，政策缺乏长效性

居家养老政策尚未形成完整体系，有些政策举措的可持续性不强。对于社会团体、社区、非政府组织在社区居家养老中应承担的责任与义务，政府指导不到位，政策上的支持力度明显不够。社区日间照料中心闲置很多，使用效率不高。老年活动中心服务能力有限，主要是人力不足，活动经费短缺。有的老年活动中心有政府委派的 1~2 名公益性岗位，有的没有公益性岗位，仅靠社区的工作人员疲于奔命地管理。

居家养老服务产业发展不充分，市场积极性尚未发挥出来。养老产业市场巨大，但投融资服务体系亟待完善。作为投资的重要领域，社区居家养老行业市场释放了巨大的经济增长潜力，当前由于资本进人和退出机制不明朗，部分企业还处于观望状态，民营资本的积极性如何调动，还需要一段艰难的路程。老年人的养老消费理念比较滞后，不适应居家养老服务

业发展的需要。

三、宁夏发展社区居家养老服务的对策建议

（一）通过PPP模式，吸引社会资本进入社区居家养老服务业

所谓PPP模式指政府公共部门与非公共部门（民营企业）以合作伙伴身份共同投资、建设并运营管理公共基础设施及公用事业项目，在合作中参与各方实现自身经济利益及社会公众利益“多赢”的目标。养老服务业的PPP模式包括政府较闲置的公益性土地划拨作为养老设施用地；引入民营资本或企业运营公建的居家养老服务设施；对民营的养老服务企业或社会组织予以补贴，包括服务补贴和借贷资本贴息，减免民营企业的部分税种；企业方面充分利用政府的优惠政策和补贴进行运营管理等等。总之，政府部门和企业以合作的路径方式，实现资源的优化配置，使资源和投入发挥最大的社会效益和经济效益。

（二）准确把握政府在社区居家养老服务中的定位

政府在社区居家养老服务方面做了大量工作，投入巨大。从全国各地的实践经验来看，由政府自己来运营管理社区居家养老服务设施和机构，不仅投入巨大，而且需要大量的人力和精力，效果并不理想。政府要尽可能避免直接运营管理社区居家养老服务机构单位，把主要的精力放在以下方面：一是制定规划、政策和法规，为社会力量和民营资本进入居家养老创造良好的机制和环境。二是把老年优待的社会福利制度与市场机制契合，促进扶持养老产业的发展。政府优待老年人的政策制度具有惠民的公益福利性，应当包含比较丰富的内容，直接补贴给困难老人是这种公益福利性的体现，补贴给居家养老服务企业也是公益福利性的体现。关键在于资金使用合理科学，能起到四两拨千斤的作用。三是加强对居家养老服务行业的监管和对市场的调控作用，特别是对接受政府补贴、税收优惠和承接政府购买服务的社会组织、企业要建立比较严格的监督考核制度。四是对社区治理中提供居家养老服务的部分企业和社会组织，如老年日间照料中心、社区活动中心和老饭桌、小饭桌、服务公司等，按照新型的社会企业模式进行改造、升级，使之成为社区居家养老服务的一支重要力量，要允许和

鼓励经营性企业合理盈利，通过提供优质服务赢得发展。

（三）加强社区建设，更好地发挥社区居委会居家养老服务平台的作用

习近平总书记指出，要尽可能把资源、服务、管理放到基层，使基层有职有权有物，更好为群众提供精准有效的服务和管理。社区在居家养老服务中起着枢纽和平台作用，其作用主要表现在以下方面：一是可以受政府委托对社区内居家养老服务组织和企业（市场服务型）进行督查考核；二是向政府和市场传递老年人居家养老的诉求和需求信息；三是对老年群众社团的服务引导和管理；四是对一些非盈利的公益性老年活动场所的管理。

从构建多元主体参与基层社会治理的格局看，要把公众参与社区居家养老服务作为基层社会治理重要内容，调动公众参与社区居家养老服务的积极性，有效保障群众，特别是老年人对政府居家养老服务的政策制度的知情权、参与权和监督权。要积极培养各类老年人社会组织的发育成长，使它们一方面可以提供老年人所需要的公益性服务，另一方面可以满足自我管理自我服务的需要。公众参与的另一途径是通过社区成立的议事机构（老年协会）来参与社区居家养老服务的重大事项的决策咨询和监督，例如灵武市成立老年协会对农村老饭桌的运营进行监督管理。

（四）从事社区居家养老服务的社会企业和商业企业要不断开发适销对路的服务产品，对接养老需要，增强自我造血功能

社区居家养老服务供给与需求对接不好是目前制约居家养老服务业发展的瓶颈因素。老年人的许多养老需求得不到满足和一些养老服务供给找不到服务对象的情况都存在，说明二者的对接有问题。老年人的养老服务需求受到多种因素的影响，客观因素包括健康状况、子女数量和与子女同住情况。主观上受到老年人的消费能力、消费观念和消费习惯的影响。很多老年人愿意购买实实在在的物质产品，却不大愿意购买服务，觉得凡是自己能做的家务劳动，不管多累、多辛苦，都尽量自己去做。老年人的养老需求与服务企业的对接要有一个彼此了解磨合的过程，市场培育也有一个过程。关键是企业不能完全依赖政府的补贴生存，必须通过开发适销对路的服务产品来赢得老年人，通过增强自我造血功能赢得市场和自身发展。

调研篇

DIAOYANPIAN

宁夏企业社会保险缴费负担问题调研报告

陈通明　杨永芳　张耀武

近年来，随着经济社会发展，特别是新常态下经济增速放缓，部分企业不景气，效益下滑，而职工工资和社平工资水平却在逐年提高，社会保险缴费基数增幅较大，一定程度上增加企业人工成本，对企业的发展带来了一定的影响。为全面准确了解宁夏企业社会保险缴费负担问题，课题组于2017年5月在自治区8个市县就企业社会保险缴费占企业成本问题开展了实地调研。本次调研主要采取召开座谈会、走访企业、发放问卷和访谈等形式，共计召开座谈会8场，入户调查企业30家，发放问卷232份，回收有效问卷232份。现以调查结果为基础，围绕企业社会保险缴费问题进行分析。

一、基本认识

（一）企业社会保险缴费占企业成本的比重能否成为衡量企业社保缴费负担轻重的标准

由于企业的经营成本千差万别，如果要用社会保险缴费占企业成本的比重来比较不同企业的社会保险缴费负担孰轻孰重，那显然没有可比性。

作者简介　陈通明，宁夏社会科学院研究员，宁夏社会学会会长；杨永芳，宁夏社会科学院社会学法学研究所副所长，副研究员；张耀武，宁夏社会科学院综合经济研究所研究员。

企业的社会保险缴费负担轻重问题主要取决于企业的社会保险缴费能力。企业的社会保险缴费来源于企业生产经营过程中的增加值。工业增加值是企业全部生产活动的总成果扣除在生产活动过程中消耗后的余额，是生产过程中新增加的价值。包括税收、劳动力价值（即工资、社会保险、福利等劳动力成本）、利润、资本的折旧和利息，等等。而增加值部分，在扣除税收、劳动力成本和资本折旧利息之后就是企业的盈利部分，即利润，是企业的总收入减去有关的成本和费用后的差额。盈利不仅是企业经营的根本目标，也是企业生存发展的前提条件，它反映了企业的整个经营水平和经营目标的实现能力。判断企业的社会保险缴费能力的高低强弱，主要的标准是看企业能否盈利。盈利水平高，则社会保险缴费能力强；反之，则缴费能力弱。是否盈利，成为衡量企业社会保险缴费能力大小的一个分水岭。当我们把企业的盈利水平作为衡量企业社保缴费能力的前提条件时就会发现，企业的缴费能力在不同所有制、不同地区、不同行业类型、不同经营方式之间存在很大的差异性，经济大环境也直接影响着企业的社保缴费能力。

（二）关于企业社保缴费问题的基本观点

一是从社会保险缴费费率看，经过近两年的阶段性降低社会保险费率，我国企业缴纳的 5 项社会保险费率之和为 28.25%，根据国际比较，在全球 175 个国家（或地区）中居于第 14 位，低于法国等 12 个欧洲国家，属于费率比较高的国家之一。二是在岗职工社会平均工资（岗平工资）水平的虚高和刚性增长增加了企业的社保缴费负担，降低了职工的实际收入。三是企业社会保险缴费负担过重，导致企业的人工成本增加，对劳动就业产生“挤出效应”。

二、调查的基本结论

（一）宁夏社会保险事业呈现的新态势

一是企业职工劳动合同的签订率逐年提高；二是大多数企业对社会保险有积极的认同态度；三是企业职工社会保险的参保率总体处于上升趋势。

（二）从调查看近三年来宁夏企业社会保险缴费负担状况

第一，宁夏企业的社会保险缴费能力参差不齐，其中相当一部分企业缴费能力较弱。受全球经济下行压力影响，近三年来，宁夏企业总体经营状况不理想，部分企业经济效益处于下滑态势。一是企业的亏损面较大。问卷数据显示，调查的232家企业近三年来平均有57.2%的企业处于盈利状况，42.8%的企业处于亏损状况。其中，连续三年盈利的企业91家，占比为42.1%；连续三年亏损的企业60家，占比为27.8%；连续两年亏损的企业38家，占比为17.6%；只亏损一年的企业27家，占比为12.5%。以上数据表明，从企业经营的总体状况看，企业的亏损面占四成以上，截至2016年底，企业的经营状况并没有出现明显好转的态势。二是不同规模的企业盈利能力有差别。以2016年不同规模企业盈亏状况看，规模以上企业中的盈利企业占比较高，高于小微企业15.3个百分点，小微企业的亏损面较大，占比超过半数，高于规模以上企业15.3个百分点。三是从人均利润看，大部分企业的盈利水平不高。从盈利企业的人均利润看，人均利润在1万元以内的企业，2014年有30家，2015年有36家，2016年有33家，占比分别为14.4%、16.3%、14.6%；1万~10万元的企业三年分别占比30.3%、26.7%和27.9%。说明近三年来超过四成以上的企业人均盈利水平都在10万元以下。人均盈利水平10万元以上的企业2014年有26家，2015年有34家，2016年有33家，占比分别为12.5%、15.4%和14.6%。特别是人均利润在100万元以上的企业不到5%，表明企业的盈利水平总体较低。

第二，企业的用工成本在不断上升，总体呈上涨趋势。企业的用工成本是以劳动力的价值为基础，包括职工的工资、社会保险缴费、福利和人员培训费用等。其中，人工工资和社会保险缴费是最主要的人工成本。为了分析简便，本文分析企业人工成本时，控制了其他变量，主要以人工工资和社会保险缴费之和指代人工成本。

一是工资水平不断上涨。问卷数据显示，近三年来，年度人均工资在3万元以内的企业数呈逐步递减趋势，3万元以上工资水平的企业数总体呈上升趋势。2014—2016年度人均工资在3万元以内的企业分别占30.8%、

27.5%和 25.6%，而 3.1 万~6 万元的企业增幅两年内上升 1.3 个百分点，6.1 万~9 万元的企业两年内增幅 3.2 个百分点，9 万元以上的企业 2015 年增幅为 4.9 个百分点。总体来看，人均工资 3.1 万~9 万元企业的增幅最为显著，三年内增长了 4.5%。

二是近三年来社会保险缴费总体处于上升趋势，社会保险缴费额度在逐年增加。社会保险缴费额度的变化可以通过两方面进行分析，即最低缴费标准的变化和人均实际缴费额度的变化。宁夏社会保险中的养老保险的最低正常缴费基数连续三年的增长幅度在 6.6%~10%，涨幅较高，这就导致最低缴费标准也是水涨船高，增长额度较大，2016 年比 2014 年增长了 13.2%。按照 2016 年自治区降低部分社会保险缴费费率之后计算，当年城镇职工五项社会保险人均最低正常缴费标准为 11016 元。问卷数据显示，人均社会保险缴费总额在 1 万~2 万元区间的企业占比最高，2014—2016 年分别为 47.1%、57.4%，63.3%，涨幅最显著，年均涨幅 8 个百分点；人均社会保险缴费总额在 0.1 万~0.9 万元的占比居第二，反映了一些企业只是给职工办理了部分社会保险，而没有参加全部五项社会保险，但这一比例总体呈下降趋势， 1 万~2 万元缴费的占比呈稳步上升趋势 (截至 2016 年底，人均社会保险缴费总额在 1 万元以上的企业已接近 70%)，既说明企业的参保意识在逐年强化，也表明企业的人工成本呈逐年递增趋势。问卷数据显示，有九成企业的人均人工成本在 10 万元以内，但人均人工成本在 10 万元以上的企业涨幅较快。企业人均人工成本在 5 万元以内的企业，近三年来平均占比分别为 66.1%、62.5%和 56.9%，占比最高且呈下降趋势；人均人工成本在 6 万~9 万元的企业占比分别为 24.3%、26.9%和 32.3%，呈上升趋势，2016 年比 2014 年增长了 8 个百分点。2016 年九成左右的企业人均人工成本在 10 万元以内，但人均人工成本在 6 万元以上的企业数总体处于上升趋势，说明人工成本在逐年递增，且涨幅较大。

第三，企业对社会保险缴费负担的认识。问卷数据显示，在针对企业缴纳社会保险费用的缴费负担问题上，有 70.7% 的企业认为缴费负担比较重，说明社会保险缴费负担较重是相当一部分企业的共识。降低缴费费率和基数成为部分企业反映最多、最强烈的诉求。

（三）准确认识和把握企业社会保险缴费负担轻重问题

第一，对宁夏企业经营状况的基本判断。一是宁夏企业经营状况不理想。二是企业的盈利能力较弱。三是企业人工成本上升较快挤压了企业的利润空间，增加了企业的经营负担，使宁夏的劳动力优势明显减弱。四是企业合规经营、守法经营意识在逐步加强。

第二，企业社会保险缴费负担较重成为普遍的反映。一是从整个经济发展形势看，企业亏损面较大，盈利水平较低。随着工资和社会保险缴费的上涨，企业人工成本总体涨幅较大，意味着企业保险缴费负担呈增长趋势。在缴纳社会保险费用问题上，大多数企业反映当前社会保险缴费负担比较重。二是岗平工资的刚性上涨冲销了政府降低企业缴费负担的举措，导致企业的社会保险缴费负担还在不断增加。2013—2016 年，宁夏的岗平工资在全国 31 个省、直辖市、自治区排第 8—10 位，与城镇居民人均可支配收入排全国 31 个省、直辖市、自治区第 24—26 位极不相称。在调研中，企业普遍反映岗平工资明显高于职工的实际工资水平。多年来，这种不能全面反映宁夏城镇全部在岗职工工资水平的岗平工资增长速度过快，与城镇居民人均可支配收入、人均 GDP 增速呈现较大反差。岗平工资的虚高和过快增长直接导致以岗平工资为依据的各项社会保险最低缴费基数不断提高，致使企业和个人社会保险缴费负担不断加重。虽然自治区给企业减轻社会保险缴费负担降低了费率，对困难企业降低了缴费基数，但岗平工资的虚高和上涨则完全冲销了政府降低企业缴费负担的举措。三是社会保险缴费额度的过快增长导致职工实际收入下降。由于各项社会保险最低缴费基数不断提高，而在部分企业职工工资近年来涨幅很小或基本不涨的情况下，在缴纳逐年增加的社会保险费后，企业职工实发工资水平必然会降低。

第三，影响企业社会保险缴费负担的主要因素。一是岗平工资虚高且年均增幅较大。二是部分企业运行困难，效益下降，企业社会保险缴费压力增大。三是劳动密集型企业人均盈利水平低，劳动力成本增长较快，加剧了社会保险缴费负担。四是宁夏社会保险制度面临的一些矛盾问题也成为制约社会保险缴费水平下降的重要因素，如社保基金刚性支出的压力逐年增大，保值增值困难；欠缴社会保险费用现象普遍化，加剧了基金支付的压力；制度设计和政策制定的不完善及公平性不足影响了企业和职工的缴费积极性。

（四）宁夏企业社会保险缴费负担的影响评价

第一，社会保险缴费负担偏重不利于社会保险事业的健康发展。一是社会保险缴费负担偏重导致欠缴保费企业和中断参保缴费人数增加，使社会保险费的征缴率下降。二是社会保险缴费负担过重将导致少报、漏报缴费基数和逃避缴费责任的现象增多。三是社会保险缴费负担过重将影响劳动者的参保积极性，不利于扩面参保。

第二，较重的社会保险缴费负担不利于企业的可持续发展。一是社保缴费负担较重导致企业人工成本增加，挤压企业的利润空间，不利于提升企业的综合竞争力。二是社会保险缴费负担较重降低企业参保的积极性。

三、解决企业社会保险缴费负担问题的思路和对策建议

（一）解决企业社会保险负担问题的思路

第一，企业是社会保险事业发展的基础。要根据企业的运营现状，充分保护企业缴纳社会保险费的积极性，为企业的健康发展创造良好的环境，留有充分的发展空间，而不能因为“竭泽而渔”挫伤企业缴纳社会保险费的积极性，这是社会保险制度设计和制定政策的出发点及基本前提。

第二，坚持社会保险制度的基本原则。如果部分劳动者没有被社会保险制度所覆盖，那对社会对个人都不是好事。因此，哪怕是“低进低出”，只要把绝大多数公民纳入社会保险制度中来，即使由于缴费标准低一些而导致保障水平低，那么有保障要比无保障好得多。从“保基本”的原则出发，社会保险制度的保障水平一定要坚持量入为出，以可持续性和可承受能力为限度，保障基金的安全。社会保险的保障水平应当不断提高，但也并非保障水平越高越好。

第三，深化社会保险制度改革。社会保险制度的生命力在于不断革故鼎新。全面深化社会保险制度改革的任务，就是要建立更加公平、可持续的社会保险制度，并尽快走上法治化的轨道，树立福利持续增长与责任合理分担紧密结合的发展理念，适度均衡政府与企业、个人及社会的责任负

担，充分调动社会各方与市场主体参与社会保障体系建设的积极性，以达到逐渐缓和社会矛盾、保险制度可持续发展和提升制度公信力的目标，真正给全体人民提供稳定安全的保障。

第四，阶段性地减轻企业特别是困难企业的缴费负担。在当前社会保险缴费中，以养老保险和医疗保险缴费率最高，其中企业缴费率分别为19%和8%。如果能够适当降低这两个险种的缴费费率，企业社会保险缴费负担则会随之减轻。

第五，厘清政府作为社会保险主体的责任。企业、个人和政府是社会保险基金的三大支柱。在社会保险责任分担中，一定要确立社会保险是关系所有公民切身利益的公共服务和公共产品的理念，因此，为保证社会保障水平，对于减轻企业缴费负担所造成的基金缺口部分，应由政府财政和个人缴费来承担。政府是社会保险的举办者和主导者，就政府责任来说，应为扩大社会保险覆盖面、建立社会保险基金预算机制、促进社会保险基金的可持续供应和保值增值等提供制度保障。

第六，确保社会保险基金的可持续和安全运行。应采取综合措施，以确保社会保险基金的可持续性和安全运行。

（二）对策建议

第一，完善岗平工资统计办法，回归缴费基数的真实水准。调整岗平工资统计范围，除统计国有单位、城镇集体单位、联营经济、股份制经济、外商投资经济、港澳台投资经济的职工工资外，还应把私营有限责任公司、私营股份有限公司、私营合伙企业和私营独资企业及个体就业人员、自由职业者等灵活就业人员工资全部纳入岗平工资统计范围。同时，还可以考虑调整企业职工养老保险缴费基数上下限，以适应低收入群体参保缴费的需求，并可以大幅降低企业社会保险缴费负担；鼓励高收入者多缴费，最高可按岗平工资的6倍缴纳。企业职工和灵活就业人员参加社会保险缴费基数在职工岗平工资的600%~30%核定。

第二，建立财政补贴机制。一是建立社会保险缴费政府补贴机制。对于困难企业和对促进稳定就业有贡献的企业给予一定的社保缴费补贴。二是政府财政要承担养老保险的历史债务和扶持资金。三是建立财政补助社保基金的长效机制。目前，中央政府已承担了社保基金投入的主要责任，但地方政府财政“托底”的功能尚未发挥。因此，应进一步明确地方政府社会保障“托底”的责任，按每年地方财政收入的一定比例补助社保基金，体现地方政府提供公共产品、进行再分配的保障功能。四是适时划拨国有资本充实社会保险基金。

第三，实施阶段性降费和降基数的“双降”措施，加大对小微企业的扶持力度。根据宁夏全区经济发展现状，实施阶段性社会保险缴费降费降基数及动态调整政策，特别是要把作为缴费基数的岗平工资降低到合理的真实的水准，将是今后宁夏社会保险费征缴的新常态，自治区政府应采取积极应对措施，确保基金运行安全。继续加大对小微企业实施稳岗援企、转岗培训、社保缴费补贴等方面的扶持力度，加快企业转型升级，帮助企业提高发展竞争力，确保小微企业按时足额缴纳社会保险费。

第四，坚持政策的公平性，适时合并城镇职工和城乡居民医疗保险制度。合并职工和居民医保制度的关键在于如何确定缴费标准和保险待遇。应适当降低城镇职工基本医疗保险缴费标准，由政府对每个参保职工予以适当的补贴，这对于减轻企业和职工的社会保险缴费负担会起到积极的作用。同时，依然保留政府对城乡居民的医疗保险补贴，体现国家和社会对低收入及无收入群体的救助功能，在此前提下，适当提高城乡居民医疗保险缴费标准。保留个人账户并与缴费额挂钩，这就是一种总体统一、内有差别的医疗保险制度。

第五，拓宽投资渠道，实现基金保值增值。宁夏可以借鉴广东省、山东省的做法，将结余的保险基金委托给全国社会保障基金理事会运营，拓宽基金投资渠道，提高保险基金的运营收益率。

第六，建立商业保险与社会保险协同发展的机制。发展商业保险可作为社会保险的有益补充，两者在一定条件下可以相互促进。

第七，延长退休年龄和缴费年限，减轻社会保险基金支付压力，为减轻企业社会保险缴费负担创造条件。延迟退休年龄已成为一个必然的趋势。主要解决两个问题：一是女性职工与男性职工退休年龄逐步趋于一致，当然一些特殊行业和工种如何考虑两性之间的差别，要做细致的研究。二是所有职工延长退休年龄。延长养老保险最低缴费年限，也需要做出考虑和制度设计，增加缴费年限，既是养老保险制度所必需的，也要符合参保者的实际状况，是可以承受的。当然，延长最低缴费年限是需要通过修订《社会保险法》来解决的。

宁夏护理专业人才培养调研报告

张耀武　徐学红　刘　鹏　马　妍

护理人才的培养与使用，是关乎公共卫生事业发展和维护群众健康的民生工程。近年来，随着宁夏公共卫生事业的发展和维护群众健康需求能力的提高，护理专业人才的社会需求大增，催生了各级各类学校举办护理专业的积极性，纷纷开展了高、中等护理专业教育，为社会培养了大批护理专业技术人才，对提高宁夏公共卫生服务水平发挥了积极的作用。但由于存在盲目扩大办学规模、供需结构不平衡等问题，已经严重影响到全区护理专业人才培养的可持续发展。因此，应深入贯彻落实党的十九大提出实施健康中国战略的目标要求和《国务院办公厅关于深化医教协同进一步推进医学教育改革与发展的意见》(国办发〔2017〕63号）精神，深化医教协同改革，进一步完善护理人才培养体系，提高教育教学质量，为全区护理事业的健康发展，培养合格的专业人才。

一、宁夏护理专业人才培养现状

改革开放以来，宁夏的护理专业教育得到了快速发展，在原中职护理教育发展的基础上，大专（高职）、本科、硕士研究生护理教育均得到了较

作者简介　张耀武，宁夏社会科学院综合经济研究所研究员；徐学红，平罗职教中心主任，一级教师；刘鹏，平罗职教中心副主任，高级农艺师；马妍，宁夏社会科学院社会学法学研究所助理研究员。

快发展，全区拥有护理专业教育普通高校1所、高职1所、中职学校4所，已形成了护理专业硕士、本科、大专（高职）、中职四个层次的培养体系，通过招聘、转岗培训、临聘各医疗机构护理专业技术人员做兼职教师等举措，在较短的时间内，培养了一大批护理专业师资，初步缓解了师资队伍严重不足的问题。实验实训设施建设初步实现了临床教学实境化、技能训练标准化、达标测试规范化。从2013年开始，宁夏区内护理专业高职以上招生规模达到400人以上，呈现稳步发展趋势，而中职招生于2014年达到3200人以上规模后，呈逐年下降趋势。2016年全区护理专业招生数分别为硕士研究生13人、本科生90人、专科及高职生454人、中职生2000人（见表1），护理专业人才培养仍以中职生为主。

表1　宁夏护理人才培养学校各年度招生一览表

单位：人

学　校		2013年	2014年	2015年	2016年
宁夏医科大学	研究生	6	10	11	13
	本科	196	115	90	90
	专科	229	440	270	270
宁夏民族职业技术学院	高职	—	—	149	184
小　计		431	565	520	557
宁夏医科大学	中专	692*	540*	—	—
宁夏民族职业技术学院	中专	160	240	160	160
宁夏医科大学	中专	692	540	—	—
银川职院永宁分校	中专	—	357	1041	792
宁夏卫生学校(平罗职教中心)	中专	661	1035	751	576
固原农校	中专	260*	358*	305	276
中卫市职业技术学校	中专	129	164	177	196
小　计		2594	3234	2274	2000
合　计		3025	3799	2954	2557

数据来源：各校实地调查数。

* 宁夏医科大学中专招生数包含药剂专业学生数。

* 固原农校2013年招生数中含隆德职中30人，2014年招生数含隆德职中38人。

（一）宁夏护理专业人才队伍发展现状

进入新世纪以来，根据国家全面推进医药卫生体制改革的布署和要求，宁夏着力加强城乡医疗服务体系、公共卫生服务体系建设，使卫生事业保持了平稳较快的发展，护理专业人才队伍建设取得了显著成效。截至2016年底，全区共有医疗卫生机构4289个，其中医院168个、卫生院219个、疾病预防控制中心25个、妇幼保健机构22个。医疗卫生机构床位31853张，其中医院床位27721张。卫生技术人员41505人，其中执业（助理）医师15860人、注册护师、护士16135人。每千人口拥有医院床位4.17张、医生2.39人、注册护理人员2.43人，医护比为1:1.02，分别是2000年的1.73倍、1.48倍、2.15倍和1.46倍，但仍低于全国平均水平。护士队伍的学历水平也有了较大提高，本科及以上学历占15.8%，大专学历占54.8%，中职及其它学历占29.9%。中专学历层次人员占比大幅度降低（见表2），但护理队伍的职称结构仍以中、初级为主，副高以上人员仅占6.1%，高层次护理人员严重不足（见表3）。

表2　2016年度宁夏护理人员学历结构表

单位：人、%

地区	总人数	本科及以上	大专	其他
银川市*	5160	689	3288	1183
石嘴山市	2497	183	1430	884
吴忠市	2498	789	1266	443
固原市	2133	146	741	1246
中卫市	833	264	455	114
合　计	13121	2071	7180	3870
占　比	100.0	15.8	54.7	29.9

数据来源：各市卫计局2017年初统计。
注：*银川市护理人员数中不包含非医院系统的护理人员。

表3　2016年度宁夏护理人员职称结构表

单位：人、%

地区	总人数	正高	副高	中级	初级	其他
银川市*	5160	3	137	686	3589	745
石嘴山市	2497	3	89	383	1764	258
吴忠市	2498	4	141	295	1602	456
固原市	2133	1	254	455	1423	—
中卫市	833	4	158	241	285	145

续表

地区	总人数	正高	副高	中级	初级	其他
合　计	13121	15	779	2060	8663	1604
占　比	100.0	0.1	6.0	15.7	66.0	12.2

数据来源：各市卫计局 2017 年初统计。
注：* 银川市护理人员数中不包含非医院系统的护理人员。

（二）宁夏护理专业人才队伍的发展趋势

根据国家提出“‘十三五’时期需要加大护理服务供给，推进优质护理服务资源合理配置，提高基层护理服务能力，为全面实现小康社会奠定健康基础”的目标要求，《宁夏回族自治区医疗卫生服务体系规划（2016—2020 年)》提出，“十三五”期间，宁夏要“以信息化和科技进步为支撑，转变发展方式和服务模式，以疾病治疗中心转向以健康促进为中心，从规模扩张式的粗放发展转向质量效率提升式的内涵发展，构建与居民健康需求相匹配、体系完整、分工明确、功能互补、密切协作的整合型医疗卫生服务体系”，到 2020 年，宁夏每千常住人口执业（助理）医师数达到 2.78 人，每千常住人口注册护士数要达到 3.2 人。依据《宁夏卫生计生事业和人口均衡发展“十三五”规划》提出的到 2020 年，“宁夏总人口控制在 710 万人以内，人口出生率控制在 14‰，人口自然增长率稳定在 9‰以内，人均预期寿命达到 76 岁”的此标准来计算，到 2020 年，全区注册护士总数应达到 22720 人，比 2016 年增加 6585 人，再加上退休人员空出的缺额，新增注册护士总数将超过 7000 人的规模，要满足这一需求，每年需要新增注册护士 1500 人以上，即年均增加 9.0%以上。《宁夏卫生计生事业和人口均衡发展“十三五”规划》明确提出，要推进医养结合，到 2020 年，全区二级以上综合医院、中医医院要开设老年病科、老年病门诊，增加老年病床数量，50%的城市社区和有条件的农村社区要设立适合老年人的康复场所，全区每千名老年人拥有养老床位数 35 张以上，其中护理型床位占养老床位的 30%以上，老人康复护理人员的需求将快速增加。同时，该规划还提出要“通过与医学院校合作，加强儿科、妇科、助产士、护士、急救、精神卫生、康复医学等紧缺专业人才的培养”，党的十九大明确提出要“为人民群众提供全方位全周期健康服务”。这些目标任务的提出，都对护理人才培养的数量和质量提出了新的要求。

二、宁夏护理专业人才培养中存在的突出问题

（一）培养层次与现实需求差距大

2016年全区护理专业招生比例为研究生占0.5%、本科占3.5%、大专及高职占29.9%、中职占78.2%，中职人才的培养仍占主导地位，这与目前在岗注册护理人员本科以上占15.8%、大专及高职占54.7%、中职占29.9%的学历结构极不匹配，高职以上护理人才的招生比例远低于全区实际在岗护理人员高职以上的学历结构。特别是从2016年开始，全区各医疗机构普遍提高了护理专业毕业生入职门槛，护理专业中职毕业生面临入职难、就业难的窘境。

（二）护理人才培养与社会需求脱节

目前，全区护理专业不论是本科、专科及高职，还是中职，均只设置临床护理一个专业，个别学校虽设置了涉外护理专业，但仍以临床护理为主。特别是各中职学校护理专业设置高度重复，造成招生无序竞争，培养过剩，社会就业压力加大，而社会需求的紧俏专业（含专业方向）却没有设置，如助产、妇幼、老年护理、社区护理、中医护理等专业，现有的专业设置、课程结构、评价办法、人才培养模式以及学校办学定位等均面临转型升级的压力。

（三）教师编制严重不足

全区招收中职护理专业的5所职业技术学校，师资编制严重不足，在校生师生比高达1:47.1，按教育部关于中等职业学校师生比1:20的设置标准计算，师资缺编率高达58.7%。各校为了解决师资严重短缺的问题，只得自聘教师或临时外聘护理专业技术人员担任兼职教师，自聘及兼职教师占教师总数的45.5%（见表4）。

表 4　2016 年宁夏护理专业招生学校师生比

学校	专任教师(人)	在校生数(人)	专任教师师生比	自聘及外聘兼职教师	
				人数(人)	占比(%)
宁夏医科大学护理学院	63	1705	1:27.1		
宁夏民族职业技术学院	22	951	1:43.2	26	54.2
宁夏卫生学校(平罗职教中心)	52	2311	1:44.0	44	45.8
银川职业技术学院永宁分校	23	1477	1:64.2	31	57.4
固原农校	24	856	1:35.7	9	29.0
中卫市职业技术学校	11	537	1:48.8	8	42.1
合计	195	7837	1:40.2	118	37.7
其中:中职学校教师及学生	110	5181	1:47.1	92	45.5

数据来源：各校实际调查统计。

(四) 护理中职生面临考证难、入职难、升学难

由于护理专业中职生招生规模大，师资队伍建设滞后，加之初中毕业生知识水平低，在三年的学习实践中难以完全掌握护理专业知识和技能，参加全国护士资格证统考一次通过率仅为 50%左右，有近一半的毕业生因拿不到国家护士资格证而无缘护理工作。特别是随着高职以上护理专业毕业生的增加，三甲医院和部分县（区）医院只招聘具有大专和高职以上护理专业并考取护士资格证书的毕业生，导致大部分护理专业中职毕业生不能进入医疗机构从事护理工作。同时，中职生考入高职类学校的渠道不畅，据统计，2016 年全区中职毕业生 24379 人，通过分类考试被高职院校对口录取的中职生 1922 人、五年制高职转入 1035 人，升学率仅为 12.1%；护理专业中职毕业生通过分类考试录取的只有 135 人，仅占全区护理专业当年中职毕业生的 5.9%。因此，各中职学校在完成中职护理专业培养的同时，积极鼓励和支持在校生通过参加自学考试、医科大学业余成人大专护理专业函授等非全日制大专学历教育，来提高中职护理专业毕业生的学历层次。但由于自考、电大等非全日制大专毕业生，不能参加注册护士资格证考试，所以已有部分医院明确提出不再招聘拥有自学考试、电大等二次学历护理人员入职，这无疑进一步加大了中职毕业生入职、就业的难度，提升办学层次、打通中高职衔接渠道已成为当务之急。

三、加强宁夏护理人才培养的对策建议

（一）调整院校布局，优化培养体系

一是以提升护理专业学历教育层次为目标，调整护理教育院校定位。宁夏医科大学应逐步退出高职类护理专业人才的培养行列，重点加强护理专业硕士研究生和本科生的培养，力争实现招收护理专业博士生零的突破。宁夏民族职业技术学院应以高职护理专业人才的培养为主，逐步退出中职护理专业人才的培养。宁夏卫生学校（平罗职教中心）、固原农校、中卫市职业技术学校、银川职业技术学院永宁分校应以提高办学层次和质量为目标，力争升格为高职类院校。二是筹建宁夏护理学院。宁夏护理专业高职生比例过低，缘于护理专业高职院校少，培养能力不足。自治区应积极创造条件，尽快立项筹建1所专门的高职类护理学院，以增加高职类护理专业教育的办学能力和招生容量，提高护理专业人才培养的层次。三是加强护理专科学校建设。目前，宁夏卫生学校（平罗职教中心）护理学专业在基础设施、教学实训设备、在校生规模、办学质量等方面均居全区护理院校前列，其中护理学和药剂专业在校生已占全校在校生总数的77.2%，已具备举办护理专科学校的基本条件，应更名为宁夏卫生护理学院，以打造全区一流的高职类护理专科示范学校为目标，专职从事护理专业人才培养。

（二）扩大高护招生规模，提高人才培养层次

认真贯彻落实《国务院办公厅关于深化医教协同进一步推进医学教育改革与发展的意见》提出的“调整优化护理职业教育结构，大力发展高职护理专业教育”的目标要求，一是扩大本科以上护理专业招生规模。在调整院校定位和专业布局的基础上，逐年增加护理专业硕士研究生、本科招生指标，积极申报增设护理专业博士学位点，扩大高层次护理专业人才培养规模。二是加强高职护理专业人才培养。努力扩大高职招生规模，培养大批能够满足社会需求的护理专业高职人才，并通过分类考试、“3+2”模式，打通中职与高职培养衔接的通道，让更多的中职毕业生有获得高职教育的机会。三是严格控制中职招生规模。由于护理专业毕业生就业有特殊要求，加之护理专业中职毕业生就业难度逐年加大，故应根据全区护理专

业人才的实际需求，应进一步加强护理专业招生计划管理，逐年减少中职护理专业招生指标，将护理专业中职招生规模控制在一定的范围之内，直至取消招生，严格控制单点招生规模，以利于集中优势师资，提高教学质量；逐步增加在岗护理人员能力和学历提升培养规模，以满足宁夏卫生与健康事业发展对高层次护理专业人才的需求。

（三）增加专业设置，拓宽就业渠道

为了满足医疗类职业方向细分的社会需要，各护理专业人才培养院校应积极创造条件，增设助产、妇幼、老年护理、社区护理、中医护理、康复、心理健康等社会紧缺专业，多方向培养护理专业人才，加强护理专业人才培养与社会需求的衔接，并积极应对人口老龄化，拓展养老服务、健康服务等非医疗机构就业领域和渠道，有效提高护理专业毕业生的就业率。

（四）创新机制，培养合格的专业师资队伍

一是由自治区人民政府出台职业教育兼职教师聘用管理办法。职业院校可在核定编制数额50%或更高比例的范围内，根据在校生的数量，按照师生比的标准核定缺编教师数量，自主聘用专业教师，由同级财政承担自主聘用教师人均包干经费。二是建立新任职教师岗前培训和骨干教师培养制度。各级人民政府应加大职业教育师资培养投入，对新任职教师采取集中培训的办法进行岗前培训，对专任教师采取“送出去学，走出去看，请进来教，下企业练，上网学习”等方式，加强学科带头人和骨干教师培养。三是规范和强化实践教学能力培养。制定专任教师实践教学能力评价标准，通过派往高等院校、三甲以上医院进修研修等方式，切实提高专任教师实践教学能力。四是建立健全激励机制。探索和完善待遇保障、质量控制、使用激励等相关政策，在职称评定、专业技术职务聘任、带课津贴、选先评优、技能培训、薪资待遇等方面向一线教师倾斜，确保各院校急需专任教师能够进得来、留得住、有作为，为全区职业教育发展奠定坚实的基础。

（五）加强学校基础设施建设，提高办学能力

自治区教育主管部门应加强统筹协调，加大投入，针对各护理专业人才培养院校基础设施建设中存在的突出问题，重点加强学生住宿、实验室和实训基地等基础设施建设，特别要加强现代护理专业实训中心建设，使各院校学生食宿、实训条件能够充分满足办学需求，以提高各院校的办学能力。

（六）加强实习基地建设，提高实操能力培养水平

由自治区人民政府制定医护专业（医）院（学）校合作指导意见，指导全区护理专业院校转变人才培养模式，发挥医院、行业协会在护理教育中的重要作用。增加公共财政投入，支持医院接纳护理专业院校学生开展顶岗实习、综合实习等活动，将护理人才培养工作纳入公立医院绩效考核的重要内容。推进医护教育专业与产业、课程与岗位、教学过程与生产过程的对接融合，大力培养具有扎实功底的技能型实用人才。

（七）建立统筹协调机制，促进护理教育健康发展

一是建立健全护理人才培养供需平衡机制。建立由自治区教育、卫生计生、机构编制、发展改革、财政、人力资源社会保障等多部门共同参与的医学教育宏观管理协调机制，统筹卫生与健康事业护理人才的需求，合理确定卫生与健康护理人才招生规模和结构，建立按需招生、以用定招，探索建立招生、人才培养与就业联动机制，促进护理专业人才培养供需协调发展。二是建立健全护理教育质量评估与认证制度。由自治区教育主管部门联合卫生计生行业主管部门制定护理专业教育质量评估指标体系，建立行业、部门、医院、社科研究等多方参与的护理专业院校办学能力、教育质量评估与认证制度，将护士资格考试通过率、办学能力和办学水平评估与认证结果作为教育主管部门下达招生指标、提高办学层次的重要依据。三是建立预警和退出机制。对全区承担护理专业人才培养任务的院校实施动态管理，质量评估与专业认证不合格者限期整改，整改后不达标者则取消招生资格。

全面二孩政策下宁夏青年职工生育意愿与诉求调查分析

宁夏总工会课题组

全面二孩政策是我国为解决当前面临的人口、社会问题对计划生育政策做出的最新调整，该政策自2016年1月1日起在全国实施，承担着缓解我国人口老龄化，改善不合理人口结构，调整持续低水平生育率的重大责任。因而，这一政策能否得到顺利实施，对于我国经济社会的良性发展意义重大。而适龄人群是否愿意生育二孩及是否选择生育二孩是全面二孩政策能否成功实现其政策目标的关键。

为了全面了解广大青年职工在生育政策调整后的生育意愿和诉求，宁夏总工会女职工委员会于2017年7—8月在全区开展专项调查研究。本次调查的主要内容为青年职工在生育政策调整后的意愿诉求、生育状况、后顾之忧，特别是对公共政策、公共服务等的需求；生育政策调整对青年职工影响及应对措施；总结一些地方和企事业单位工会为青年职工提供生育服务、帮助青年职工解决生育后顾之忧的经验做法。本次调查采用定性和定量相结合的方法，具体采用问卷调查和座谈访问的方法收集资料，调查范围为宁夏全区各种性质和类型的企事业单位；调查对象为企事业单位的一线职工、工会干部和企业经营者和管理层。本次问卷调查共面向随机抽

作者简介　课题组成员：何银玲，宁夏党校教授；马启宁，宁夏总工会女工委主任；田卉，宁夏总工会女工部部长。

选的调查对象发放问卷1000份，收集问卷1000份，有效填答问卷981份，有效率为98.1%。样本性别构成：男性276人，占总数的28.2%，女性703人，占71.8%；年龄构成：18—30岁的415人，占42.3%；31–40岁的565人，占57.7%，本次调查结论和分析如下。

一、全面两孩政策下青年职工生育意愿及其影响因素

（一）受访者生育状况和生育意愿

生育意愿是影响实际生育水平的超前变量，为预测生育水平提供重要参数。生育意愿是生育观念、生育文化的直接体现，是人们对生育行为的态度和看法，具体包括意愿生育子女数量、意愿性别和生育时间3个维度。本次调查数据显示，对于“您的生育状况和生育意愿?”问题，受访者选择“没孩子，且不打算生孩子”的占6.2%，选择“没孩子，打算生育一个孩子”的占13.9%，选择“没孩子，打算生育两个孩子”的占6.6%，选择“有一个孩子，不打算再生育”的占40.3%，选择“有一个孩子，打算再生育一个孩子”的占21.2%，选择“有两个及以上孩子”占11.8%。数据显示，青年职工中，“有一个孩子不打算再生”的占比最高（40.3%），其次为“有一个孩子打算再生一个”的（21.2%），第三是“没孩子，打算生育一个孩子”（13.9%）；而其中“有一个孩子不打算再生（40.3%）”和“没孩子，打算生育一个孩子”（13.9%）二者相加为54.2%，即有半数多青年职工只打算生育一个孩子，而打算生育两个孩子的为27.8%，不到1/3。

（二）青年职工对于生育二孩的后顾之忧

对于“如果您生育第二个孩子，您有顾虑吗?”的问题，受访者回答没有顾虑的占32.3%，回答本人无生育第二个孩子意愿的占19.5%，回答有顾虑的占47.8%。数据显示，近半数受访者对于生育第二个孩子表示有顾虑（47.8%）；而表示没有顾虑的为1/3（32.3%）；还有近两成的人表示不愿意生育第二个孩子。

对于“生育孩子的问题上，最担心的是什么?”的问题，受访者选择排位前三的依次是“无人照料孩子”（67.0%），“经济负担重”（64.1%），“影响职业发展”（28.3%）；其他原因依次为“入学难”占20.1%，“3岁

以上孩子入公立幼儿园难”占17.2%，“3岁以下孩子入托难”占12.0%，“被辞退”占10.0%，“家政服务不规范”占6.8%，选择“其他”的占9.2%。

对于“生育孩子对您来说，最主要的经济负担是什么?”的问题，受访者选择排位前三的依次是“奶粉尿裤等用品开销大”的为52.2%，“学区房价位高”的为42.3%,“私立幼儿园收费高”的为39.3%；其他的依次为“家政服务收费高”的为28.7%，“由于生育女方工资待遇降低”的为28.2%，“公立幼儿园赞助费高”的为21.4%，选择“其他”的占17.3%。

（三）地方和企事业单位为青年职工提供生育服务的情况

对于“您所在单位为职工建立了下列哪些机构设施?”的问题，受访者选择排位第一的是“单位什么设施都没有”（47.0%)，第二位是“不清楚”(21.9%)，第三是“孕妇休息室”（18.6%)，第四是“哺乳室”（15.6%)；其他选择依次是“幼儿园（3岁以上)”（8.8%)，“职工小学学龄子女放学后托管班”（5.7%)，“托儿所（3岁以下)”的（4.9%)，“职工小学学龄子女寒暑假托管班”（4.0%)。数据显示，还有近半数的单位没有为职工生育提供任何服务设施；仅有少部分企事业单位为职工生育提供了孕妇休息室、哺乳室等设施，这是造成职工生育后照管婴幼儿困难的重要原因。

对于“您的居住地附近有下列哪些可供选择的机构设施?”的问题，受访者选择“公立托儿所（3岁以下)”的为15.8%，选择“私立托儿所（3岁以下)”的为26.0%，选择“公立幼儿园（3岁以上)”的为42.3%，选择“私立幼儿园（3岁以上)”的为44.5%，选择“小学生放学后托管班”的为20.4%，选择“小学生寒暑假托管班”的为19.9%，选择“以上都没有”的为5.6%，选择“不清楚”的为14.3%。数据显示，3岁以下的孩子上幼儿园或托儿所的比较少，特别是上公立托管机构的更少；3岁以上孩子上公立或私立幼儿园的较多。

对于“您孩子所在小学是否设置了课后托管班?”（用于托管家长不能在放学时间到校接学生放学的学生）的问题，受访者选择“是”的占12.7%，选择“否”的占52.0%，选择“不清楚”的占35.3%。数据显示，学校设置课后托管班以照管放学后无人照管的孩子还比较少。

4.对于“您孩子所在小学是否设置了寒暑假托管班?”的问题，受访者选择“是”的占8.8%，选择“否”的占51.9%，选择“不清楚”的占39.2%。数据显示，学校设置假期托管班以照管假期家中无人照管的孩子的也比较少。

二、全面两孩政策下青年职工的生育诉求及其影响因素

对于“全面两孩政策下，您最希望在公共政策方面得到哪些支持?”的问题，受访者的选择依次是“健全完善有利于生育女性平等就业和职业发展的法律法规政策”为61.0%，“给予生育两孩家庭减税政策”为53.8%，“延长男性陪护假”的为48.8%。数据显示，青年职工对于政府出台维护女职工的就业权益要求最为迫切（61.0%）；其次为通过给予生育二孩家庭减税证词扶持生育二孩家庭（53.8%）和维护男性平等护理子女权益的政策（48.8%）。

对于“全面两孩政策下，您最希望在公共服务方面得到哪些支持?”的问题，受访者的选择依次是“提供更优质的义务教育资源”的为53.6%，“提供质量好且收费合理的幼儿园（3岁以上）”的为49.3%，“提供质量好且收费合理的托儿所（3岁以下）”的为33.6%；其他依次为“提供质优价廉、规范安全的家政服务”的为30.8%，“小学设置学生课后托管班”的为19.4%，“居住地附近设置小学生课后托管班”的为18.7%，“小学设置学生寒暑假托管班”的为17.6%，选择“居住地附近设置小学生寒暑假托管班”的为13.9%。数据显示，青年职工最需要的是为子女提供更为优质的教育资源（53.6%）和更为方便的幼儿照顾方面的公共服务（49.3%）。

对于“您希望用人单位采取以下哪些措施为生育青年职工提供支持?”的问题，受访者选择排前三位的依次是“为生育女职工提供平等的入职、培训和晋升机会”为57.4%，“建立孕妇休息室、哺乳室”的为35.4%，“设置职工小学学龄子女放学后托管班”为35.0%；其他依次为“建立幼儿园（3岁以上）”的为29.3%，“建立托儿所（3岁以下）”的为25.8%，“设置职工小学学龄子女寒暑假托管班”的为30.7%。数据显示，青年职工最希望用人单位为生育职工提供的支持是“为生育女职工提供平等的入职、

培训和晋升机会”（57.4%），“建立孕妇休息室、哺乳室”（35.4%），“设置职工小学学龄子女放学后托管班”（35.0%）。

三、本次调查的基本结论与分析

（一）本次调查的基本结论

本次调查数据表明，在生育意愿方面，半数多青年职工（54.3%）打算只生一个孩子，少数人（27.2%）打算生育两个孩子，还有极少数人（6.2%）打算不生孩子。整体来看，青年职工生育二孩的意愿并不强烈。之所以如此，生孩子后无人照管（67.0%）、经济负担重（64.1%）和影响职业发展（28.3%），是影响青年职工生育孩子的主要后顾之忧。其他原因还有入学难（20.1%）、3岁以上孩子入公立幼儿园难（17.2%）、3岁以下孩子入托难（12.0%）、被辞退（10.0%）、家政服务不规范（6.8%）。受访者认为主要的经济负担来自于奶粉尿裤等用品开销大（52.2%）、学区房价位高（42.3%）、私立幼儿园收费高（39.3%），以及家政服务收费高（28.7%）和公立幼儿园赞助费高（21.4%）。

据宁夏计划生育统计监测数据：截至2017年9月30日，全区共有育龄妇女179.82万人，其中已婚育龄妇女134.5万人，符合全面两孩生育政策的已婚育龄妇女（即全面两孩目标人群）31.1万人。自2016年1月1日以来，全区全面两孩累计出生19270人，占目标人群的16.1%。从监测数据来看，全面两孩政策出台后，实际两孩出生率整体不高，不存在全面两孩目标人群的集中堆积生育情况，与上述育龄人口生育意愿不强情况相符。

（二）影响青年职工生育二孩意愿原因分析

一是担心生二孩后无人照管而导致青年职工不愿生。因为现阶段生育的主体多为“80后”和“90后”的青年女性，随着社会教育水平的提高，她们普遍受到良好教育，有着通过职业生涯实现自我发展和自我价值的更高期望，因此，她们大多不会轻易放弃职业岗位。结婚后，她们生育第一个孩子时，父母还未完全衰老，可以由双方父母帮忙照管孩子。而当她们生育二孩时，父母往往年事已高，想再帮忙照管已力不从心；若要她们自己照顾，需投入大量时间和精力，必然会影响工作；若请保姆照顾，一来专业素质高责任心强的合格保姆比较难找，二来请保姆的高昂费用也是一般工薪家庭难以承受的；而质优价廉的托儿所和幼儿园比较缺少，难以进入。考虑到照管孩子的种种困难，使得部分青年职工不敢轻易生育二孩。在调查访谈中，许多青年职工反映，本地公立幼儿园入托费为每学期1000多元，费用虽然不高，但入托困难较大；私立幼儿园虽然入托容易，但费用较高，平均每学期3000多元，一般家庭难以承受。另据本次调查，截至2016年低，宁夏全区共有幼儿园889所，其中，公办幼儿园328所，占36.89%，民办幼儿园561所，占63.1%；毛入园率为66.9%。可以看出，学前教育还不能满足职工家庭需要，这是造成入园难、入园贵的重要原因。

二是生育成本高、经济压力大而导致青年职工生不起。现在人们的优生优育意识普遍较强，而要保证这一点，养育一个孩子需要大笔的投入，使得生育成本大为增加。目前，就大多数家庭的经济收入来看，生养一个孩子已经感到吃力，若养育两个孩子投入大增，对于经济条件不宽裕甚至比较困难的家庭是难以承担的。许多青年职工家庭既要供房，又要养车，还要养孩，有的还要赡养老人，沉重的经济负担使这些生育二孩的主力家庭不敢轻易选择生育二孩；有的买不起房的青年夫妇甚至连一个孩子都不敢生。

三是青年女职工担心工作机会和职业发展受到影响而不敢生二孩。伴随着中国社会的现代化的进程，年轻一代更加注重个人发展，不愿因生育孩子而耽误自己的职业发展。许多“80后”女职工担心如果再生二孩，将无法兼顾工作和照料子女，因而不敢“言生”。一直以来，由于受“重男轻女”的传统观念影响，女性在求职就业、职业发展上不同程度受到招聘单位有形无形的性别歧视；女性想要在职场上获得和男性群体一样平等的地位和发展机会，就必须得付出比男性更多的努力。全面二孩政策出台后，社会对女性生育价值的重视程度将远远超过其他方面，很多女性将面临着父母、社会、舆论的多个层面的“逼生”压力，这将会影响女性职业发展。而用人单位也为此更加不想招录女员工。其一，因为“全面二孩”使女职工享受更多假期如产假、哺乳假等。这样女职工在孕产期间不但要中断工作，用人单位还要担负补偿费用，这必将增加用人单位的用工成本；另外，生育二孩，也会使女职工花费更多的时间操持家务，而不能全力以赴投入工作，这也会影响企业的用工效益，不符合企业追求效益最大化的要求，使得企业不愿招聘或尽量少招聘女职工。这种情况无疑会加重就业的性别歧视，使女性平等就业权受到影响乃至冲击。其二，尽管我国有一系列的立法规定男女平等就业，但是这些法律条款规定非常笼统，尤其是对侵害女职工权益的行为缺乏具体法律界定和实施程序，不能对用人单位进行有效制约，使得一些企业在招聘过程中，钻法律的空子，设置陷阱，规避有关平等就业权的条文，相应提高女职工招录门槛，少招甚至不招女职工，特别是不招聘未婚和未育的女性；或者对准备生育二孩的女员工采取不公平的对待，出现了一系列所谓的“隐性歧视”等现象，进一步加剧女性在就业竞争中的弱势地位。这使得需要工作，特别是有职业发展愿望的女性对“就职升职”还是“生孩养孩”非常纠结，认为“生一个尚可，生两个坚决不可”。

四是青年职工的生育观念发生深刻变化而不想生二孩。经过多年计划生育政策的宣传和实施，只生一个、晚婚晚育、优生优育等现代生育观念已广为青年人所接受，部分人认为一生生育一个孩子即可，没有必要生两个孩子。而全面二孩政策开放实施的时间还比较短，想要在如此短时间内改变青年职工早已形成并且深度内化的生育观念，尤其是实施生育二孩的计划，是有一定难度的。另外，尽管青年女职工普遍认为全面二孩政策本身合理，但还缺乏与此相配套的公共政策、公共服务和社会环境的支持，也阻碍了她们生育二孩的决心，使得她们的生育意愿难以变成生育行为。

四、解决青年职工生育后顾之忧的对策建议

（一）政府需制定和出台配套的家庭育儿支持政策

按照党的十九大报告提出的“促进生育政策和相关经济社会政策配套衔接，加强人口发展战略研究”的精神，要实现二孩政策的预期目标，特别是要想让生活在城市的人口生育二孩，仅仅是生育政策的调整还远远不够，必须出台一系列配套政策来推动，让青年人想生、敢生，并且能够生好养好。短期来看，政府必须推出相应的政策措施，针对育龄人群的后顾

之忧加大公共服务等的投入，才能鼓励更多的育龄家庭按政策生育二孩。

一是要加大力度维护女性的平等就业权利，更好地实施妇女权益保障法，通过各种措施防止妇女因生育而造成职业晋升受阻或在工作的其他方面受到损害，化解女职工因担心失去工作或职业晋升机会而不敢生育的后顾之忧。本次调查数据显示，有61.0%青年职工迫切希望政府出台维护女职工的就业权益的公共政策。为此，首先，要严格执行生育保险制度，对未参加生育保险的用人单位，尽快督促其依法、按时、足额缴纳生育保险费；依托生育保险的兜底功能，解决城镇女性因分娩而减少个人收入与职业中断问题，实现女性、用人单位和国家协同发展，达到经济社会利益最大化。其次，司法系统应当以全面放开二孩政策为契机，加大保障女性平等就业权和其他合法权益的力度；一方面通过制定出台条例和细则等，将《妇女权益保障法》等维护妇女权益的法律法规具体化、操作化，增强保障妇女权益的实际效果；另一方面充分发挥审判职能作用，注重平衡劳动者和用人单位之间的权益，妥善处理涉及女性平等就业权和职业保障的各类司法案件，定期发布典型案例，加强与劳动仲裁机构沟通交流，共同研究此类纠纷的新情况、新问题，努力实现信息共享；从而，为实施“全面二孩”政策营造良好的法治环境。再次，政府劳动部门、人大和各级工会等各相关部门应建立定期联合检查制度，加强对保障女职工权益法律法规的执行和监督，使女职工劳动保护工作实现规范化管理。对于合法权益遭到侵害的女职工，司法机构和劳动保障部门应提供相应的援助；同时，认真参与查处严重损害女职工合法权益和特殊利益的侵权行为，对此类侵权案件应加大惩处力度，全力保障妇女的平等就业权利。

二是加快发展公共托幼服务业。本次调查数据显示，在公共服务方面，有53.6%青年职工最需要的是为子女提供更为优质的教育资源，有49.3%的青年职工需要更为方便的幼儿照顾方面的公共服务。为了满足二孩政策带来的日益凸显的公共育儿照料需求，政府应强化为婴幼儿提供公共照料服务的社会责任，加快发展公共托幼事业。首先，在新型城镇化建设中，合理布局并新建扩建公办托儿所、幼儿园，增强托儿所、幼儿园的服务与福利功能，在社区或大型企事业单位及其周边试点推动托儿所发展，为家庭提供更多的优质安全、接送方便、能负担起的公共托幼服务，减轻家庭照料负担，解决育婴对城镇女性就业与职业发展带来的不利影响。其次，出台鼓励兴办托幼机构的优惠性政策，制定托儿所办所条件与收费标准，引导社会资本提供公共托儿服务，鼓励民办幼儿园提供托儿服务，加大对托幼设施及服务的多渠道投入；特别是加强0—3岁孩子托幼设施及服务；还可通过政府购买服务的形式，开办各类公办民营的托幼机构、家庭教育机构和家政服务业，并加强对托幼服务的职业培训和政府监管。再次，继续完善失妻双方均可享用的产假、育儿假和护理假制度，进一步延长女职工产假并保证产假期间的收入水平，使青年职工能够放心生育二孩；在全社会建构完整的家庭育儿支持系统，为满足人们不断增长的家庭生活和生育养育活动需求提供多样化、优质化的服务。

三是出台相关政策，减轻企业劳动用工，特别是招聘使用女职工的成本。对于企业因女性员工的生育而带来的成本增加，政府应介入并建立相关机制分担这部分成本。首先，为了鼓励用人单位为女性提供长期、稳定的工作，给予录用女性超过一定比例的企业社会保险费补贴或税收减免；给予录用女性超过一定比例的机关事业单位增加一定的岗位编制，以激励企事业单位招聘录用女职工的积极性，从而帮助企业平衡用工效益与女职工平等就业权之间的冲突。其次，政府要倡导和要求用人单位善待有家庭照料责任的男女员工，增强用人单位履行社会责任的意识和能力，在可能条件下推行弹性工作制度，为城镇青年特别是为生育二孩的城镇青年提供照料孩子的缓冲时间。最后，政府在鼓励企业承担一定社会责任的同时，可对企业自办的托儿所和幼儿园给予适当的补贴，提倡和激励企业关注员工的家庭生活，为员工提供一个更好地促进工作和家庭二者平衡的环境。

（二）企业应关心和重视女职工权益保护工作，建立必要的女职工卫生保健设施，为女职工兼顾工作和育儿创造条件

企事业单位作为劳动用工的主要部门，应兼顾经济效益和社会效益，承担必要的社会责任，认识到员工在较好平衡工作家庭后，能够为企业带来更多利益；工作场所的育儿辅助设施有助于改善员工情绪、减少生产事故和缺勤情况，提高企业的经济效益。为此，企业应实施家庭和生育友好型人力资源战略，以此提升员工对企业的认同度和工作的积极性；本次调查数据显示，青年职工最希望用人单位为生育职工提供的支持是“为生育女职工提供平等的入职、培训和晋升机会”（57.4%），“建立孕妇休息室、哺乳室”（35.4%），“设置职工小学学龄子女放学后托管班”（35.0%）。要满足这些需求，一是企业应做好怀孕和生育女职工的工作安排和调整，帮助女职工协调生育和工作的矛盾，缓解两者的冲突，是女职工能够安心育儿。二是具备一定规模和条件的企业应当建立女职工卫生室、孕妇休息室、哺乳室等卫生保健设施，真正解决女职工特殊时期的劳动保护、身体健康和婴孩照料问题。三是要继续把《女职工劳动保护特别规定》《自治区女职工劳动保护办法》等作为工会系统普法宣传教育的重要内容，公司各级工会干部首先要认真学习，切实提高维护女职工合法权益的能力和水平；同时要通过公司LED屏、厂报等各类宣传阵地作用，以制作专题宣传展板、专题版报等形式在公司进行广泛宣传有关知识，提高女职工对相关法律、法规的知晓度。四是工会女职工委员会要举办各种培训班、讲座、咨询服务等形式，对女职工进行知识技能培训和相关法律知识的宣传教育，切实提高女职工的整体素质和维权意识；在企业形成尊重和关心女职工，自觉维护女职工权益的良好氛围。

（三）在全社会营造家庭和生育友好的社会和文化环境

一是妇联牵头大众传媒部门加大宣传男女平等观念的力度，倡导夫妻共同分担孩子养育责任和家务劳动，增强全体国民的社会性别平等意识和创建有利于社会性别平等的社会环境，这是减轻就业歧视和增强女性权利的根本途径，也有助于预防二孩生育中的“男性偏好”和性别选择问题，促使出生人口性别比回归正常。二是采取减免个人所得税等政策扶持生育二孩家庭，调动青年职工家庭生育二孩的积极性。本次调查数据显示，有53.8%的青年职工希望通过给予生育二孩家庭减税政策扶持生育二孩家庭。为此，政府在取消独生子女补贴的同时，应该对生育二胎家庭增设二胎子女补助金，以此调动职工家庭生育二孩的积极性。三是卫生计生等职能部门要建立适应时代要求、满足群众需求的管理服务全新体系，加强孕产妇与新生儿短重症救治能力建设，并免费向孕产妇及其家庭提供相关知识讲座及普及；加快改进服务条件、提高服务能力、整合服务流程，更好地满足“全面二孩”政策带来的医疗保健需求。四是教育部门应设立专项资金发展婴幼儿早期教育工作，增加中小幼学位，并且完善中小学和新建幼儿园教育用地的保护规定，更好地应对“全面两孩”政策带来的教育需求。五是其他相关政策法规也应做相应调整，比如住房管理部门也应根据“全面二孩”政策带来的新的住房需求来界定家庭住房面积和功能，修改完善与房屋市场管理相关的政策法规。此外，以往实施独生子女政策所产生的遗留问题，包括对“失独家庭”的支持等也需要在新形势下进一步完善。六是宣传部门和大众传媒也应根据“全面二孩”政策进行正面的宣传引导，在全社会倡导新型生育观念，营造家庭和生育友好型社会的环境氛围，从而实现人口安全和可持续发展。

宁夏青年创业情况调研报告

民盟宁夏区委会课题组

青年成长于经济社会快速发展的时代，是市场经济文化与环境的深刻感受者和全程体验者，是创业创新的生力军。特别是自治区第十二次党代会确定了创新驱动战略，在这样的背景之下，促进青年创业健康发展，将为提高我区就业水平和质量，推动宁夏经济社会优化升级发挥重要作用。为此，民盟宁夏区委会课题组围绕宁夏青年创业情况作了专题调研，现报告如下：

一、宁夏青年创业现状

宁夏回族自治区党委、政府坚持把推进创新创业作为融入“一带一路”和“四个宁夏”建设的重要抓手，认真贯彻落实国务院关于推进大众创业、万众创新的战略实施，并且制定了一系列鼓励创新的政策，为我区的创新营造良好的氛围。本次调研中，受访的创业青年主要包括两方面人群。一方面是大学生群体，由于他们在本科阶段受到了较为系统而又专业的教育，在面对现如今就业前景不太好的背景之下，选择创业可以实现人生的突破。

作者简介 课题组组长：左宏阁，北方民族大学教授。课题组成员：余国林，北方民族大学数学与信息科学学院副院长；王利宏，宁夏回族自治区团委青年发展部部长；于博中，宁夏回族自治区总工会调研员；石建瓴，宁夏回族自治区党委老干部局调研员；王俊，民盟宁夏区委会参政议政处副处长；李宁，民盟宁夏区委会干部。

此外还有社会青年创业，一般是外出工作一段时间后开阔了视野，发现潜力自主创业。

2015 年新毕业大学生创业比例同比增长近 1 倍，全国超千万的网络创业群体中大学生占到六成。2012 年以来，全区大学生创业情况和国家大趋势保持一致。以宁夏大学为例，2012 年学生的创业率为 0.87%，2013 年为 1.01%，2014 年为 1.05%，2015 年达到了 1.61%，涌现出了一批大学生创业典型。在调查中对于大学生的创业方向做出了一下几个方面结论，创立一家企业的比例占据 16.6%，开一家零售型的商铺，占据总体的 17.9%，开发一款前沿的科技产品的占总体的 13.4%，开办一家网店的占总体的 52.1%。根据调查发现，本地区的大学生自主创业主要分为以下四个方面，零售，开网店在，高校内部开小店或者是网络营销。社会青年创业倾向于团队化，不局限于自己的教育背景，更能有效利用环境的优势。市场化、集成化、网络化的新型创业孵化模式，使青年创业取得了明显的实效，银川市“电子商务创业示范基地”已入驻淘宝宁夏特色馆、宁夏久零网、中国网库等 8 家企业，iBi 育成中心被认定为全国创业孵化示范基地。我区出现的“天使投资 +合伙人制 + 股权众筹”创业模式，标志着全区高端创业模式正在日渐清晰和完善。同时，社会青年创业中的农民工创业也呈可喜态势，多以返乡创业为主，主要趋向于传统农业生产，拓宽农产品销售渠道，通过养殖、种植一些动植物产品，利用网络等途径进行宣传和销售，以提高知名度和销售量。主要经营的方向包含以下几个方面：种植行业，农产品的深度加工，农业资源的经销商，教农产品在市场上进行退款，或者是发展观光旅游农业。

二、宁夏青年创业遇到的瓶颈和困难

在看到全区青年创业良好的发展态势的同时，我们也必须注意到其发展背后存在的诸多问题。青年自主创业比例、创业成功率等一系列的实证研究数据表明，当前我区青年创业的发展现状离助力经济社会转型升级的总体要求仍有较大差距。

（一）创业普遍受限于创业融资、创业孵化等条件

调研中了解到，我区青年在实际创业过程中创业资金来源单一，创业融资渠道有限。62.95% 的创业资金来自于亲友资助，仅有三成曾获得过银行贷款或创业基金的支持；46.24%的青年认为自己在创业过程中遇到的最大障碍是资金不足，另有 49.95% 表示苦于寻求创业融资渠道。此外，青年在实际创业过程中还遇到孵化服务对接不良的问题，60.68% 认为接受的孵化服务不够专业。

（二）对创业政策了解不够、依法维权意识不强

调研了解到，仅有 24.05%的青年创业者主动关注与创业相关的政策，85.34% 表示对与创业有关政策法规并不完全了解。青年创业者没有形成依法经营的理念和依法维权的意识，74.19% 的青年创业者在创业过程中未寻求过法律咨询，仅有 7.62% 明确表示需要接受法律咨询服务，这反映出法律对青年创业起引导、指导和规范作用的理念未深入人心。

（三）整体成长态势良好，但所创企业规模普遍较小

调研了解到，青年创业者所创企业的雇员普遍较少，62.85%的雇员人数在 15 人以内；47.31%的企业固定资产小于 50 万元。无论从雇员数量，还是从资产总额来看，青年创业企业规模普遍较小。整体而言，青年创业者缺乏迅速扩大企业规模的资源整合能力，但创业项目大多有较好的市场前景，潜在的投资收益较大。

（四）普遍具备创业基本素质，但缺乏核心竞争要素

调研中了解到，青年创业者在责任担当、团队建设、自我承诺等创业基本素质方面普遍较好，而在资源整合、机会感知、创新能力等使企业形成核心竞争的关键要素方面普遍偏低。分析表明，青年创业者具备了创业成功的最基本素质，其创业在短期内或有所进展，但由于不具备较强的核心竞争力，不借助外部干预，很难获得持续快速发展或短期跨越提升。

三、宁夏青年创业在政策层面存在的问题

青年创业政策体系在培育青年创业观、营造公平竞争的创业环境、推动青年自主创业等方面已发挥着重要作用，但是由于我国和我区的青年创

业及其相关政策经历了的实践时间较短，在政策体系的整体设计、单元政策的具体内容以及政策的实施方面还存在一些问题，主要表现在如下方面：

（一）创业政策体系欠缺整体性

创业单元政策分散于不同部门的政策文件中，尚未有统一的政策制定和发布主体。据不完全统计，近十年来中央各部委发布的创业政策，共涉及 18 个部门。根据现如今的状况，一些部门已经加强了合作，但是从整体上来说，由于不同的政策来源于不同的部门，因此它们在政策的执行方面很难形成一个一套完整的体系来执行，即使是联合发布的，也无法体现出政策的内在统一性，从而造成创业政策呈现出碎片化的现象。同时，纵向上创业政策体系存在断层现象，特别是从国家到自治区，从自治区到各市县，有些地方受经济发展条件限制，对创业的支持力度相对较弱，政策配套措施不够，一些创业政策不能落地。

（二）创业教育体系仍处于初级阶段

国家在针对自治区大学生毕业后创业指导主要是以积极的就业为最终导向，基于这样一个引导方向，首先就要让他们掌握实际工作中可能会运用到的工作技能，然后再利用创业提供更多的公共就业机会来完成就业，而从这个角度来看，这个层次的创业就不是为了追求自身更好的发展，而是为了仅仅的满足自身就业的需要，但是在这种目的引导下的教育具有强烈的实用性功能，但是也不免带有功利性色彩。同时在一些高校内将创业单纯的理解为自己当老板，并没有将其作为提升学生个人素质的一种方式，同时也没有完善、系统化的相关体系制度从我国的实际情况出发建立，创业教育中的师资力量也存在严重的不足。

（三）融资渠道匮乏，资金来源单一

青年创业融资政策中，用于青年创业直接融资的支持资金主要由地方政府出资设立，受限于地方政府的财力，资金规模都不是很大。由于公共资金有限，政府对青年创业融资的支持政策过分依赖银行的作用，对风险投资和民间资金的引入都没有明确涉及。而银行贷款优惠也仅限于小额担保贷款，渠道方式单一。另一方面，有关减免行政性收费的政策作用也不明显。例如，按照规定，高校毕业的学生在从事个体经营中享有三年免交登记类，证照类和管理类收费，然而却对毕业时间有要求，必须是在毕业两年之内，表面看优惠力度较大，但是算起来总费用加在一起也不超过千元，这对于创业者来说，实际扶持力度作用并不大。

（四）公共服体系有待进一步完善

对于创业者来说，创业的一切都存在较大风险，因此它必须要有完善的创意创业理念，同时在对各方面的信息收集，还有创业中技能的培训以及各项保障都应当有所涉及，这些都是需要有一个公共的体系来完善。在我国目前却缺少这样专业的机构来进行辅助，虽然政策上有积极的引导，但是落实到地方却显得更加松散，没能够发挥预期的效果，值得某些政策的保障力度降低。同时，创业的社会保障制度还未形成良好的体系。健全的失败保障机制可以使创业者免去后顾之忧，在国外发达国家，健全的失败保障机制是创业体系的必要组成部分，而在宁夏，创业失败保障机制尚未形成，无形中也束缚了创业活动的发展。

四、促进宁夏青年创业发展的对策建议

（一）强化顶层设计，实现单元政策间的协调与统一

应从战略性规划角度入手。建立青年创业政策体系的根本目的是通过激励政策使更多的青年人拥有创新创业的品质和能力，激发青年的创新动力、创造潜力和创业活力。让创新成为社会的主旋律，成为社会经济生活的常态，从而促进经济升级，推动经济持续快速的发展，因此顶层设计首先要从国家和自治区未来发展的战略高度来科学规划青年创业政策体系。同时，应从政策体系的整体性、系统性规划入手，这包括纵向上从宏观、中观、微观三个层次构建青年创业教育、筹集资金，创业环境。从横向上整合各方面的政策之间的关联性，从而才能更好的保障建立大学生创业的政策体系。

（二）加大力度发展全覆盖的创业教育

创业教育不应当仅仅体现在大学毕业之后，而应当覆盖到各个教育阶段，例如说小学，中学，大学，同时将其形成一套完整的体系理论。在不同的教育阶段，应确立不同的培养目标和课程内容。比如说在中小型义务

教育阶段，首先要培养学生对创业的兴趣，并且要有相关精神的锻炼，知识仍以基础为主，其次在高校教育阶段，应当帮助学生掌握创业机会的识别，如何培养创业的心理应对能力，不同的阶段，培养不同的创业方式内容，而形成一套理论性的体系，并且鼓励青年学生中想要创业的那一部分群体能够踊跃的去进行创业活动。

（三）健全青年创业信用担保体系，破解融资难题

资金问题是青年创业的关键问题，融资渠道匮乏造成融资困难，制约着创业的发展。银行作为商业金融机构，其追求利益回报的同时，也要考虑资金的安全问题。所以银行对于这部分的贷款申请过度谨慎也是可以理解。由政府主导建立青年创业信用担保体系是解决送一问题最快捷、最有效的办法。建议将我国和自治区中小企业信用担保体系延伸到青年创业群体，借鉴国外经验，以及青年创业的特点，建立由政府出资的青年创业信用担保体系，并针对青年创业企业的特点设计申请条件、担保条件、运作方式等，并以法律的形式进行规范。

（四）发挥政府的协调功能，优化创业公共服务环境

政府作为各方资源的引导者，应当积极的调动各个方面的力量为青年学生创业提供服务，并且也要建立相应的平台，这样才能够增强服务的水平，在创业的不同阶段，提供有针对性的服务，并且要将整体的服务做到与国际接轨。这样才能更好的促进青年人在创业时各个方面的需要，以及减轻他们在程序上所办理的难度，并且也要发挥信息化的手段，为他们提供到市场上及时的信息，向社会开放包括政策、技术、市场信息在内的各种信息，推进信息资源共享，使青年创业者及时有效地获取信息服务。

宁夏农村教师工作满意度调查分析

孔炜莉

教育是中华民族伟大复兴的基础，是我国繁荣强盛的重要保障。十九大报告将“优先发展教育事业”作为保障和改善民生水平的首要任务，指出：“推动城乡义务教育一体化发展，高度重视农村义务教育，办好学前教育、特殊教育和网络教育，普及高中阶段教育，努力让每个孩子都能享有公平而有质量的教育。”农村教育是社会进步的重要基石，农村教师是农村教育的基础和根本，教师队伍建设对农村教育水平的提升以及社会主义新农村建设起着重要作用。

一、优化稳定农村教师队伍，推进义务教育均衡发展

近年来，宁夏着力推进义务教育均衡发展，使城乡、区域之间教育差距不断缩小，乡村学校办学水平有了提升。根据《国务院关于统筹推进县域内城乡义务教育一体化改革发展的若干意见》(国发〔2016〕40 号)，宁夏出台《关于统筹推进县域内城乡义务教育一体化改革发展的若干意见》，以促进义务教育事业持续健康发展。2017 年，宁夏各县（市、区）义务教育均衡发展通过国家评估验收的占 86.36%，全部通过自治区的评估验收，义务教育向着更加公平更加均衡的目标发展。县域内教师均衡配置取得进

作者简介 孔炜莉，宁夏社会科学院社会学法学研究所研究馆员。

展，2个县区大班额和13个县（市、区）超大班额基本消除。全区义务教育阶段学校基本实现了“三通”（宽带网络校校通、优质资源班班通、网络学习空间人人通）。

（一）实施《乡村教师支持计划（2015—2020年）》，政策倾斜乡村教师

教师队伍是实现义务教育均衡发展、促进教育公平的根本保障。一直以来，国家十分重视对农村教师队伍建设。2012年9月，国务院颁发《关于加强教师队伍建设的意见》，这是新中国成立以来国家出台的首个教师队伍建设的意见，对全体教师队伍建设做出全面安排，并强调指出：“中小学教师队伍建设要以农村教师为重点，采取倾斜政策，切实增强农村教师职业吸引力，激励更多优秀人才到农村从教。”同年，教育部、中编办等五部委发布《关于大力推进农村义务教育教师队伍建设的意见》，要求把乡村教师队伍建设摆在重中之重地位，全面扎实推进，为乡村教育提供坚强有力的师资保障。2015年，国务院颁布《乡村教师支持计划（2015—2020年）》，明确了支持乡村教师发展的具体办法。2016年，宁夏发布了《乡村教师支持计划（2015—2020年）》，围绕乡村教师“下不去，留不住，教不好”的问题提出了落实乡村教师工资待遇、补充渠道、职称评聘、培训教育等内容实施办法，以进一步缩小城乡师资水平差距，稳定乡村教师队伍。通过加强农村教师队伍建设，不断创新教育人力资源均衡机制，构建开放多元实效的教师队伍管理体系，为实现城乡义务教育均衡发展提供师资保证。

近年来，宁夏农村学校教师补贴标准提高3倍多，惠及近3万名教师。固原市2016年落实乡村教师补助4700余万元，惠及每一名乡村教师，对符合相应资格条件的农村教师取消职称评审名额限制，做到应评尽评。从2008年9月开始，原州区对区域内农村学校教师每人每月给予交通补贴（山区50元、川区25元），村小学校长津贴每人每年1000元。并为农村义务教育阶段教师每天补助4元的午餐费，改善了农村中小学教师的工作生活条件。2016年，在义务教育阶段农村学校教师每人每月补贴500元的基础上，实行差别化补贴，对边远山区学校教师每人每月增加200元，稳定农村教师队伍，缩小城乡师资水平差距，保障农村学校教师“进得来，留得住，教得好”。

（二）优化人才队伍结构，促进城乡教师资源均衡配置

根据《自治区党委、人民政府关于进一步加强中小学校长和教师队伍建设的意见》(宁党发〔2011〕53号)，自治区做好特岗教师招聘、免费师范生接收以及音体美、外语、信息技术等紧缺薄弱学科教师补充工作，教师队伍结构得到明显改善。近年来，宁夏农村学校累计招聘特岗教师2.4万余名。2017年，全区招聘特岗教师1086人，考核录用满三年特岗教师2051名，签约免费师范生267人。固原市近三年招聘录用特岗教师346名、免费师范生49名。新任教师全部分配到农村中小学任教，有效缓解了农村中小学学科教师结构不合理、老龄化等问题。

城乡之间不平衡，尤其以教师队伍结构和能力水平最为突出。自治区落实教师管理改革有关政策，推进教师“县管校聘”改革，统筹调配编内教师资源，建立中小学教师编制动态管理机制。推进义务教育标准化学校建设，建立校长、教师定期轮岗交流制度，通过建立支教制度，实行学校对口帮扶，开展走教和送教下乡等活动，鼓励和支持优秀教师到农村任教，有效促进城乡教师资源的均衡配置，努力缩小城乡、校际间差距。

（三）加大教师培训力度，强化师德树形象

2017年，全区大力实施“国培计划”“区培计划”和“网培计划”，实施“塞上名师”“乡村名师”和区级骨干教师培养工程，培训各级各类教师10多万人次，组织100名乡村任教20年以上的教师进行了疗养。“十二五”期间实施“国培计划”（2015—2020年），培训校长教师6.2万人次，启动“塞上名师名校长”培养工作，教师队伍整体素质显著提升。近年来，固原市先后“外派”1690名校长教师到国内外发达地区学习培训、挂职锻炼，“请进”名师专家培训教师1万余人次，对全市435个销号贫困村学校教师进行了全员业务能力提升培训。

自治区采取多种措施加强中小学教师师德师风建设，组织教师学习教育法律法规，加强师德教育，提升教师队伍形象，全区涌现出一大批师德先进集体和师德标兵、优秀教师。2017年，全区推选国家“万人计划”教学名师，开展“最美教师”“最美乡村教师”评选表彰活动，对300名优秀教师进行了表彰奖励。固原市筹资420万元用以表彰教育工作先进集体、先进个人。首次评选最美乡村教师40名，每人奖励2万元。原州区树立了全国教书育人楷模提名奖获得者杨秀花、全国五一劳动奖章获得者陈明、全国优秀教师和全国劳动模范杨万有为代表的一批先进典型。

二、调查对象情况

（一）基本情况

我们以农村教师为调查对象，根据2014年对宁夏五市生态移民新村9所中、小学校的抽样调查，分析农村老师工作满意度及影响因素。

本次调查共发放了105份问卷，收回有效问卷103份，其中男性占30.1%，女性占69.9%；回族占31.1%，汉族占68.9%；年龄在18—30岁的占51.5%，31—40岁的占21.4%，41—50岁的占20.4%，51岁以上的占6.7%；本科学历占47.6%，大专学历占48.5%，高中/中专学历占3.9%。可以看出（见表1），具有高中/中专学历的教师年龄均在41岁以上，大专学历的教师各个年龄段均有分布，本科学历的教师有九成以上年龄在40岁以下，教师普遍比较年轻，具有比较高的学历。

表1　　教师年龄和学历结构

%

	初中及以下	高中/中专	大专	本科	研究生
18—30岁			36	71.2	
31—40岁			24	20.5	
41—50岁		25	32	8.3	
51岁以上		75	8		

在被调查教师中，户籍属于本县（乡镇、村）的占69.9%，区内其他县城的占24.3%，属于区外的占2.9%，其他的占2.9%；已婚的占70.9%，未婚的占27.2%，离异的占1.9%，已婚和未婚的比例大约为7:3；公办教师占50.5%，特岗教师占40.8%，代课教师占3.9%，民办教师1.9%，其他的占2.9%。被调查教师中，有七成是家在本县的已婚教师，大多数是公办和特岗教师。

（二）工资情况

据调查，生态移民地区教师月工资在500~1500元之间的占5.9%，在1500~2500元的占56.3%，在2500~3500元的占35.9%，3500~4500元的占1.9%，有超过六成教师工资在2500元以下。从各类教师工资看，工资在2500~3500元之间的，公办教师占九成以上；在1500~2500元之间的，特岗教师占七成；在500~1500元的，代课教师占六成以上。各类教师的工资水平存在较大差距，代课教师的工资最低，工资均低于1500元；特岗教师工资次之，均低于2500元；大部分公办和民办教师工资在2500元以上。代课教师工资水平仅是公办教师的60%，甚至更低，二者差异显著（见表2）。

表2　各类教师工资情况

%

	公办教师	民办教师	代课教师	特岗教师	其他
500~1500元	16.7		66.6	16.7	
1500~2500元	27.6			70.7	1.7
2500~3500元	91.9	2.7			5.4
3500~4500元	50.0	50.0			

三、农村教师工作满意度及原因分析

（一）不同类别教师的满意度

总体上，有5.8%的老师对于自己的工作“非常满意”，45.6%的老师“比较满意”，35.9%的老师满意度“一般”，总体上来说当地老师的工作满意度较高。从各类教师看，对现在的工作“非常满意”和“比较满意”的，比例由高到低分别为其他（66.7%）、公办教师（63.5%）、民办教师和代课教师（均为50.0%）、特岗教师（35.7%），六成以上的公办教师比较满意目前的工作，特岗教师满意度最低，二者相差27.8个百分点（见表3）。据调查，由于当时无法按照人口基数为生态移民地区增加教师编制，引起生态移民地区教师缺口比较大。因此，生态移民地区除招聘特岗教师外，学校还聘用代课老师等临时教师以解燃眉之急。特岗教师是国家政策鼓励高校毕业生服务农村义务教育的群体，他们在农村服务三年并且没有编制，工资由国家拨款和县财政补助，保险公积金由当地县财政负责解决。三年后，经考核特岗教师可自愿留任转为正式教师，或者另找其他工作。特岗教师的工作目标不确定性，致使其岗位稳定性差，满意度略低。代课教师是学校组织招聘的临时性教师，他们的工资由学校自己发放，工资比较低，会面临被解聘的危险，他们只要不被解聘，就很满足，因而代课教师的满意度高于特岗教师。

表 3　各类教师的满意度

%

	非常满意	比较满意	一般	不满意	很不满意	不清楚
公办教师	9.6	53.9	32.7	3.8		
民办教师		50.0			50.0	
代课教师		50.0	50.0			
特岗教师	2.4	33.3	42.9	14.3	7.1	
其 他		66.7	33.3			

（二）工资水平和满意度

通过对教师工资收入和工作满意度进行分析发现，工资在 3500~4500 元的教师工作满意度最高，均“比较满意”；在 2500~3500 元的满意度次之，近六成教师“非常满意”和“比较满意”，表示不满意的占 8.1%；在 500~1500 元的满意度居三，认为工作“比较满意”和“一般”各占半数；在 1500~2500 元满意度最低，44.8%的教师对工作满意，而对工作不满意的占 17.3%。可以看出，工资处于最高或最低水平的，对工作满意度比较高，工作中没有不满情绪，基本满足目前工作现状；工资处于 1500~3500 元的教师，满意度比较低，尤其是工资在 1500~2500 元的教师不满意度最高，这说明工作满意度和工资收入不是正向关系（见表 4）。

表 4　工资收入和工作满意度情况

%

	非常满意	比较满意	一般	不满意	很不满意	不清楚
500~1500 元		50.0	50.0			
1500~2500 元	1.7	43.1	37.9	12.1	5.2	
2500~3500 元	13.5	46.0	32.4	5.4	2.7	
3500~4500 元		100.0				

（三）工作量和满意度

被调查教师中，小学教师占87.3%，中学教师占12.7%。可以看出，大多数被调查者是小学教师。被调查老师的课程数量方面，讲授1门课的教师仅占17.5%，教2门课的占22.3%，教3门课的占23.3%，教4门课的占29.1%。平均来看，每位老师每学期要教2.5门课。加上教师大多在教较低年级的小学生，管理上比中学生难度大，可以说老师们的工作压力是较大的。

据教师工作量和工作满意度进行分析，由高到低排序看，教2门课的教师工作满意度最高，69.6%的教师“比较满意”和“非常满意”；教四门课的满意度占50%，教3门课的满意度占41.6%，教1门课的满意度最低，占38.9%（见表5）。可以看出，教师在讲授2门课程时，能体现个人价值，教师的满意度最高。

表5 教师工作量和工作满意度情况

%

	非常满意	比较满意	一般	不满意	很不满意
1门		38.9	44.4	16.7	
2门	13.1	56.5	30.4		
3门	8.3	33.3	45.8	8.3	4.3
4门		50.0	33.3	6.7	10.0
其他	12.5	50.0	12.5	25.0	

进一步对教师工资收入和工作量进行分析发现，教1门、3门、4门课程的，六成以上教师工资水平在1500~2500之间，这些教师工资处于中下水平，教授3、4门课的教师，工作量大，但是却拿不到与其相应的工资待遇；教1门课的教师工作强度低，授课时间少，不能展现个人价值，因而他们的满意度比较低。而教3门课的教师，半数以上享受2500~3500元的工资待遇，处于中上水平，他们付出的工作量、授课时间与劳动所得相符合，工资水平处于中上等，他们的心理预期得以满足，因此他们的满意度是最高的（见表6）。可见，根据工作量获得的薪酬是否公平、公正，和教师工作满意度有很大的相关性。

表 6 工作量和工资水平情况

%

	1 门	2 门	3 门	4 门
500~1500 元	5.6	8.7	4.2	6.7
1500~2500 元	72.2	30.4	66.7	60.0
2500~3500 元	22.2	56.5	29.1	30.0
3500~4500 元		4.4		3.3
4500 元以上				

（四）最不满意状况

从各类教师最不满意情况看，“工资待遇”比例最高，公办教师占67.3%，民办教师占 100%，代课教师占 75%，特岗教师占 73.8%。此外，各类老师工资水平的不同，对其他不满意类型也有差别。民办教师工资水平最高，除了“自我价值体现”外，对“社会保障”“工作环境”“生活环境”“社会地位”等均不满意；其次是公办教师，对“社会地位”“工作负担”不满意；第三是特岗教师，两成以上对“工作环境”“生活环境”“社会保障”“工作负担”均不满意；代课教师工资最低，仅对“社会保障”不太满意（见表 7）。可见，大部分老师最不满意的就是工资待遇。工资待遇作为一个敏感的话题，其实也是衡量学校教育水平的重要指标之一，学校教师的工资待遇是影响教育水平的主要因素。工资水平和教师的个人需求密切相关，随着工资增长，需求越高越多样化，对现状不满意的地方越多，对美好生活的向往越加多元化；工资较低的教师更满足于生存保障，追求的美好生活比较单一。教师们对社会地位、自身价值等精神追求并不

表 7 各类教师最不满意度状况（多选）

%

	社会保障	工资待遇	进修培训	工作环境	生活环境	自我价值体现	社会地位	工作负担	其他
公办教师	9.6	67.3	7.7	5.8	3.9	5.8	17.3	11.5	1.9
民办教师	50.0	100.0	50.0	50.0	50.0		50.0	50.0	
代课教师	25.0	75.0							
特岗教师	23.8	73.8	7.1	35.7	26.2	9.5	9.5	23.8	
其 他	33.3	66.7	33.3		33.3		33.3	33.3	2.4

突出，说明生态移民地区教师仍处于生存、生活保障基础阶段，从而影响他们教书育人的职业使命感、责任感的充分发挥，工作缺乏主动性、积极性，教育质量和教育水平对学生的发展成长有一定影响。

四、结论和思考

通过对教师的类别、工资待遇、工作量等主要影响因素以及满意度分析发现：首先，在公办教师、民办教师、代课教师、特岗教师中，公办教师满意度最高，特岗教师满意最低。其次，工资处于最高或最低水平的，对工作满意度比较高，满足于目前工作现状，并没有不满情绪；工资处于中间水平的，工作情绪比较复杂，工作满意度比较低，尤其是1500~2500元的教师不满意度最高。第三，除教2门课程的教师外，六成以上教师工资处于中下水平，尤其是教3、4门课的教师，无法获得与工作量相应的工资待遇，他们的满意度比较低。带2门课的教师，半数以上享受较高的工资待遇，满意度最高。综上所述，笔者认为，真正影响教师满意度的重要因素就是薪酬分配不公，没有真正体现多劳多得原则，影响教师的满意度。第四，大部分农村教师最不满意的就是工资待遇，工资待遇和教师需求密切相关，工资较高的教师，需求越高且多元化；工资较低的教师容易满足且需求较为单一。教师们对社会地位、自身价值等精神追求并不突出。

为促进农村教育发展，提升教学水平和教育质量，就宁夏农村教师队伍建设，建议如下：

第一，继续加大对宁夏农村尤其是南部山区教育资源的投入力度，特别是教育经费的投入。采取有效措施，切实提高教师工资待遇。对于在偏远地区、条件艰苦地区的教师，采取特殊的倾斜政策，给予更高的待遇标准。

第二，完善教师编制政策，创新编制办法和动态调整机制。乡镇以下小规模学校和教学点根据班师比配编，要充分考虑教师因专业发展需要外出培训学习和职业群体特点（女性产假），设置一定比例的机动编制，避免学校临时聘用编外教师。

第三，教育部、财政部办公厅《关于做好2017年农村义务教育阶段学校教师特设岗位计划实施工作的通知》（教育厅〔2017〕4号）中指出，

“确保特岗教师在工资待遇、社会保障、职称评聘、评优评先、年度考核等方面与当地公办学校教师同等对待”。改革教师薪酬分配制度和绩效考核办法，形成公平、科学的激励机制。在保障基本工资的基础上，遵循按劳分配、多劳多得原则，按照教师工作量相应发放课时津贴，从而缩小各类教师的差距。

第四，通过实施《乡村教师支持计划（2015—2020年）》，定向培养符合实际的全科型“一专多能”教师，农村学校音体美、英、科等教师严重匮乏情况下，对只有语文、数学一门专攻的教师，加强他们其他薄弱学科的培训。同时，通过远程教学、数字化课程等信息技术培训手段，提升农村教师信息技术应用能力。使现有的教师在讲语、数一门课时，又能教授其他一门或几门课，有效缓解应试教育压力。根据教师的实际需求，采取形式灵活多样的针对性和实效性较强的培训。在保证工资待遇的情况下，鼓励农村教师在职学习深造，提高学历水平。

加快宁夏农村电商发展研究

张彩虹

习近平总书记在十九大报告中提出实施乡村振兴战略。他指出农业、农村、农民问题是关系国计民生的根本性问题，必须始终把解决好“三农”问题作为全党工作重中之重。坚持农业农村优先发展，加快推进农业农村现代化。构建现代农业产业体系、生产体系、经营体系，完善农业支持保护制度，发展多种形式适度规模经营，培育新型农业经营主体，健全农业社会化服务体系，实现小农户和现代农业发展有机衔接。促进农村一二三产业融合发展，支持和鼓励农民就业创业，拓宽增收渠道。自治区第十二次党代会报告也指出要实施特色产业品牌工程，着力构建现代农业产业体系、生产体系、经营体系；做好“互联网+”的文章，推动大数据产业与工业、农业、现代服务业融合发展；加快发展电子商务、现代物流等产业，推动服务业发展提速、比重提高、水平提升。要把创业富民作为重点来突破，抓创业机会、创业群众、创业培训，帮助引导更多的人在家门口创新创业。农村电商是基于互联网、大数据等信息技术手段，打破地域限制，实现农民自己将农特产品以互联网为销售平台向外推销的一种创新型的营销方式。农村电商在农民创业增收，脱贫富民，实现乡村振兴等方面有着巨大

作者简介　张彩虹，宁夏党校党史党建教研部讲师。

的潜力。

一、农村电商发展政策及宁夏农村电商发展现状

农村电子商务是互联网时代统筹城乡发展、造福城乡居民的一篇大文章。自2014年以来，农村电子商务连续四年写入中央一号文件，电子商务进农村综合示范、互联网+现代农业等工作从中央到地方相继启动，一系列政策推动农村电商快速发展。《中国农村电子商务发展报告（2016—2017)》显示，2017年上半年全国农村实现网络零售额5376亿元，较去年同期增长38%，高出城市4.9个百分点，占全国网络零售总额的17%，农村电商发展活力越来越显现。宁夏各市县近年也抢抓“互联网+”机遇，积极探索实践。据统计，2016年，全区农村网店800家，交易额约170亿，有14个县区先后被评为国家电商进农村综合示范县，物流快递企业如雨后春笋般涌现，物流成本大幅下降。催生了一批电商创客人才，带动了一批农产品加工关联产业发展，拉动了仓储物流业等配套产业繁荣发展，促进了传统农业转型升级和三次产业融合发展。

二、宁夏农村电商发展存在的问题及原因分析

从全区来看，宁夏农村电商发展目前正在进入快速成长期，成绩令人鼓舞。但存在诸多问题，期待进一步的发展完善。

（一）受传统思维影响，农村电商创新发展不足

受位置偏僻、信息闭塞、发展落后等因素影响，宁夏的农村电商发展远远滞后于东部发达地区。现在虽已进入信息化时代，但对于农民来说，一时难以适应基于互联网的电子商务。一方面农民缺乏基本的电商知识。另一方面在农村很多人仅满足于传统的交易手段和现有经济收入，面对复杂的电商程序有些胆怯和消极。受以上因素影响，农村电商发展不管是在思维创新，还是商品经营方式创新上都相对欠缺。

（二）宁夏农村电商发展的顶层设计有待完善

政府作为电商发展的一方主体需要做好顶层设计，但就目前的发展情况来看，农村电商发展顶层设计相对滞后，不能满足当前农村电商发展的

指导需求。当前在政策导向上存在误区：一是盲目搞平台，马云曾讲，现在的电商平台格局已定，新建平台既烧钱，效果也未必好。二是盲目建园区。这方面投资也很大，但对电商初期用处不大，因为没有成熟的电商入驻，初期创业者在电脑或手机上也能完成订单，一些地区的电商园区空有基础设施，没有真正形成电商生态圈，有的变质成了其他园区。三是一味贪大求洋，把有限资源全补贴给个别企业，结果独木难成林。这样的情况和问题在宁夏电商发展中也或多或少地存在。

（三）宁夏农村电商技术和经营人才匮乏

习近平总书记在十九大报告中指出，要培养造就一支懂农业、爱农村、爱农民的“三农”工作队伍。电商从一定意义上来讲是个技术活，农村电商具有“长产销周期+低消费密度”的特征，运营的难度往往超过工业品电商。当前宁夏农村电商人才结构的主要问题是，懂电商的人不熟悉农村，熟悉农村的人不懂电商，既熟悉农村又懂电商的人又太少。特别是宁夏地处西部，经济欠发达，网络覆盖率相对较低，农村与城市相比还存在信息鸿沟，加之宁夏本身电商并不发达，这些都是导致宁夏电商人才资源匮乏的重要因素。

（四）宁夏农村电商基础服务和标准化认定还有待提升

发展农村电商，线上电商展销平台和线下物流服务必须同步跟进，才能真正打开通往全国、全球的电商大通道，而宁夏在服务平台和物流配送及市场引导等基础服务方面还有很大的提升空间。同时，宁夏电商企业缺少对农特产品质量的“标准化”认定，很多农特产品还是以传统的批量采购方式流入电商发达地区，进行二次包装和标准化认定后，再在网上进行销售。2016 年阿里巴巴农产品白皮书显示，江苏、浙江的农特产品销量最高，而实际售出的相当部分农产品，其原产地在西部地区。

三、宁夏农村电商发展的对策建议

（一）要注重转变思维、破立结合，着力创新电商发展理念

破解宁夏农村电商发展难题，必须跳出宁夏来看宁夏，突破思维桎梏。首先，要破思想认识盲区。发展农村电商不是发达地区所为，必须牢固树立贫困地区不仅能搞也同样能搞好农村电商的决心和信心，特别是对县一级来讲，要认真分析自身发展电商的优势所在，不等不靠，直面痛点难点，努力探索符合自身实际的电商发展路子。其次，要破资源匮乏盲区。很多地区在发展电商中都会有无东西可卖的误区。事实上宁夏有很多特色优势产品长在深闺人不识，比如中宁枸杞、宁夏大米、盐池滩羊等特色资源在区内外有较高知名度，但因宣传销售形式单一、产品定位和附加值低等问题，没有做大做强。黑龙江五常大米、甘肃成县核桃等电商发展成功经验告诉我们，原本在县域中没有形成大气候的一些资源禀赋、地域特色等小优势，往往调个角度、换个方向，就能乘电商之势形成发展上的大优势，关键在于精准对标消费需求，找准产品定位。同时要转变思维，着力从“卖产品”向“卖理念”转变，让附加值有限的农特产品带来更多利益，摆脱“有销量无利润”的困境。第三，要破农村网店使用盲区。近几年，在国家和地方电商扶持政策激励下，各县区大都建成了一批农村电商服务站点，但这些网店“休眠”问题普遍突出。农村电商不能光看“卖”的功能，也要注重“买”的作用。特别是南部山区交通和通信网络相对滞后、群众文化知识偏低，群众脱贫增收压力大。应充分发挥乡村电商便利店作用，帮助农民上网购买各类生产生活资料，降低生产生活成本。比如农民通过电商购买一台拖拉机的价格比实体店一般要低2000元左右，既节省了大量资金、方便了群众，也变相增加了收入，助推了脱贫攻坚。

（二）要突出政府引导、市场主导，做好县域电商顶层设计

电商发展不仅是市场的事情，更需要政府层面做好顶层设计，特别是县级党委、政府对电商的认识高度、定位精度、推进力度将在很大程度上决定一个县域一段时期内的电商发展走向。县域电商顶层设计首要的是知己知彼。充分认识电商、认识县情，准确把握定位，精准用力发展。比如电商强县浙江桐庐提出“电商换市”，这主要基于其中国百强县、浙西第一经济强县等良好底蕴，以及近几年电商蓬勃发展的探索实践。没有这种底气，桐庐是不敢大胆进行“电商换市”的。县域电商顶层设计的第二个问题是处理好政府与市场关系。政府作用的关键点在于让电商市场主体茁壮成长，形成百舸争流之势，有三个基本标准：第一个是风向标。就是要立足县区实际，提出符合自身的电商发展目标、工作重点和配套措施，要让搞电商的知道你立什么旗、走哪条路。同时要组织各级干部都来学电商、扶电商、谋电商，提高行政推动效能水平，形成整体推进机制。第二个是催化剂。就是要让政策扶持发挥加速电商发展的催化剂效应。比如在电商发展优惠政策上，要把各县区有限的资金用在刀刃上，发挥“四两拨千斤”的作用。正确的思路应是既要支持电商龙头企业，更应扶持草根电商创业。第三个是定心丸。政府要做的是雪中送炭，而不是锦上添花。电商企业发展好的时候要少插手，企业发展有问题时才要大显身手。如果用一句话归纳，就是电商需要什么服务，政府就提供什么服务，电商需要什么改革，政府就提供什么改革，以改革创新精神，打造出科学合理的县域电商顶层设计蓝图。

（三）要推进资源整合、多级联动，打造便捷高效的服务体系

一要抓平台建设。在县一级，各县区大都处于电商起步阶段，要积极寻求与国内大的电商平台合作，充分利用其成熟经验，组建集产品展示、线下体验、异地互动等多功能、多业态为一体的县级电商综合运营服务中心，作为地方电商的“总参谋部”和“孵化平台”，培育当地品牌，开展专题营销，为电商发展搭起有力的支撑平台。在乡村一级，要加快推进农村信息网络建设，特别是针对偏远贫困地区地广人稀等特点，采取有线无线互补等办法，扩大网络覆盖面，消除“数字鸿沟”。同时，充分挖掘各地特色资源，突出“一乡一品”“一村一业”，鼓励引导大学生村官、返乡青年等建立乡村电商服务站，及时为辖区农户发布供求信息，帮助农民实现线上代购代销。二是抓物流配送。农产品流通“最后一公里”的问题是农村电商最薄弱的环节，也是最需要政府和市场主体共同加大投入的领域。要建立完善县乡村三级物流配送机制，通过政策支持、政府购买服务等措施，支持快递企业参与完善仓储分拣中心和物流配送体系，探索利用邮政系统已有场所设施与县乡村三级电商站点协作运营，建立上下行货物集中仓储安检、统一分拣配送、利润合理分配的运转机制，让产品“出得来”“下得去”，为农村电商发展奠定基础。三是抓人才培训。要通过“走出去，请进来”的方式，一方面选派干部和电商管理者赴先进地区学习取经；另一方面，结合新型职业农民培训，邀请电商专家对电商企业、从业人员进行培训；支持各县区职业中学、职教中心从专业设置、校企联合等环节着手，培养专业化、多层次的农村电商人才，着力将农业生产者转型为电商。

（四）要不断创新模式、融合发展，坚持走差异化发展的路子

各地发展电商目前差不多都在摸着石头过河，宁夏各县区发展电商在学习借鉴东部模式基础上，更应立足自身特点，把特色产业、创业就业、扶贫开发等资源与互联网+巧妙嫁接、深度融合，探索走以电商为引领的脱贫富民新路子。一是互联网+特色农业。支持传统产业加快电商化进程，实现破茧重生和转型升级。针对当前普遍存在的农产品盛产时滞销贱卖问题，探索建立特色鲜明的自有农特产品交易平台，并配套建设第三方结算平台，采用三方存管业务结算模式，将税收和交易数据留在本地，逐步扭转电商利益分配中，县区投钱投物“赚吆喝”，电商运营平台及驻地赚大钱的局面。二是互联网+创业。着力培育发展以电商培训基地、专业电商创业孵化为主的创客电商平台，重点面向县域广大大学生、青年群众招纳电商创业人才集中培训，帮助他们提升市场开拓能力，让每一个有条件的合作社（家庭农场）都拥有1名以上电商经营者。三是互联网+扶贫。宁夏山区九县都是国家级贫困县，脱贫攻坚任务重。按照精准扶贫要求，各地基本都建立了扶贫信息管理系统。应充分整合利用资源，推动农村社会治理、政务服务、扶贫开发数据共享，为脱贫攻坚提供精准化服务。同时应研究出台电商扶贫工作实施方案，对贫困村建设电商服务站、贫困户开设网店、电商培训等加大政策扶持力度，积极探索贫困地区电商脱贫致富新路子。

（五）要抓好行业监管、保障质量，让消费者买得更放心

宁夏电商发展较晚，是客观原因，但另一个更致命的原因，则是消费者对农产品品质和安全的担忧。一要鼓励打造自主品牌避免过度使用地理标志品牌。全区各地近年来申报了一批地理标志保护产品，这对保护和促进区域特色产业健康发展具有重大意义，但如果所有人都无序使用地理标志品牌，必将陷入经济学上的“公地悲剧”。在利益驱使下，一些商家会以次充好获取不当利益，最后必然导致市场对地理标志产品失去信心，已经有不少地理标志产品经历过类似问题。因此，一定要推动电商经营者开发自主品牌，政府可通过授权方式让自主品牌来使用地理标志产品，这样产品质量直接跟自主品牌相关，跟经营者的利益挂钩，谁经营好了，谁的品牌就有价值，就赢得市场青睐；谁要是糟蹋自己的品牌，谁吃苦果。二要建立严格的质量标准及监管体系。重点抓好政府监管和企业自律两个方面工作。政府监管机构要按照县域电商发展规划主动服务电商发展，加快建立适应电商发展的分等分级、包装运输、冷链物流等标准体系，推进农产品质量安全追溯体系和电商诚信体系建设，加强从田间到餐桌的全程在线监管。同时，要充分发挥电商协会作用，促进电商行业自律规范，加强行业内部监管，倡导诚信合法经营，增强企业绿色环保发展意识，及时研究解决电商发展过程中出现的新情况、新问题，堵塞漏洞，完善制度，促进电商持续健康发展，开创全区农村电商发展的新局面。

宁夏城乡义务教育经费保障机制调研与思考

冯彦寅

为适应新型城镇化和户籍制度改革发展需要，健全教育领域城乡一体化发展的体制机制，支持义务教育均衡发展，2016年，自治区财政提请自治区政府制定印发了《自治区人民政府关于进一步完善城乡义务教育经费保障机制的通知》(宁政发〔2016〕37号)，对进一步完善城乡义务教育经费保障机制做出明确规定和具体要求。自治区积极发挥职能作用，努力筹措经费，进一步完善城乡统一、重在农村的义务教育经费保障机制，有力支持了全区义务教育事业持续快速健康发展。

一、宁夏城乡义务教育经费保障机制基本情况

(一) 统一城乡义务教育生均公用经费基准定额

为解决城乡义务教育经费“倒挂”现象，自治区财政按照国家规定的基准定额，即小学生均每年600元、初中生均每年800元的标准核拨经费，实现了义务教育生均公用经费基准定额城乡统一。为加大对农村地区和规模较小学校的支持力度，自治区财政对不足100人的小学校按100人核定公用经费，对所有寄宿制学校按照寄宿生生均每年200元的标准增加公用经费补助。同时按照生均每年100元标准补助农村学校（含县镇）取暖费。

作者简介 冯彦寅，宁夏财政厅教科文处主任科员，会计师。

民办学校免学杂费标准按照自治区确定的生均公用经费基准定额执行。此外，为支持特殊教育事业发展，提高特殊教育学校经费保障水平，特教学校和随班就读残疾学生生均公用经费补助标准达到国家规定的6000元标准。

（二）统一城乡义务教育“三免一补”政策

根据（宁政发〔2016〕37号）文件的规定，从2017年春季学期开始，宁夏将城市义务教育学生纳入免费教科书发放范围，实现了全区城乡覆盖。自治区在落实国家“两免一补”政策的基础上增加“一补”，即：免费提供地方课程和自治区统一规定的教辅资料。自治区已于春季开学前，及时下拨资金，确保免费教科书 “课前到书，人手一套”，全区85.9万名学生受益。自治区财政按照小学生均每年1000元、初中1250元的补助标准，及时为寄宿生发放生活费，确保学生顺利就学。

（三）巩固落实城乡义务教育教师工资政策

为加强农村教师队伍建设，提高农村学校教育质量，自治区财政创新农村教师队伍补充机制，支持实施特岗教师计划。自治区财政按照每人每年3.1万元的标准为特岗教师发放工资性补助经费。全区共有在岗特岗教师6756名。自治区财政认真贯彻落实《宁夏回族自治区乡村教师支持计划（2015—2020年）》，按照山区农村教师（含六盘山集中连片特困地区和其他国家级贫困县区）年人均6000元、川区农村教师（含平原及其他非贫困地区）年人均3600元的标准予以补助。

（四）巩固落实农村公办义务教育学校校舍安全保障长效机制

坚持统筹城乡、兼顾山川，突出重点，整合资金13.5亿元，对全区义务教育薄弱学校进行改造，支持学校维修改造、抗震加固和校舍改扩建及其附属设施建设，着力改善办学条件，努力解决农村义务教育发展中存在的突出问题和薄弱环节，促进城乡义务教育均衡发展和质量提升。

（五）巩固落实按照实际在校生数核拨经费机制

会同自治区教育厅指导市县通过加强管理，实现了教育事业年报数据中的义务教育学生数与学籍管理系统数据一致。借助于智慧宁夏“教育云”平台，确保“三免一补”和生均公用经费基准定额资金严格按照在校生人数核拨，做到“钱随人走”，实现了教育经费可携带。

二、宁夏构建城乡义务教育经费保障机制的主要做法

（一）财政投入制度化，保证投入可持续

自治区财政充分发挥职能作用，努力调整支出结构，积极筹措经费，确保城乡义务教育经费保障机制得到有效落实。自治区对全区所有公办义务教育学校寄宿生补助生活费，对城乡学校免费提供自治区教辅资料。2016年，宁夏下达义务教育公用经费补助资金7.2亿元，全区85.9万名义务教育阶段学生受益。

（二）落实中央和地方经费分担比例

生均公用经费基准定额所需经费由中央和自治区按8:2的比例分担。公办义务教育学校寄宿生全部享受生活费补助，所需经费由中央和自治区按5:5比例分担。农村公办义务教育学校校舍安全保障长效机制所需经费由中央和自治区按5:5的比例分担。

（三）规范和加强经费使用与管理

为规范和加强城乡义务教育保障机制经费管理，提高经费使用效益，制定出台《关于调整城乡义务教育经费保障机制有关政策的通知》(宁财（教）发〔2016〕579号)、《宁夏全面改善贫困地区义务教育薄弱学校基本办学条件项目资金管理办法的通知》(宁财（教）发〔2016〕123号）等，建立资金管理、绩效评价和财政监督等工作机制。城乡义务教育经费保障资金严格实行国库集中支付制度，通过特设专户管理，确保资金支付的安全、高效和快捷。

（四）强化经费使用监督检查

加强学校财会人员的管理与培训。制定学校内部财务管理制度，加强学校资产管理。加大农村中小学经费支付制度，使学校能够按规定的开支范围和标准办理各项支出，能够从制度和程序上严把支出审核关，重大项目支出进行民主决策，定期公示学校财务收支状况。学校财务机构和财会人员配备符合国家有关规定，学校人员、编制、资产等基础管理信息真实、准确。

三、对加强城乡义务教育经费保障机制建设的政策建议

（一）持续加大财政投入

尽管宁夏财政投入不断增加，但与支持教育事业优先发展、与学校的需求相比，还有一定差距，特别是贫困地区和农村地区学校运转比较困难。要按照宁政发〔2016〕37号文件的要求，在自治区确定的基准定额基础上，各地不分城乡必须提高生均公用经费基准定额，普通小学每生每年不低于80元，普通初中每生每年不低于100元，资金由各地承担。要聚焦贫困地区，锁定薄弱学校，突出投入重点，不断提高农村地区和规模较小学校公用经费保障水平。

（二）全面落实特岗教师待遇

根据中央有关规定，特岗教师工资性补助经费由中央和地方财政核拨专项资金。地方财政安排特岗教师的地方性补贴、社会保障和必要的交通补助、体检费、岗前培训等相关费用。但在调研中，我们发现除中央和自治区拨付的工资性补助经费外，各地没有落实特岗教师的其他待遇。为此，自治区要督促市县财政部门努力落实好相应资金。考虑到宁夏市县财力薄弱的实际，要积极争取中央对特岗教师工资性补助资金不少于学校在编教师工资性收入和各项社保待遇总和的80%，确保特岗教师与正式在编人员同等待遇，以帮助减轻我区财政压力。

（三）提高取暖费补助标准

宁夏自2013年启动实施农村中小学取暖设施改造项目，用三年时间重点消除了农村中小学火炉取暖，为中小学营造了安全、温暖的学习环境。在调研中也发现，学校在使用新的数控锅炉取暖以后，由于燃煤、锅炉用水（宁夏属于严重缺水省份，部分学校需要购买生活用水满足锅炉需要）需求增加，当前取暖费标准已不能满足学校取暖需求，出现挤占学校公用经费情况，有的学校取暖费已占学校公用经费的60%，严重影响了学校正常教育教学工作。针对存在的问题，要积极向中央反映宁夏实际情况和特殊困难，努力争取中央的支持，进一步提高全区取暖费标准。

2017年宁夏社会发展大事记①

徐东海

1月

1日 《宁夏回族自治区养老服务促进条例》正式实施。

4日 银川市第五次民族团结进步表彰暨创建“全国民族团结模范市”启动大会召开。

6日 据统计，2016年宁夏实现了19.3万贫困人口脱贫，249个贫困村实现脱贫销号，预计贫困县农民人均可支配收入增幅高于全区平均水平，宁夏脱贫攻坚首战告捷。

7日 《2017宁夏社会蓝皮书》发布。

16日 自治区西部一流大学和一流学科建设启动会在宁夏大学举行。宁夏出台《宁夏回族自治区西部一流大学和一流学科建设方案》，旨在不断提升宁夏高等教育综合实力和区域竞争力。

19日 自治区主席咸辉深入固原市原州区、西吉县调研整村推进扶贫开发工作，走访慰问困难群众，并在西吉县召开固原市脱贫攻坚工作座谈会。

2月

5日 自治区党委办公厅、政府办公厅日前下发通报，严肃追究“银川

① 内容主要根据2017年《宁夏日报》整理。

作者简介 徐东海，宁夏社会科学院社会学法学研究所助理研究员。

市‘1·05’公交车放火案”中11名干部失职渎职责任。

8日 自治区主席咸辉主持召开第84次政府常务会议，审议通过《自治区“十三五”脱贫攻坚规划》《宁东能源化工基地“十三五”开发总体规划》《自治区民政事业发展“十三五”规划》。

9日 自治区全民健身领导小组组长、自治区副主席姚爱兴主持召开全民健身领导小组（扩大）会议。

13日 为及时缓解宁夏旱情，按照自治区政府安排部署，自治区财政向南部山区九县区紧急调拨2000万元抗旱资金，解决群众饮水困难，给老百姓送去“及时雨”。

13日 同心县委常委会研究出台《关于规范党员领导干部操办婚丧喜庆事宜的暂行规定》，提倡不收彩礼，收彩礼不得高于3万元。

27日 为进一步加快全民健身事业发展，努力创建“全国健康城市”，《银川市全民健身实施计划》于日前正式颁布实施。

3月

2日 宁夏青年联合会第十届委员会全体会议和宁夏学生联合会第九次代表大会在银川开幕。

3日 自治区相关会议发布消息，宁夏拟继续推进专业技术人员职称改革，进一步完善职称系列、职称评价标准，合理下放评审权限。

8日 自治区党委防范和处理邪教问题领导小组办公室按照自治区党委、政府要求，专题对反邪教工作进行安排部署，要求切实做好防范和处理邪教各项工作，确保宁夏社会政治稳定。

10日 张德江在十二届全国人大五次会议宁夏代表团全体会议上说，希望宁夏加快改革发展，抓好脱贫攻坚，维护民族团结，优化生态环境，确保与全国同步建成全面小康社会。

19日 据国家统计局银川调查队对主要食品价格监测显示，3月上旬与2月下旬相比，在调查的27种主要食品中，价格下降的有11种，占40.7%。

22日 宁夏文化扶贫工程贫困地区村综合文化服务中心项目开工仪式在固原市西吉县震湖乡毛坪村举行。

23 日　自治区党委书记、人大常委会主任李建华在红寺堡区调研脱贫攻坚工作时强调，要聚焦精准脱贫、确保小康路上一个不掉队。

21—23 日　自治区党委常委、宣传部部长赵永清在固原市调研时强调，宣传思想文化工作，要聚力助力脱贫攻坚。

22—23 日　自治区主席咸辉在隆德县、西吉县调研脱贫攻坚工作时强调，要做到精准脱贫、稳定脱贫、持续脱贫。

30 日　自治区主席咸辉主持召开第 87 次政府常务会议，审议通过《自治区居住证管理办法》。

4 月

5 日　自治区林业厅发布消息，从 2017 年起，宁夏生态林业建设将向脱贫攻坚工作发力，通过实施精准造林、发展特色经济林产业、扶持枸杞产业等，助力精准脱贫，增加农民收入。

5 日　宁夏引黄灌区唐正闸提前开闸放水，拉开宁夏 2017 年引黄灌溉工作序幕。

7 日　自治区教育厅发布消息，《宁夏教育精准扶贫“十三五”行动方案》于日前正式出炉，聚焦 9 个贫困县（区）843 所贫困村 16 万学生，贫困地区新增幼儿学位 1.5 万个。

8 日　宁夏首届先天性心脏病国际论坛在银川开幕。

10 日　自治区党委常委、副主席马顺清在闽宁镇调研时强调，要更加注重移民群众持续稳定脱贫。

11 日　银川市公交公司发布消息，“掌上公交”手机 APP 已与银川公交完成数据对接，公交出行信息查询功能正式开通。

14 日　全区推动移风易俗树立文明乡风现场推进会在同心县召开。

18 日　自治区公立医院管理委员会第一次全体会议在银川召开。

20 日　赵永清在自治区党委宣传部举办理论学习中心组专题学习（扩大）会上强调，宣传文化系统要在脱贫攻坚的主战场上有大作为。

21 日　自治区召开深化医药卫生体制改革领导小组第 2 次会议，听取全区省级综合医改工作进展情况，安排部署 2017 年医改重点任务。

21日　自治区主席咸辉主持召开第89次政府常务会议，审议通过《宁夏农业水价综合改革实施方案》《关于公立医院实行人员总量管理的意见》，会议决定变更黄河宁夏段二期防洪工程设计。

25日　宁夏高校思想政治工作会议在银川召开。

26日　自治区民政厅会同自治区党委组织部、自治区财政厅近日联合下发了《关于做好2017年度自治区城乡社区服务站建设项目申报工作的通知》，启动2017年城乡社区服务站项目建设。2017年，宁夏将支持各地建设城乡社区服务站170个，其中城市20个、农村150个。

27日　自治区卫生计生委发布消息，2016年宁夏建档立卡因病致贫返贫人口减少1.2万人，健康脱贫工作成效初显。

28日　由民盟宁夏区委会主办的民盟中央远程教育“烛光行动·千校计划”项目在银川启动。该项目计划用3年时间，投资5400万元，在宁夏范围内创建100所中小学校数字化校园平台。

5月

4日　自治区教育厅发布消息，宁夏日前取消了普通中小学、幼儿园、中等职业学校（含民办）章程核准，自费出国留学中介服务机构资格认定，高等学校副教授评审权审批，民办学校招生简章和广澳备案核准等4项审批事项。

5日　自治区召开扶贫开发成效考核反馈问题整改工作会。

7日　自治区妇女第十一次代表大会在银川开幕。

8日　自治区教育厅、财政厅、扶贫开发办公室联合下发了《关于做好学前教育建档立卡家庭经济困难儿童和残疾儿童“一免一补”资助工作的通知》，以对宁夏贫困家庭经济困难学前儿童应助尽助、精准施助。

11日　由自治区党委组织部、科技厅、宁夏“三农”呼叫中心联合举办的“扶贫大讲堂”在盐池县正式开班。宁夏将于2017年5月至10月，对9个贫困县（区）的农村党员群众进行实用技术培训，使他们掌握一技之长，提高脱贫致富能力。

16日　中共中央近日印发了《关于加快构建中国特色哲学社会科学的

意见》(以下简称《意见》)。《意见》强调，坚持和发展中国特色社会主义社会，必须加快构建中国特色哲学社会科学。

17 日　自治区人民政府办公厅近日印发了《关于推进家庭医生签约服务的实施意见》。

17 日　自治区党委书记石泰峰到吴忠市调研，先后深入到利通区、红寺堡区、同心县等地，了解民族宗教工作和经济社会发展有关情况。

24 日　自治区十一届人大常委会第三十一次会议召开联组会议，就社会救助工作开展专题询问。

27 日　第六届宁夏公民道德论坛在银川举办，部署深入推进宁夏公民道德建设工作。

6 月

5 日　自治区交通运输厅发布消息，经过安全测试，“宁夏出行易”手机 APP 正式上线。

7 日　2017 年普通高校招生全国统一考试正式开考，全区 6.9 万余名考生迎战高考。

13 日　自治区人社厅、财政厅近日印发通知，从 2017 年起，宁夏城乡居民大病保险筹资标准由 2016 年的每人每年 32 元提高到每人每年 37 元，同时还对 2017 年城乡居民大病保险起付标准和支付比例进行了调整。

21 日　宁夏社科界学习贯彻自治区第十二次党代会精神座谈会近日在银川召开。

29 日　宁夏第十三届社会科学优秀成果奖经自治区政府第 96 次常务会议审定通过，共有 151 部（篇）作品获奖，其中，著作 40 部，论文 111 篇。

7 月

3 日　自治区主席咸辉在泾源县调研时强调，要坚决贯彻习近平总书记关于脱贫攻坚和生态保护的一系列重要讲话精神，认真落实自治区第十二次党代会提出的脱贫富民和生态立区战略，努力在脱贫富民和生态建设上实现互促双赢，打造全国脱贫攻坚示范区和西部地区生态文明建设先行区。

6日　宁夏跨省异地就医直接结算新闻发布会发布消息，宁夏以社保云建设为支撑，以社保一卡通为手段，全力打通异地就医壁垒，截至目前已与全国11个省区市实现了跨省异地就医直接结算。

6日　银川市智慧城市管理指挥中心正式挂牌。“12345一号通”便民服务平台自2016年底上线试运行以来，已累计受理各类诉求15.2万余件，办结14.7万余件，办结率达96.9%，群众回复满意率达89.7%。

17日　自治区政府第98次常务会发布消息，为持续深化简政放权、放管结合、优化服务改革，根据国务院和自治区有关文件精神和相关法律法规修订变化情况，自治区政府研究决定取消81项涉及企业和群众负担的证照。

19日　福建宁夏两省区扶贫开发领导小组办公室在银川共同举行新闻发布会，两省区有关部门负责人就印发实施的《“十三五”闽宁扶贫协作规划》的编制意义、编制过程、主要内容和特点做了说明。

20日　由宁夏社会科学院和中国社会科学院社会学研究所共同主办的“精准扶贫宁夏论坛”在银川举行，来自区内外的150多名专家学者参加论坛。与会专家和学者紧紧围绕习近平总书记在东西部扶贫协作座谈会上的重要讲话精神和在深度贫困地区脱贫攻坚座谈会上的重要讲话精神，对我国精准扶贫精准脱贫工作做了全面的梳理和总结，系统阐述了目前精准扶贫过程中遇到的问题及对策措施，分享交流了精准扶贫研究案例的重要经验。

20日　国务院扶贫办，人民日报社，自治区党委、政府与福建省委、政府在银川共同召开深入贯彻落实习近平总书记东西部扶贫协作座谈会重要讲话精神座谈会。

17—21日　国务院脱贫攻坚督查组对宁夏脱贫攻坚工作进行督查。其间，督查组听取了宁夏脱贫攻坚工作情况汇报，在固原市原州区、西吉县、彭阳县，采取访谈和入户调查等方式，随机抽取7个乡镇、10个村，对建档立卡贫困户档案资料、驻村干部帮扶、“万企帮万村”、电子商务进农村等情况进行实地督查。

21日　银川市交通运输局举行“礼让斑马线文明伴我行”启动仪式，在银川市公交、出租汽车行业率先倡导和实践“文明礼让斑马线”行为。

30日　为深入推进宁夏健康扶贫工程，自治区政府办公厅近日印发

《关于推进健康扶贫若干政策的意见》，对建档立卡贫困人口患者大病保险报销起付线和特殊病种报销比例再作调整，进一步解决农村建档立卡贫困人口因病致贫、因病返贫问题。

8月

6日 自治区发展改革委发布消息，银西高铁、吴忠至中卫城际铁路目前进展顺利，2018年银川至中卫段高铁将通车运营，宁夏人盼望已久的高铁梦将提前实现。2020年银西高铁等将全线建成通车。届时，宁夏将正式迈入高铁时代。

16日 自治区老龄办发布消息，目前宁夏已建成21个市、县级社区居家养老服务信息平台和1个省级社区居家养老服务指挥中心，年底将实现全区各市县智能化社区居家养老服务平台全覆盖。

17日 自治区主席咸辉在对银川市部分乡镇卫生院和公立医院推进综合医改工作进行督察调研时强调，要把深化医改工作放在健康宁夏建设的大格局中来推进，统筹抓好补短板、促联动、建机制、提质量、严监管等工作，确保综合医改试点取得实质性突破，创造可复制、可推广的经验，让人民群众享受到更加优质、便利的医疗服务。

23日 自治区政协反映社情民意信息工作会议在银川召开。

25日 自治区政府发布消息，自治区“十三五”老龄事业发展和养老体系建设规划正式出台，规划在多个方面力促全区老年人老有所养、老有所学、老有所乐、老有所为。

29日 相关会议发布消息，自治区教育工委、教育厅、扶贫办决定组织实施高校结对帮扶贫困县助力全区脱贫攻坚工作。宁夏大学、宁夏医科大学等13所高等院校将与固原市原州区、西吉县等9个贫困县按照“一对一”或“二对一”的方式，开展结对帮扶、助力脱贫。

9月

2日 吴（忠）中（卫）城际铁路中宁东站开始铺轨。随着2条500米长的钢轨缓缓落入承轨槽，宁夏高铁开始在大地上伸展出坚固的跑道。

5日 宁夏近日顺利完成2017年药品目录调整工作。

8日 在银川庆祝第33个教师节暨表彰大会上，银川市表彰了2016—2017年度全市教育质量综合评价先进单位和个人，颁发了银川教育特别奖、学校教育质量奖、教育质量综合评价奖励等，总奖励资金近4000万元。

11日 自治区民政厅发布消息，宁夏民生计划明确在留守儿童相对集中的农村社区建设的200个“儿童之家”已全部建成，其中159个投入运营。

21日 自治区党委办公厅、政府办公厅近日印发《关于在全区农村基层推广“两个带头人”工程经验的意见》，总结推广固原市以“建强村党组织带头人队伍、壮大农村致富带头人队伍”为主要内容的“两个带头人”工程经验，推动农村基层党建工作与脱贫富民战略互促共融。

10月

3日 自治区民政厅、财政厅近日联合下发《关于贯彻落实〈自治区人民政府关于进一步健全完善特困人员救助供养制度的实施意见〉的通知》，明确了失能半失能特困人员照料护理标准。

12日 自治区群团改革工作推进会在银川召开。

16日 据国家统计局宁夏调查总队价格监测调查显示，9月份，宁夏居民消费价格总水平环比上涨0.5%，同比上涨1.4%。1月到9月平均上涨1.4%，运行平稳。

20日 银川市2017年第四批保障性住房进行了现场电脑公开摇号，共有173户保障家庭成功配租到保障房。

26日 银川市商务供销系统党委组织新百集团、建发集团、中玺枣业等企业出资20余万元，为该市1万名环卫工人准备了1万份暖心礼包。

30日 自治区教育厅出台《自治区教育厅办公室关于进一步加强义务教育阶段学校作业管理的实施意见》。

31日 自治区民政厅、财政厅出台于近日发布《宁夏回族自治区自然灾害生活救助资金管理办法》，进一步明确自然灾害生活救助资金的申请程序、报告内容和拨付期限，大幅提高自然灾害救助标准。

11月

2日　由自治区文明办、民政厅、团委联合举办的宁夏志愿服务专题培训班在银川闭幕。150名长期致力于宁夏志愿服务工作的骨干参加了为期4天的培训。

2日　自治区人社厅发布消息，根据人社部和自治区政府相关通知精神，宁夏调整城乡居民基本医疗保险有关政策。

2日　自治区主席咸辉主持召开政府第105次常务会议，审议深度贫困地区脱贫攻坚实施方案，决定将方案进一步修改完善后报自治区党委；审议通过关于完善集体林权制度的实施方案、关于加强困境儿童保障工作的实施意见。

2日　自治区教育厅发布消息，宁夏日前出台《宁夏回族自治区幼儿园一日保育工作流程细则》《宁夏回族自治区幼儿园一日卫生保健工作流程细则》，就幼儿园一日生活各个环节中，教师必须掌握的工作要求进行细化。

5日　由中央电视台财经频道联合商务部、国务院扶贫办共同举办的“厉害了我的国·中国电商扶贫行动”网络直播走进西吉县。

6日　冬季来临之际，自治区党委、政府向全区人民送上了一份暖心大礼——经过数月调研论证的《自治区党委、人民政府关于推进脱贫富民战略的实施意见》正式发布。

20日　自治区政务服务中心发布消息，宁夏12345政务服务热线正式开通，“一号通”服务热线科学整合利用各类行政资源，方便群众咨询、求助和反映问题，及时解决城乡居民合理诉求，提高政府办事效率。

21日　自治区深化职称制度改革新闻发布会发布消息，自治区党委办公厅、政府办公厅日前印发了《关于深化职称制度改革的实施意见》。

25日　自治区相关部门发布消息，为推进职称制度与人才培养制度有效衔接、发挥职称制度对提高人才培养质量的导向作用，宁夏将深化职称制度改革，坚持民生领域职称系列评审“凡晋必下”制度。

26日　自治区人社厅、财政厅、民政厅、扶贫办、残联于近日印发《关于进一步做好社会保险扶贫工作的实施意见》。

27 日 据国家统计局银川调查队监测显示，2017 年 1 月至 10 月，银川市居民消费价格总指数累计上涨 1.6%，涨幅较去年同期高出 0.17 个百分点。

28 日 自治区政府向自治区十一届人大常委会第三十四次会议报告了 2017 年民生实事执行情况，截至 10 月底，38 件民生实事中已完成 28 件，民生实事整体进展顺利。

12 月

15—16 日 全国贫困村创业致富带头人培育工作现场会在固原市召开，国务院扶贫办、中组部等七部门会签了《关于贫困村创业致富带头人培育工程的指导意见》。

19 日 根据《自治区人力资源和社会保障厅关于做好 2017 年享受自治区政府特殊津贴人员选拔工作的通知》（宁人社函〔2017〕173 号）精神，经个人申报、单位推荐、部门推荐、行业评审、专家评审、组织考察、自治区人才工作领导小组审议等程序，对 40 名拟入选 2017 年享受自治区政府特殊津贴人员的同志进行公示。

22 日 “2017 宁夏老龄事业发展论坛”在银川举办，论坛由宁夏社会科学院、宁夏社会学会、北方民族大学主办，由宁夏社会科学院社会学法学研究所、北方民族大学社会学与民族学研究所承办。